2025

TV 초단기 합격 시리즈
조회수 40만 돌파!
사·산업기사 컨텐츠 합계 24년 6월 기준)

위험물산업기사 실기

무료강의 제공
유튜브 바로가기

초단기 필답형
8개년 빈출문제

핵심이론&기출문제

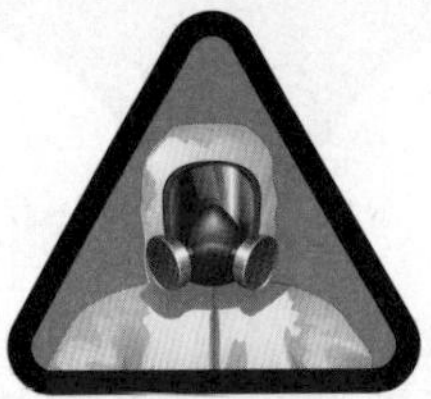

PREFACE_머리말

위험물 산업기사 실기 시험은 대비만 잘 한다면 필기 보다 좀 더 단순하게 접근할 수 있다.

출제 범위가 넓지 않고 좀 더 깊다. 따라서 필기 준비 시 힘들게 했던 화학부분은 대부분 생략할 수 있다. 문제 풀이에 필요한 기초적 내용만 알고 있으면 충분하다.

이 교재는 필기에 합격하신 분이시라면 누구나 충분히 대비할 수 있도록 구성되어 있다.

첫번째로, **자주 출제되는 문제 형태**는 **이론 부분에서 별도로 충분히** 준비해 두었다. 기존에 출제 되었던 부분 중 빈도가 있는 문제는 대부분 수록하여 문제 풀이에 부족함이 없도록 하였다.

두번째로, 출제 빈도에 따라 중요도를 충분히 생각하여 교재가 구성되어 있다. 빨간색으로 표시되어 있는 부분은 꼭 암기해야 하는 필수적인 부분이다. **검은색 볼드로 밑줄**되어 있는 부분은 기존 3회 정도 출제가 되어 있는 부분이다. 밑줄없이 **검은색 볼드**는 2회 정도 출제되었던 부분이다. 볼드 없이 밑줄이 되어 있는 부분은 1회 정도 출제되었거나 기타 출제 가능성은 있으나 빈도가 높지 않은 부분이다. 따라서 **컬러 볼드 밑줄**은 4회 이상 출제 되었던 부분이라고 생각하면 된다. 중요도에 따라 **첫번째**, **두번째**, **세번째**, 네번째 로 암기 순서를 정하면 된다. 첫번째, 두번째만 암기해도 상당부분은 커버할 수 있을 것이나, 세번째, 네번째로 갈수록 고득점 밑 합격의 가능성이 더 높아질 것이다.

세번째로, **기존 기출 문제 풀이를 충실히** 하였다. 이해를 돕기 위해 충실한 해설을 구성하였고, 문제를 풀면서, 암기도 함께 될 수 있도록 구성하였다.

마지막으로, 유튜브 강의를 통해 좀 더 생동감 있는 공부가 가능하도록 하였고, 시각, 청각 등 가능한 감각을 모두 동원하여 암기에 도움이 될 수 있도록 하였다. 유튜브 무료 강의와 반복해서 학습하시면 학습의 효과와 능률을 배가시킬 수 있다. 이는 합격을 경험한 많은 분들이 공통으로 언급하는 부분으로, 시각, 청각을 모두 합해 기억하는데 최대한의 도움을 주려는 목적이다. 따라서 유튜브 강의를 여러 번 반복 시청하면서, 교재의 내용을 공부하는 것을 강력 추천한다. 합격하는데 어려움이 없을 것으로 확신하며, 많은 분들의 합격 후기가 이를 증명한다 할 것이다.

파이팅혼공 컨텐츠 개발팀

CONTENTS_목차

위험물산업기사
핵심이론

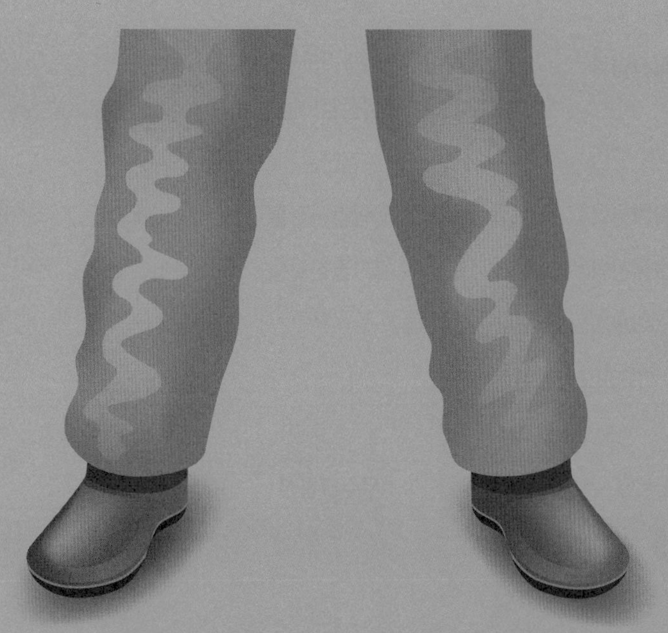

- 위험물
- 각종의 반응식
- 필수 암기 개념

위험물산업기사

I 위험물

1. 제1류 위험물

	품명		해당대표위험물	분자식	지정수량	위험등급
산화성 고체	아염소산염류		아염소산나트륨	$NaClO_2$	50Kg	I 등급
	염소산염류		염소산칼륨	$KClO_3$		
			염소산나트륨	$NaClO_3$		
	과염소산염류		과염소산칼륨	$KClO_4$		
			과염소산나트륨	$NaClO_4$		
	무기과산화물		과산화칼륨	K_2O_2		
			과산화나트륨	Na_2O_2		
			과산화칼슘	CaO_2		
			과산화마그네슘	MgO_2		
	요오드산염류		요오드산칼륨	KIO_3	300kg	II 등급
	브롬산염류		브롬산암모늄	NH_4BrO_3		
	질산염류		질산칼륨	KNO_3		
			질산나트륨	$NaNO_3$		
			질산암모늄	NH_4NO_3		
			질산은	$AgNO_3$		
	과망간산염류		과망간산칼륨	$KMnO_4$	1000kg	III 등급
	중크롬산염류		중크롬산칼륨	$K_2Cr_2O_7$		
	그밖에 행안부령으로 정하는 것	치아염소산염류			50kg	I 등급
		과요오드산염류			300kg	II 등급
		과요오드산				
		크롬,납,요오드산화물	**무수크롬산**			
		아질산염류				
		염소화이소시아눌산				
		퍼옥소붕산염류				
		퍼옥소이황산염류				

암기법

오(50)염과 무아 / 삼(300)질 요브 / 천(1000)과 중
(스님이 오염됨과 무아에 이르렀다가 / 삼질하는 요부를 만났다가 / 결국 하늘과 중(스님) 만 남았다는 스토리로 암기)

질산칼륨 하면 흑색화약 떠올려야 한다.
(위의 무기과산화물에서 과산화 이온, 즉 (O_2)는 -2 이온으로 생각하면 그 결합이 이온결합법칙을 따른다, 칼륨은 +1이고, O_2는-2이므로 칼륨 2개 O_2 1개가 결합한다, 과산화 이온은 산소와 구분해서 기억한다)

2. 제2류 위험물

품명		해당대표위험물	분자식	지정수량	위험등급
가연성고체	황화린	삼황화린(조해성×)	P_4S_3	100kg	II
		오황화린	P_2S_5		
		칠황화린	P_4S_7		
	적린	적린	P		
	유황	유황	S		
	철분	철분	Fe	500kg	III
	마그네슘	마그네슘	Mg		
	금속분	알루미늄분	Al		
		아연분	Zn		
	인화성고체	고형알코올			

- 제1류 위험물 표와 마찬가지로 잘 암기해야 한다. 암기 요령은 동일하다.

암기법

백유황적 / 오철금마 천인

백유황 장군이 적을 물리치기 위해 5섯 마리의 철금말(마)과 천명의 사람(인)을 준비하는 이야기로 기억한다.

- 인화성고체란 고형알코올 그밖에 1기압에서 인화점이 섭씨 40 미만인 고체를 말한다.
- 유황은 순도가 60 중량퍼센트 이상인 것이 위험물임
- **철분**은 **철의 분말로서 53마이크로미터 표준체**를 통과한 것이 **50중량퍼센트 이상**이어야 함

3. 제3류 위험물

	품명	해당대표위험물	분자식	지정수량	위험등급
자연발화성물질 및 금수성물질	알킬알루미늄	트리에틸알루미늄	$(C_2H_5)_3Al$	10kg	I
		트리메틸알루미늄	$(CH_3)_3Al$		
	알킬리튬	메틸리튬	CH_3Li		
	칼륨	칼륨	K		
	나트륨	나트륨	Na		
	황린	황린	P_4	20kg	
	알칼리금속 (칼륨 및 나트륨을 제외함)	리튬	Li	50kg	II
		루비듐	Rb		
		세슘	Cs		
	알칼리토금속	베릴륨	Be		
		칼슘	Ca		
		바륨	Ba		
	유기금속화합물 (알킬알루미늄, 알킬리튬 제외)	디에틸아연			
	금속의 수소화합물	수소화리튬	LiH	300kg	III
		수소화칼륨	KH		
		수소화칼슘	CaH_2		
	금속의 인화물	인화 칼슘	Ca_3P_2		
	칼슘 또는 알루미늄의 탄화물	탄화칼슘	CaC_2		
		탄화알루미늄	Al_4C_3		
	그 밖의 물질	염소화규소화합물			

암기법

십알 칼알나 이황 / 오알알유 / 삼금금탄규

나쁜 칼알나가 이황 선생을 오 알알유, 삼 금금탄규 하며 놀린다.

4. 제4류 위험물

<table>
<tr><th></th><th>품명</th><th>해당대표위험물</th><th>분자식</th><th>지정수량</th><th>위험등급</th><th>수용성</th></tr>
<tr><td rowspan="14">인화성 액체</td><td rowspan="4">특수인화물</td><td>이황화탄소</td><td>CS_2</td><td rowspan="4">50L</td><td rowspan="4">Ⅰ등급</td><td rowspan="2">X</td></tr>
<tr><td>디에틸에테르</td><td>$C_2H_5OC_2H_5$</td></tr>
<tr><td>아세트알데히드</td><td>CH_3CHO</td><td rowspan="2">○</td></tr>
<tr><td>산화프로필렌</td><td>CH_3CHCH_2O</td></tr>
<tr><td rowspan="8">제1석유류</td><td>휘발유</td><td></td><td rowspan="5">200L</td><td rowspan="10">Ⅱ등급</td><td rowspan="4">X</td></tr>
<tr><td>벤젠</td><td>C_6H_6</td></tr>
<tr><td>톨루엔</td><td>$C_6H_5CH_3$</td></tr>
<tr><td>메틸에틸케톤</td><td>$CH_3COC_2H_5$</td></tr>
<tr><td>에틸벤젠</td><td></td><td></td></tr>
<tr><td>시안화수소</td><td>HCN</td><td rowspan="5">400L</td><td rowspan="2">○</td></tr>
<tr><td>피리딘</td><td>C_5H_5N</td></tr>
<tr><td>아세톤</td><td>CH_3COCH_3</td><td></td></tr>
<tr><td rowspan="2">알코올류</td><td>메틸알코올</td><td>CH_3OH</td><td rowspan="2">○</td></tr>
<tr><td>에틸알코올</td><td>C_2H_5OH</td></tr>
<tr><td rowspan="14">인화성 액체</td><td rowspan="8">제2석유류</td><td>등유</td><td></td><td rowspan="5">1000L</td><td rowspan="14">Ⅲ등급</td><td rowspan="5">X</td></tr>
<tr><td>경유</td><td></td></tr>
<tr><td>스틸렌</td><td>$C_6H_5CHCH_2$</td></tr>
<tr><td>클로로벤젠</td><td>C_6H_5Cl</td></tr>
<tr><td>크실렌</td><td></td></tr>
<tr><td>의산(포름산)</td><td>$HCOOH$</td><td rowspan="3">2000L</td><td rowspan="3">○</td></tr>
<tr><td>초산(아세트산)</td><td>CH_3COOH</td></tr>
<tr><td>히드라진</td><td>N_2H_4</td></tr>
<tr><td rowspan="6">제3석유류</td><td>중유</td><td></td><td rowspan="4">2000L</td><td rowspan="4">X</td></tr>
<tr><td>클레오소트유</td><td></td></tr>
<tr><td>아닐린</td><td>$C_6H_5NH_2$</td></tr>
<tr><td>니트로벤젠</td><td>$C_6H_5NO_2$</td></tr>
<tr><td>에틸렌글리콜</td><td>$C_2H_4(OH)_2$</td><td rowspan="2">4000L</td><td rowspan="2">○</td></tr>
<tr><td>글리세린</td><td>$C_3H_5(OH)_3$</td></tr>
</table>

인화성 액체	제4석유류		**윤**활유(**기**계유, **기**어유, **실**린더유)		6000L	Ⅲ등급	
	동식물유	건성유 (요오드값 130 이상)	**해**바라기기름		10000L		
			동유				
			아마인유				
			들기름				
			정어리기름				
			대구유				
			상어유				
		반건성유 (요오드값 100~130)	**채**종유				
			참기름				
			콩기름				
			옥수수기름				
			쌀겨기름				
			면실유				
			청어유				
		불건성유 (요오드값 100 이하)	**소**기름				
			돼지기름				
			고래기름				
			올리브유				
			야자유				
			피마자유				
			땅콩기름(낙화생유)				

- 표가 크고 복잡하니 나누어서 암기해야 한다

  - 먼저 위험 등급은 특 / 1,알 / 2,3,4,동 순서대로 123등급이다.
  - 특수인화물은 특 오(50L) 이디 / 아산으로 기억한다. "/"을 기준으로 비수용성/수용성 구분된다
  - 1석유류는 일 이(200L)휘벤에메톨초(초산에틸, 아세트산에틸, $CH_3COOC_2H_5$) / 사(400L)시아피포(포름산메틸, $HCOOCH_3$)
  - 알코올류는 사(400L)알에메 로 기억한다
  - 2석유류는 이 일(1000L)등경 크스클벤(벤즈알데히드, C_7H_6O) 테(테레핀유) / 이(2000L)아히포아(아크릴산: $C_3H_4O_2$)
  - 3석유류는 삼 이(2000L)중아니니(니트로톨루엔)클 / 사(4000L)글글

- 4석유류는 사 육(6000L)윤기실
- 동식물유는 **모두 지정수량이 10000L이다**
- 암기는 정상 동해 대아들, 참쌀면 청옥 채콩, 소돼재고래 피 올야땅(동해바다에 사는 정상적인 큰(대)아들이 청옥수수, 채콩으로 참쌀면을 만들고, 소돼지고래 피를 올야땅에 뿌린다로 연상한다)

- 제4류 위험물의 분류 기준을 알아야 한다(1기압에서)
- 특수인화물: **이황화탄소, 디에틸에테르** 그밖에 발화점 100℃ 이하 또는(or) 인화점이 -20℃ 이하이고(and) 비점 40℃ 이하인 것
- 제1석유류: **아세톤, 휘발유**, 그밖에 인화점이 21℃ 미만인 것
- **제2석유류**: **등유, 경유**, 그밖에 인화점이 21℃ 이상 70℃ 미만인 것
  (**도료류** 그 밖의 물품에 있어 **가연성 액체량이 40중량 퍼센트 이하**이고, **인화점이 섭씨 40도 이상인 동시에 연소점이 섭씨 60도 이상**인 것은 **제외**)
- 제3석유류: 중유, 클레오소트유 그밖에 **인화점이 70℃ 이상 200℃ 미만인 것**
  (도료류 그 밖의 물품에 있어 가연성 액체량이 40중량 퍼센트 이하인 것은 제외)
- 제4석유류: 기어유, 실린더유 그밖에 **인화점이 200℃ 이상 250℃ 미만인 것**
  (도료류 그 밖의 물품에 있어 가연성 액체량이 40중량 퍼센트 이하인 것은 제외)
- 알코올류: 알코올류 하나의 분자를 이루는 탄소 원자수가 1에서 3개까지인 포화1가 알코올류가 위험물에 해당함, 다만 다음의 경우 제외
  - » 1분자를 구성하는 탄소원자의 수가 1개 내지 3개의 포화1가 알코올의 함유량이 60중량퍼센트 미만인 수용액
  - » 가연성 액체량이 60중량퍼센트 미만이고 인화점 및 연소점이 에틸알코올 60중량퍼센트 수용액의 인화점 및 연소점을 초과하는 것
- 동식물류: 동물, 식물에서 추출한 것으로 인화점이 **250℃ 미만인 것**

- 에탄올이 산화하면 아세트알데히드, 아세트알데히드가 산화하면 아세톤, 그 반대로 환원하면 그 반대가 된다.

	산화(-2H) →		산화(+O) →	
C_2H_5OH 에탄올		CH_3CHO 아세트알데히드		CH_3COOH 아세트산
	← 환원(+2H)		← 환원(-O)	

- 메탄올이 산화하면 포름알데히드, 포름알데히드가 산화하면 포름산, 그 반대로 환원하면 그 반대가 된다.

	산화(-2H) →		산화(+O) →	
CH_3OH 메탄올		HCHO 포름알데히드		HCOOH 포름산
	← 환원(+2H)		← 환원(-O)	

- 벤젠, 염화수소, 산소가 반응하여 클로로벤젠을 만듬

  $2C_6H_6 + 2HCl + O_2 \rightarrow 2C_6H_5Cl + 2H_2O$

- 고인화점 인화물의 정의: 인화점이 100℃ 이상인 제4류 위험물
- 특수인화물 인화점

  특수인화물중에서는 **이**소프랜은 섭씨-54도, 이소**펜**탄은 -51도, 디에틸에테르 -45, **아세트알데히드** -38, **산화프로필렌** -37, 이황화탄소 -30℃ **순서로 인화점이 낮다(이펜디알프리(이))**, 디에틸에테르, 이황화탄소는 인화점 온도도 기억해야 함

- **아세톤(-18도), 벤젠(-11도), 톨루엔(4도)의 인화점**도 기억해야 함
- **아세트알데히드등**을 취급하는 설비는 **은·수은·동·마그네슘** 또는 이들을 성분으로 하는 합금으로 만들지 아니해야 함
- **제4류 위험물 인화점 시험**: 인화점 시험방식은 밀폐식, 개방식이 있고, 밀폐식에는 **태그밀폐식, 신속평형법** 등이 속하고, 개방식에는 **클리브랜드 개방식**(컵)이 있다.

5. 제5류 위험물

	품명	해당대표위험물	분자식	지정수량	위험등급
자기반응성물질	유기과산화물	과산화벤조일(벤조일퍼옥사이드)	$(C_6H_5CO)_2O_2$	10kg	I
		메틸에틸케톤퍼옥사이드			
	질산에스테르류	질산메틸	CH_3ONO_2		
		질산에틸	$C_2H_5ONO_2$		
		니트로글리콜	$C_2H_4(ONO_2)_2$		
		니트로글리세린	$C_3H_5(ONO_2)_3$		
		니트로셀룰로오스(질산섬유소)			
		셀룰로이드			
	히드록실아민			100kg	II
	히드록실아민염류				
	니트로화합물	트리니트로톨루엔(TNT)	$C_6H_2(NO_2)_3CH_3$	200kg	
		트리니트로페놀(피크린산, TNP))	$C_6H_2(NO_2)_3OH$		
		테트릴			
		디니트로벤젠			
	니트로소화합물				
	디아조화합물				
	히드라진유도체				
	아조화합물				
	그외(질산구아니딘)				

- 암기는 십유질/백히히/이백니니 아히디질
- **5류 위험물 중 제조 방법에 대해 알아 둘 필요가 있는 것이 있다.**

니트로화 하여 생성하는 물질을 기억하자

톨루엔을 진한질산, 진한황산을 반응시켜 니트로화 해서 트리니트로톨루엔을 생성

$$C_6H_5CH_3 + 3HNO_3 \xrightarrow{H_2SO_4} C_6H_2(NO_2)_3CH_3 + 3H_2O$$

페놀을 니트로화 해서 트리니트로벤젠을 생성

$$C_6H_5OH + 3HNO_3 \xrightarrow{H_2SO_4} C_6H_2(NO_2)_3OH + 3H_2O$$

그 외에도 앞에 톨루엔, 벤젠외 다른 물질을 넣고 질산 황산으로 니트로화 하면 니트로화 한 물질과 물이 발생한다(예 글리세린을 위와 같이 반응시키면 니트로글리세린과 물이 생성된다).

6. 제6류 위험물

	품명	해당대표위험물	분자식	지정수량	위험등급
산화성액체	과염소산	과염소산	$HClO_4$	300kg	I
	과산화수소	과산화수소	H_2O_2		
	질산	질산	HNO_3		
	그 밖 (할로겐화합물)				

- 암기는 **삼 질할과염산**
- 질산이 피부에 닿으면 노란색으로 변하는 이 화학반응을 **크산토프로테인** 반응이라 한다.
- 과산화수소는 **농도가 36wt%이상일 경우**에만 위험물이다.
- 질산의 경우 **비중이 1.49 이상**인 것만 위험물이다.

7. 구조식

- 실기 시험에서 **<u>자주나오는 구조식은 암기</u>**할 필요가 있다.
- 주로 제4류 위험물이고, 제5류 위험물 중에 니트로화합물을 기억할 필요가 있다.

1 제4류 위험물

(1) 제1석유류

	벤젠(C_6H_6), 또한 BTX는 벤젠, 톨루엔, 크실렌(자일렌)을 가리키는 것을 기억해야 한다.
CH_3	톨루엔(메틸벤젠, $C_6H_5CH_3$)
H O H H H - C - C - O - C - C - H H H H	초산에틸(아세트산에틸, 제4류 1석유류 비수용성, $CH_3COOC_2H_5$)
N	피리딘(C_5H_5N)
H O H H - C - C - C - H H H	아세톤(CH_3COCH_3)

(2) 알코올류

구조	명칭
H | H - C - O - H | H	메탄올

(3) 제2석유류

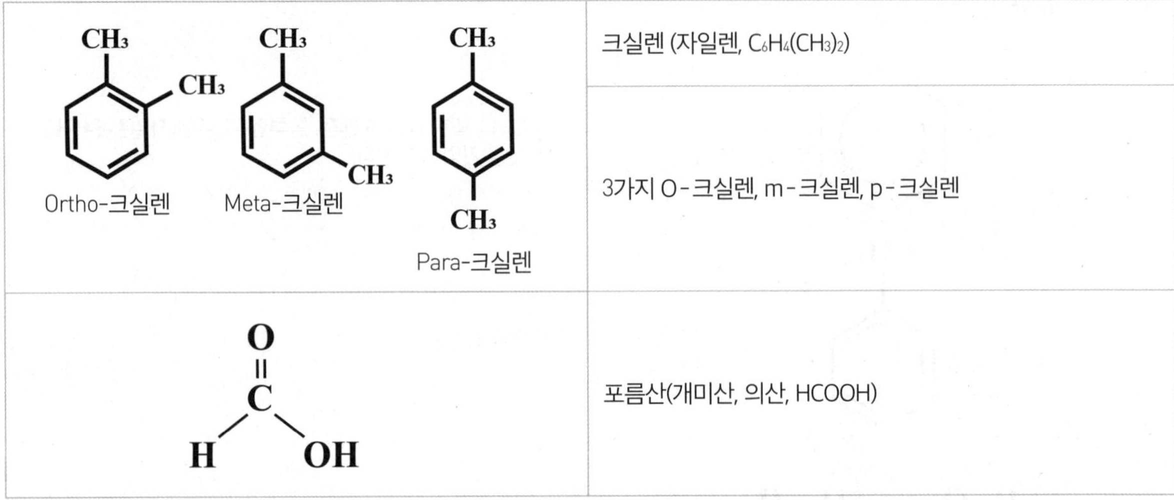

구조	명칭
Ortho-크실렌 Meta-크실렌 Para-크실렌	크실렌 (자일렌, $C_6H_4(CH_3)_2$) 3가지 O-크실렌, m-크실렌, p-크실렌
O ‖ C H OH	포름산(개미산, 의산, HCOOH)

(4) 제3석유류

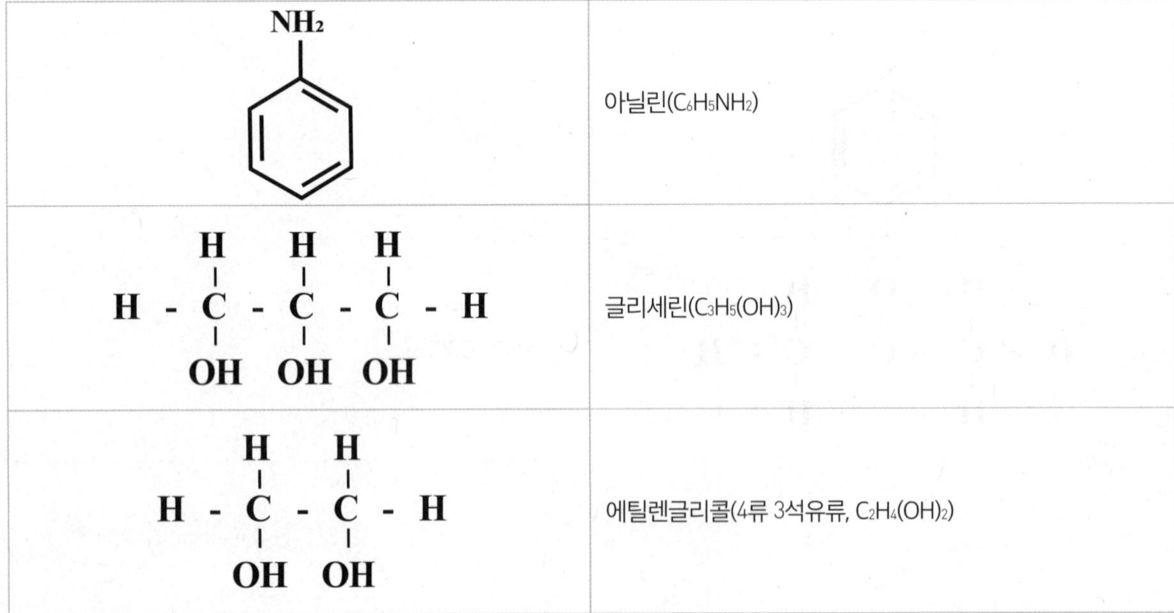

구조	명칭
NH_2	아닐린($C_6H_5NH_2$)
H H H | | | H - C - C - C - H | | | OH OH OH	글리세린($C_3H_5(OH)_3$)
H H | | H - C - C - H | | OH OH	에틸렌글리콜(4류 3석유류, $C_2H_4(OH)_2$)

(5) 제5류 위험물

① 유기과산화물

O = C - O - O - C = O (양쪽 C에 벤젠고리)	과산화벤조일($(C_6H_5CO)_2O_2$)

② 질산에스테르류

H - C(H)(H) - O - N(=O) - O	질산메틸
H - C(H)(ONO₂) - C(H)(ONO₂) - C(H)(ONO₂) - H	니트로글리세린

③ 니트로화합물

CH_3, NO_2, NO_2, NO_2	트리니트로톨루엔(TNT, $C_6H_2(NO_2)_3CH_3$)
OH, O_2N, NO_2, NO_2	트리니트로페놀(피크린산, TNP, $C_6H_2(NO_2)_3OH$)

1. 연소반응식

실기 시험에서는 연소반응식(즉 **산소와의 결합**)이 많이 출제되므로 **자주 출제되는 연소반응식을 암기할 필요가 있다**.

1 제2류 위험물

(1) 황, 적린, 황화린

① 암기방법

- **황은 산소와 만나면 이산화황**을 만든다.
- **인은 산소와 만나면 오산화인**을 만든다.
- 인과 황이 함께 있는 황화린은 산소와 만나면 당연히 이산화황과 오산화인을 만든다.

② 반응식

- 삼황화린: $P_4S_3 + 8O_2 \rightarrow 2P_2O_5 + 3SO_2$
- 오황화린: $2P_2S_5 + 15O_2 \rightarrow 2P_2O_5 + 10SO_2$
- 칠황화린: $P_4S_7 + 12O_2 \rightarrow 2P_2O_5 + 7SO_2$
- **유황: $S + O_2 \rightarrow SO_2$**
- **적린: $4P + 5O_2 \rightarrow 2P_2O_5$(오산화인, 흰색의 연기)**

(2) 마그네슘, 알루미늄 등 금속

① 암기방법: 위의 이온화결합의 법칙을 그대로 따른다

② 반응식

- 마그네슘: $2Mg + O_2 \rightarrow 2MgO$
- 알루미늄: $4Al + 3O_2 \rightarrow 2Al_2O_3$
- 아연: $2Zn + O_2 \rightarrow 2ZnO$
- 철: $4Fe+3O_2 \rightarrow 2Fe_2O_3$

2 제3류 위험물

- 나트륨: $4Na + O_2 \rightarrow 2Na_2O$, 나트륨 연소시 불꽃색은 노란색
- 칼륨: **$4K + O_2 \rightarrow 2K_2O$**
- 황린: $P_4 + 5O_2 \rightarrow 2P_2O_5$
- 트리메틸알루미늄: $2(CH_3)3Al + 12O_2 \rightarrow Al_2O_3 + 6CO_2 + 9H_2O$
- 트리에틸알루미늄: **$2(C_2H_5)_3Al + 21O_2 \rightarrow Al_2O_3 + 12CO_2 + 15H_2O$**
- 탄화칼슘: $2CaC_2 + 5O_2 \rightarrow 2CaO + 4CO_2$

3 제4류 위험물

- 제4류 위험물은 **연소(산소와 반응)하면 대부분 물과 이산화탄소**를 만든다.
- 예외가 있는데, **처음 반응식에서 수소가 없는 이황화탄소**의 경우, 물을 못 만들고 이산화탄소와 이산화황을 만들고, 히드라진의 경우 탄소가 없으므로 이산화탄소 못 만들고 질소와 물을 만든다.
- 대부분 이산화탄소는 발생한다.

(1) 특수인화물

- 이황화탄소: $CS_2 + 3O_2 \rightarrow CO_2 + 2SO_2$
- 아세트알데히드: **$2CH_3CHO + 5O_2 \rightarrow 4CO_2 + 4H_2O$**
- 디에틸에테르: **$C_2H_5OC_2H_5 + 6O_2 \rightarrow 4CO_2 + 5H_2O$**

(2) 제1석유류

벤젠: $2C_6H_6 + 15O_2 \rightarrow 12CO_2 + 6H_2O$
- 메틸에틸케톤: $2CH_3COC_2H_5 + 11O_2 \rightarrow 8CO_2 + 8H_2O$
- 톨루엔: **$C_6H_5CH_3 + 9O_2 \rightarrow 7CO_2 + 4H_2O$**
- 아세톤: $CH_3COCH_3 + 4O_2 \rightarrow 3CO_2 + 3H_2O$(아세톤은 **요오드포름($CHI_3$)**반응, 노란색, 기억해야 함, 요도르포름반응은 아세틸기(CH_3CO-)가진 물질이 반영하여 노란색침전을 형성함)

(3) 알코올류

- 메틸알코올: **$2CH_3OH + 3O_2 \rightarrow 2CO_2 + 4H_2O$**
- 에틸알코올: $C_2H_5OH + 3O_2 \rightarrow 2CO_2 + 3H_2O$

(4) 제2석유류

- 아세트산: $CH_3COOH + 2O_2 \rightarrow 2CO_2 + 2H_2O$

  아세트산과 과산화나트륨(함께 기억한다): **$2CH_3COOH + Na_2O_2 \rightarrow 2CH_3COONa + H_2O_2$**

- 히드라진: $N_2H_4 + O_2 \rightarrow N_2 + 2H_2O$

4 기타물질

(1) 암기요령

- 처음 반응 물질에 수소, 산소, 탄소가 있으면 물과 이산화탄소가 나온다
- 수소가 없고, 산소 탄소가 있으면 이산화탄소가 나온다
- 탄소가 없고, 수소, 산소가 있으면 물이 나온다

(2) 화학반응식

- 수소: $2H_2 + O_2 \rightarrow 2H_2O$
- 탄소: $C + O_2 \rightarrow CO_2$
- 에탄: $2C_2H_6 + 7O_2 \rightarrow 4CO_2 + 6H_2O$
- 메탄: $CH_4 + 2O_2 \rightarrow CO_2 + 2H_2O$
- 철: $4Fe + 3O_2 \rightarrow 2Fe_2O_3$
- 아세틸렌: $2C_2H_2 + 5O_2 \rightarrow 4CO_2 + 2H_2O$

  아세틸렌의 연소범위는 2.5 ~ 81%

2. 물과의 반응식

- 위험물이 물과 반응하는 경우 유별과 상관없이 모두 수산화기(OH)를 가진 물질이 생성된다는 것 기억해야 한다. 즉, 수산화물질과 다른 어떤 것이 발생하는 지를 기억하면 전체 반응식을 암기하지 못해도 미정계수방정식을 통해 반응식을 구할 수 있다.
- 물과의 반응식에 나오는 물질은 **당연히 물과 반응하는 물질**밖에 안 나온다(제1류 중 무기과산화물, 제2류 중 철분, 금속분, 마그네슘 등, 제3류 중 금수성물질 등)
  - 1류위험물 중 **알칼리금속과산화물의 경우 산소(O_2)**
  - 금속류는 대부분 수소(H_2)
  - 금속수소화합물 수소(H_2)
  - 인화칼슘(인화석회)은 포스핀(PH_3, 인화수소라고도 함)
  - 탄화칼슘은 아세틸렌(C_2H_2)
  - 탄화알루미늄은 메탄(CH_4)
  - 탄화망간은 메탄(CH_4)
  - 트리메틸알루미늄은 메탄
  - 트리에틸알루미늄은 에탄
  - 암기 요령은 비교적 간단하다. 산소는 알칼리금속과산화물만이다. 수소는 금속류, 금속수소화합물(산알금, 수금을 먼저 암기하고), 특이한 것 두가지 인화칼슘은 인화수소(포스핀), 탄화칼슘은 아세틸렌 암기하고, 나머지는 메탄과 에탄인데, 탄알과 탄망은 메탄이고(망속에서 까맣게 탄 알에서 나는 메탄냄새를 연상한다), 트리메틸알은 메탄이고, 트리에틸알은 에탄이다.

1 제1류 위험물 중 무기과산화물

당연히 **수산화 물질과 산소**가 발생한다

(1) 반응식

- 과산화나트륨: $2Na_2O_2 + 2H_2O \rightarrow 4NaOH + O_2$(산소)
- 과산화칼륨: **$2K_2O_2 + 2H_2O \rightarrow 4KOH + O_2$**
- 과산화마그네슘: $2MgO_2 + 2H_2O \rightarrow 2Mg(OH)_2 + O_2$
- 과산화칼슘: $2CaO_2 + 2H_2O \rightarrow 2Ca(OH)_2 + O_2$
- 과산화바륨: $2BaO_2 + 2H_2O \rightarrow 2Ba(OH)_2 + O_2$

2 제2류 위험물 중 철분, 마그네슘, 금속분, 오황화린

- 제2류 위험물 중 철분, 마그네슘, 금속분 등은 **수소**를 발생시킨다(**수산화물질은 당연히 발생**)
- 오황화린은 인산과 황화수소를 발생시킨다.

(1) 반응식

- 마그네슘: **$Mg + 2H_2O \rightarrow Mg(OH)_2 + H_2$(수소)**
- **아연: $Zn + 2H_2O \rightarrow Zn(OH)_2 + H_2$(수소)**
- 알루미늄: $2Al + 6H_2O \rightarrow 2Al(OH)_3 + 3H_2$(수소)
- 오황화린: **$P_2S_5 + 8H_2O \rightarrow 2H_3PO_4 + 5H_2S$(황화수소)**
  > 황화수소 연소반응식: $2H_2S + 3O_2 \rightarrow 2SO_2 + 2H_2O$

3 다. 제3류 위험물 중 금수성 물질

위의 공식 그대로 적용된다

- 금속류는 대부분 수소(H_2)
- 금속수소화합물 수소(H_2)
- 인화칼슘(인화석회)은 포스핀(PH_3, 인화수소라고도 함)
- 탄화칼슘은 아세틸렌(C_2H_2)
- 탄화알루미늄은 메탄(CH_4)
- 탄화망간은 메탄(CH_4)
- 트리메틸알루미늄은 메탄
- 트리에틸알루미늄은 에탄

(1) 반응식

① 알킬알루미늄:
- 트리에틸알루미늄: **$(C_2H_5)_3Al + 3H_2O \rightarrow Al(OH)_3 + 3C_2H_6$(에탄)**
- 트리메틸알루미늄: $(CH_3)_3Al + 3H_2O \rightarrow Al(OH)_3 + 3CH_4$

② 칼륨: **$2K + 2H_2O \rightarrow 2KOH + H_2$**

③ 알킬리튬: 메틸리튬: $CH_3Li + H_2O \rightarrow LiOH + CH_4$(메탄)

④ 나트륨: $2Na + 2H_2O \rightarrow 2NaOH + H_2$

⑤ 알칼리금속: 리튬: **$2Li + 2H_2O \rightarrow 2LiOH + H_2$(수소)**

⑥ 금속수소화합물

- 수소화나트륨: **$NaH + H_2O \rightarrow NaOH + H_2$(수소)**
- 수소화칼륨: $KH + H_2O \rightarrow KOH + H_2$(수소)
- 수소화칼슘: **$CaH_2 + 2H_2O \rightarrow Ca(OH)_2 + 2H_2$(수소)**
- 수소화알루미늄리튬: $LiAlH_4 + 4H_2O \rightarrow LiOH + Al(OH)_3 + 4H_2$

⑦ 금속인화합물

- 인화칼슘: $Ca_3P_2 + 6H_2O \rightarrow 3Ca(OH)_2 + 2PH_3$(포스핀)
- 인화알루미늄: $AlP + 3H_2O \rightarrow Al(OH)_3 + PH_3$(포스핀)

⑧ 칼슘, 알루미늄 탄화물

- 탄화알루미늄: $Al_4C_3 + 12H_2O \rightarrow 4Al(OH)_3 + 3CH_4$(메탄)
- 탄화칼슘: $CaC_2 + 2H_2O \rightarrow Ca(OH)_2 + C_2H_2$(아세틸렌)

4 기타

- 탄화리튬: $Li_2C_2 + 2H_2O \rightarrow 2LiOH +$ **C_2H_2(아세틸렌)**
- 오산화인: $P_2O_5 + 3H_2O \rightarrow 2H_3PO_4$

3. 분해반응식

- 분해 반응식은 의외로 간단하다. 대부분 산소가 발생한다.
- 단순히 산소만 떼어내면 되는 경우가 많다. 그렇지 않은 부분을 유의해서 암기하면 된다.

1 제1류 위험물

(1) 아염소산염류

아염소산나트륨: $NaClO_2 \rightarrow NaCl + O_2$

(2) 과염소산염류

- 과염소산나트륨: $NaClO_4 \rightarrow NaCl$(염화나트륨) $+ 2O_2$
- 과염소산칼륨: $KClO_4 \rightarrow KCl + 2O_2$
- 과염소산암모늄: $2NH_4ClO_4 \rightarrow N_2 + Cl_2 + 4H_2O + 2O_2$

(3) 염소산염류

- 염소산칼륨: $2KClO_3 \rightarrow 2KCl + 3O_2$
- 염소산나트륨: $2NaClO_3 \rightarrow 2NaCl + 3O_2$
- 염소산암모늄: $2NH_4ClO_3 \rightarrow N_2 + Cl_2 + 4H_2O + O_2$

(4) 무기과산화물

과산화나트륨: $2Na_2O_2 \rightarrow 2Na_2O + O_2$

(5) 질산염류

- 질산칼륨: $2KNO_3 \rightarrow 2KNO_2 + O_2$**(유황(S), 숯(목탄, C)과 함께 흑색화약의 원료)**
- 질산암모늄: $2NH_4NO_3 \rightarrow 2N_2 + O_2 + 4H_2O$

(6) 과망간산염류

과망간산칼륨: $2KMnO_4 \rightarrow K_2MnO_4$(망간산칼륨) $+ MnO_2$(이산화망간) $+ O_2$

(7) 그 외

삼산화크롬(무수크롬산): $4CrO_3 \rightarrow 2Cr_2O_3 + 3O_2$

2 제5류 위험물

(1) 질산에스테르류

니트로글리세린: **$4C_3H_5(ONO_2)_3 \rightarrow 12CO_2 + 10H_2O + O_2 + 6N_2$**

(2) 니트로화합물

트리니트로톨루엔: $2C_6H_2(NO_2)_3CH_3 \rightarrow 2C + 3N_2 + 5H_2 + 12CO$

3 제6류 위험물

(1) 질산

$4HNO_3 \rightarrow 2H_2O + 4NO_2$(이산화질소, 유독성) + O_2

(2) 과산화수소

$2H_2O_2 \rightarrow 2H_2O + O_2$(이 반응식에서 요오드화칼륨(KI), 이산화망간(MnO2) 등이 분해의 정촉매로 사용될 수 있음)(과산화수소는 분해 방지를 위해 인산, 요산을 분해방지 안정제로 씀)

(3) 과염소산

$HClO_4 \rightarrow HCl + 2O_2$

4 기타

(1) 탄산수소나트륨

$2NaHCO_3 \rightarrow Na_2CO_3 + CO_2 + H_2O$

4. 기타물질반응

1 염화수소, 염산, 황산

(1) 제1류 위험물 무기과산화물

산과 반응하면 과산화수소를 생성한다.

① 과산화칼슘

과산화칼슘과 염화수소: $CaO_2 + 2HCl \rightarrow CaCl_2 + H_2O_2$

② 과산화칼륨과 아세트산

$K_2O_2 + 2CH_3COOH \rightarrow 2CH_3COOK + H_2O_2$

③ 과산화나트륨

$Na_2O_2 + 2HCl \rightarrow 2NaCl + H_2O_2$

(2) 제2류 위험물 중 철분, 마그네슘, 금속분

- 모두 수소를 발생시키고, 물과 반응하는 경우 수산화물질을 생성하나, 염산과 반응하면 Cl과결합한 물질이 발생한다(반응 개수는 이온화결합의 원칙에 따른다. 즉 Al은 +3, Cl은 -1 이므로 $AlCl_3$가 된다. (또한 Cu, Zn등은 11족, 12족인데, 1족, 2족처럼 반응한다.)
- 알루미늄과 염산: $2Al + 6HCl \rightarrow 2AlCl_3 + 3H_2$
- 아연과 염산: $Zn + 2HCl \rightarrow ZnCl_2 + H_2$

tip

참고로, 다른 산과의 반응도 알아둔다.
아연과 아세트산 : $2CH_3COOH + Zn \rightarrow (CH_3COO)_2Zn + H_2$
아연과 황산 : $Zn + H_2SO_4 \rightarrow ZnSO_4 + H_2$

- 마그네슘과 염산: $Mg + 2HCl \rightarrow MgCl_2 + H_2$
- 마그네슘과 황산: $Mg + H_2SO_4 \rightarrow MgSO_4 + H_2$

(3) 제3류 금속인화합물

- 인화칼슘의 물과 반응과 유사하게 포스핀 가스와 Cl과 결합한 물질이 발생한다(결합수는 이온화결합원칙에 따른다)
- 인화칼슘과 염산: $Ca_3P_2 + 6HCl \rightarrow 3CaCl_2 + 2PH_3$

2 이산화탄소

(1) 제1류 무기과산화물

- 과산화칼륨과 이산화탄소: $2K_2O_2 + 2CO_2 \rightarrow 2K_2CO_3 + O_2$
- 과산화나트륨과 이산화탄소: $2Na_2O_2 + 2CO_2 \rightarrow 2Na_2CO_3 + O_2$

(2) 제2류

마그네슘과 이산화탄소: $2Mg + CO_2 \rightarrow 2MgO + C$

(3) 제3류

칼륨과 이산화탄소: $4K + 3CO_2 \rightarrow 2K_2CO_3 + C$

3 에틸알코올

- 금속과 에틸알코올(에틸라이드 물질과 수소를 기억해야 한다)
  ① 나트륨과 에틸알코올: $2Na + 2C_2H_5OH \rightarrow 2C_2H_5ONa$(나트륨에틸라이드) $+ H_2$
  ② 칼륨과 에틸알코올: $2K + 2C_2H_5OH \rightarrow 2C_2H_5OK$(칼륨에틸라이드) $+ H_2$
- 에틸알코올을 진한 황산을 가하여 가열하여 축합반응시켜 디에틸에테르를 만드는 반응

$$C_2H_5OH + C_2H_5OH \xrightarrow{\text{진한 } H_2SO_4} C_2H_5OC_2H_5 + H_2O$$

4 메틸알코올

트리에틸알루미늄과 메틸알코올: $(C_2H_5)_3Al + 3CH_3OH \rightarrow (CH_3O)_3Al + 3C_2H_6$

5. 기타

- 탄화칼슘과 질소: $CaC_2 + N_2 \rightarrow CaCN_2$(석회질소) + C
- 황린과 수산화칼륨 수용액: **$P_4 + 3KOH + 3H_2O \rightarrow 3KH_2PO_2 + PH_3$**
- 히드라진과 과산화수소: $N_2H_4 + 2H_2O_2 \rightarrow N_2 + 4H_2O$
- 유황과 수소: $S + H_2 \rightarrow H_2S$
- 적린과 염소산칼륨: $6P + 5KClO_3 \rightarrow 3P_2O_5 + 5KCl$
- 에틸렌, 염화팔라듐, 물: $C_2H_4 + PdCl_2 + H_2O \rightarrow CH_3CHO + Pd + 2HCl$
- 에틸렌과 산소를 $CuCl_2$의 촉매로 반응

$$2C_2H_4 + O_2 \xrightarrow{CuCl_2} 2CH_3CHO$$

- 아세틸렌과 구리: $C_2H_2 + 2Cu \rightarrow Cu_2C_2 + H_2$

III

위험물산업기사

필수 암기 개념

1. 기초 개념

1 이상기체방정식

이와 관련하여 화학반응에 따른 반응, 발생 물질의 양, 기체의 부피를 구하는 문제를 잘 살펴야 한다. 예를 들어, 톨루엔 9.2g을 완전연소시키는데 필요한 산소는 몇 리터 인가? 부피를 구하는 경우 구하는 부피단위가 L인 경우, 질량의 단위는 g으로 맞추고, ㎥인 경우 kg으로 맞추고 문제를 풀이하는 것이 좋다.

(1) 표준상태인 경우

- 이를 위해서는 톨루엔의 연소반응식을 알아야 한다.
- 반응식은 $C_6H_5CH_3 + 9O_2 \rightarrow 7CO_2 + 4H_2O$이고 톨루엔 1몰에 대해 산소 9몰이 반응한다.
- 톨루엔의 분자량은 92g/mol이므로 9.2g은 0.1mol이 된다. 즉, 산소는 0.9mol이 필요하다는 뜻이 된다.

① 기체 1mol은 22.4L이므로 0.9mol은 20.16L가 된다.

② 이상기체방정식에 대입하여 풀이해도 된다. $V = 0.9 \times 0.082 \times 273$이고 계산하면 약 20.15L가 된다.

(2) 표준상태가 아닌경우

만약 이 경우 표준상태가 아니라 온도가 20℃, 이고 기압이 2기압이라면, 위의 ①의 방법은 쓸 수 없고, ②의 방법인 이상기체방정식에 따라 풀면 된다. $PV = \frac{W}{M}RT$이고, $\frac{W}{M}$은 몰수 이므로 대입하면 $V = 0.9 \times 0.082 \times 293 / 2$ 하면 2기압 20℃에서 산소의 부피를 구할 수 있다.

(3) 발생한 이산화탄소의 질량을 구하는 문제라면,

앞에서 본 대로 톨루엔1분자 반응 시 이산화탄소 7분자가 나오므로 0.1mol 반응 시 이산화탄소는 0.7mol이 발생한다. 이산화탄소 1몰의 질량은 44g이므로 0.7몰의 질량 30.8g이 된다.

(4) 필요한 공기의 부피를 구하는 문제라면, 공기 중에 산소의 비율이 있으므로 산소의 부피를 구하고 전체 공기의 부피를 구하면 된다.

(5) 이상기체방정식은 물질의 밀도도 구할 수 있다. 밀도는 질량/부피 이므로 위 방정식에서 w/V를 구하면 되기 때문이다.

2. 화재와 소화

1 화재의 종류

화재급수	명칭	물질	표현색
A급화재	일반화재	목재, 종이, 섬유, 플라스틱, 석탄 등	백색
B급화재	유류화재	4류 위험물, 유류, 가스, 페인트	황색
C급화재	전기화재	전선, 전기기기, 발전기 등	청색
D급화재	금속화재	철분, 마그네슘, 알루미늄분등 금속분	무색

2 고체의 연소

- **표면연소: 목탄(숯), 코크스, 금속분** 등
- **분해연소: 석탄, 목재, 종이, 섬유, 플라스틱** 등
- **증발연소: 나프탈렌, 장뇌, 황(유황), 양초(파라핀), 왁스, 알코올**
- **자기연소: 주로 5류 위험물**(이는 물질내에 산소를 가진 자기연소 물질이다, 주로 니트로기를 가지고 있다)

3 분말소화약제

종류	성분	적응화재	열분해반응식	색상
제1종분말	$NaHCO_3$(탄산수소나트륨)	B, C	$2NaHCO_3 \rightarrow Na_2CO_3 + CO_2 + H_2O$(270℃) $2NaHCO_3 \rightarrow Na_2O + 2CO_2 + H_2O$(850℃)	백색
제2종분말	$KHCO_3$(탄산수소칼륨)	B, C	$2KHCO_3 \rightarrow K_2CO_3 + CO_2 + H_2O$	담회색
제3종분말	$NH_4H_2PO_4$(제1인산암모늄)	A, B, C	$NH_4H_2PO_4 \rightarrow$ HPO_3(메타인산)$+NH_3$(암모니아)$+H_2O$	담홍색
제4종분말	$KHCO_3+(NH_2)_2CO$(탄산수소칼륨+요소)	B, C	$2KHCO_3 + (NH_2)_2CO \rightarrow K_2CO_3 + 2NH_3 + 2CO_2$	회색

- 제1종 분말소화약제의 경우 온도에 따라 열분해 반응이 다름
  ① **270℃: $2NaHCO_3 \rightarrow Na_2CO_3 + CO_2 + H_2O$**
  ② **850℃: $2NaHCO_3 \rightarrow Na_2O + 2CO_2 + H_2O$**
- 제3종 분말소화약제의 경우 여러 차례 열분해 반응이 나타난다.
  ① 1차는 **$NH_4H_2PO_4 \rightarrow NH_3 + H_3PO_4$(오르토인산)**
  ② 2차는 $2H_3PO_4 \rightarrow H_4P_2O_7 + H_2O$
  ③ 3차는 $H_4P_2O_7 \rightarrow 2HPO_3 + H_2O$
  ④ 최종으로 $NH_4H_2PO_4 \rightarrow HPO_3$(메타인산) $+ NH_3$(암모니아) $+ H_2O$

4 불활성소화약제

IG-541 (질소, 아르곤 이산화탄소가 52:40:8 비율로 섞인 기체이다), **IG-55(질소, 아르곤이 50:50비율로 섞인 기체이다), IG-100(질소 100%)**(각각 질알탄, 질알, 질로 암기한다)

5 할로겐소화약제

- 할론넘버의 각 숫자는 순서대로 C, F, Cl, Br의 숫자를 의미한다.

할론넘버	분자식	방사압력	소화기	소화효과	독성
1301	CF_3Br	0.9MPa	MTB 또는 BTM	▲ 좋음	▼ 강함
1211	CF_2ClBr	0.2MPa	**BCF**		
2402	$C_2F_4Br_2$	0.1MPa			
1011	CH_2ClBr				
104	CCl_4				

- 할론 1301은 **오존층을 가장 많이 파괴**하나, **소화효과가 가장 좋고, 독성이 가장 낮다, 공기보다 무겁다**(브롬의 원자량은 80이다)
- CH_3Br는 1001이다.

- 할로겐소화약제의 분사헤드의 방사압력은 **할론2402를 방사하는 것은 0.1MPa 이상**, 할론1211을 방사하는 것은 0.2MPa **이상**, 할론1301을 방사하는 것은 0.9MPa 이상이어야 한다.

6 혼합기체의 폭발범위(연소범위)를 구하는 공식

- $100/L = V_1/L_1 + V_2/L_2 + V_3/L_3 + \cdots\cdots\cdots$
- $100/H = V_1/H_1 + V_2/H_2 + V_3/H_3 + \cdots\cdots\cdots$

  (V는 각 물질의 비율(vol%), Ln은 각 물질의 폭발범위 하한, Un은 각 물질의 폭발범위 상한)
- 어떤 A, B, C 세 기체의 흡합기체의 혼합농도는 A:B:C = 5:3:2이고, 각 기체의 폭발범위는 A는 5 ~ 15%, B는 3 ~ 12%, C는 2 ~ 10%인 경우
- 하한은 $100/L = 50/5 + 30/3 + 20/2$
- 상한은 $100/H = 50/15 + 30/12 + 20/10$

  계산하면 3.33 ~ 12.77%

7 소화설비 설치 기준(소요단위 문제)

	내화구조	비내화구조
위험물	위험물의 지정수량 × 10	
제조소 및 취급소	100 m^2	50 m^2
저장소	150 m^2	75 m^2

옥외설치된 공작물은 외벽이 내화구조인 것으로 간주한다.

8 소화설비의 적응성

소화설비의 구분			대상물 구분											
			건축물 그밖의 공작물	전기설비	제1류위험물		제2류위험물			제3류위험물		제4류 위험물	제5류 위험물	제6류 위험물
					알칼리 금속과산화물 등	그밖의 것	철분, 마그네슘 금속분 등	인화성 고체	그밖의 것	금수성 물품	그밖의 것			
옥내/옥외소화전설비			○			○		○	○		○		○	○
스프링클러설비			○			○		○	○		○	△	○	○
물분무등소화설비	물분무소화설비		○	○		○		○	○		○	○	○	○
	포소화설비		○			○		○	○		○	○	○	○
	불활성가스소화설비			○				○				○		
	할로겐화합물소화설비			○				○				○		
	분말소화설비	인산염류 등	○	○		○		○	○			○		○
		탄산수소염류 등		○	○		○	○		○		○		
		그 밖의 것			○		○			○				
대형/소형수동식소화기	봉상수소화기		○			○		○	○		○		○	○
	무상수소화기		○	○		○		○	○		○		○	○
	봉상강화액소화기		○			○		○	○		○		○	○
	무상강화액소화기		○	○		○		○	○		○	○	○	○
	포소화기		○			○		○	○		○	○	○	○
	이산화탄소소화기			○				○				○		△
	할로겐화합물소화기			○				○				○		
	분말소화기	인산염류소화기	○	○		○		○	○			○		○
		탄산수소염류소화기		○	○		○	○		○		○		
		그 밖의 것			○		○			○				
기타	물통 또는 수조		○			○		○	○		○		○	○
	건조사				○	○	○	○	○	○	○	○	○	○
	팽창질석/팽창진주암				○	○	○	○	○	○	○	○	○	○

△는 제4류 위험물의 경우 장소의 살수기준면적에 따라 스프링클러설비의 살수밀도가 다음표에 정하는 기준 이상인 경우 적응성이 있음을, 6류위험물의 경우 폭발의 위험이 없는 장소에 한하여 이산화탄소소화기가 적응성이 있음을 각각 표시한다.

9 경보설비의 종류

- 제조소 및 취급소(이동식탱크 제외)에 경비설비 설치 기준은 지정수량의 10배 이상인 경우이다
  - 자동화재탐지설비, 비상경보설비, 비상방송설비, 확성장치
  - 자동화재탐지설비 기준: 연면적이 500m² 이상인 것, 옥내에서 지정수량 100배 이상을 취급하는 경우

10 소화전의 수원

- 수원의 수량은 **옥내소화전이 가장 많이 설치된 층의 설치개수에 7.8m³을** 곱한양이 되어야 한다(**설치개수가 5이상인 경우 5에 7.8 m³을 곱한다**)
- **옥외소화전**일 경우 수원의 양은 **설치개수에 13.5m³**를 곱한다(**4개 이상일 경우 4개**가 기준이다)

3. 위험물의 저장/운반/취급 등의 관리

1 혼재가 가능한위험물의 유별(지정수량 10배이상인 경우): 423 524 61

- 이 외에도 기억해야 할 것이 있다. 바로 유별을 달리하는 위험물끼리는 같이 저장하면 안된다는 것인데, 다만, 옥내/외 저장소의 경우 아래와 같은 위험물은 **서로 1m 간격**을 두고 저장 가능하다

- **1류(알칼리금속 과산화물 또는 이를 함유한 것 제외)와 5류**
- **1류와 6류**
- **1류와 3류 중 자연발화성물질(황린 및 이를 포함한 것에 한함)**
- **2류 중 인화성 고체와 4류**
- 3류 중 알킬알루미늄 등과 4류(알킬알루미늄 또는 알킬리튬을 함유한 것에 한함)
- 4류 중 유기과산화물 또는 이를 함유한 것과 5류 중 유기과산화물 또는 이를 함유한 것
- 암기는 111234로 되어 있다는 것 기억하고, 1알5, 1 6, 1 3자, 2인4, 3알4알알, 4유5유 로 기억한다

2 게시판

게시판의 크기는 60cm × 30 cm 이상, 흑색 마탕에 황색도료로 위험물이라고 표시해야 한다.

종류	바탕	문자
화기엄금	적색	백색
물기엄금	청색	백색
주유중엔진정지	**황색**	**흑색**
위험물 제조소등	백색	흑색
위험물	흑색	황색반사도료

3 위험물에 따른 운반용기 주의사항표시

(1) 1류

① 알칼리금속과산화물의 경우: 화기/충격주의, 물기엄금 및 가연물접촉주의

② 그 밖의 것: 화기/충격주의, 가연물 접촉주의

(2) 2류

① 철분, 마그네슘, 금속분: 화기주의 물기엄금

② 인화성 고체: 화기엄금

③ 그 밖의 것: 화기주의

(3) 3류

① 자연발화성 물질: 화기엄금 및 공기접촉엄금

② 금수성물질: 물기엄금

(4) 4류: 화기엄금

(5) 5류: 화기엄금, 충격주의

(6) 6류: 가연물접촉주의

4 안전카드

위험물안전관리법령상 제4류 위험물 운송 시 **위험물안전카드**를 휴대해야 하는 위험물: **특수인화물 및 제1석유류**

5 제조소 등의 종류

제조소(1종류)	제조소			
저장소(8종류)	옥내	옥내탱크	지하탱크	간이탱크
	옥외	옥외탱크	암반탱크	이동탱크
취급소(4종류)	주유	이송	판매	일반

(1) 판매취급소

① 제1종 판매취급소: 저장 또는 취급하는 취험물의 수량이 지정수량의 **20배** 이하인 취급소

② 제2종 판매취급소: 저장 또는 취급하는 취험물의 수량이 지정수량의 **40배** 이하인 취급소

6 안전거리

(1) 위험물제조소등과의 이격거리

① 유형문화재와 지정문화재: 50m 이상

② 학교, 병원, 극장 등 다수인 수용 시설(극단, 아동복지시설, 노인보호시설, 어린이집 등): 30m 이상

③ **고압가스**, 액화석유가스 또는 도시가스를 저장 또는 취급하는 시설: 20m 이상

④ 주거용인 건축물 등: 10m 이상

⑤ **사용전압이 35,000V를 초과하는 특고압가공전선: 5m 이상**

⑥ 사용전압이 7,000V 초과 35,000V 이하의 특고압가공전선: 3m 이상

암기법

532153이고, 문학가주사사로 암기(문학가가 주사 부리다 사망하는 이야기)

7 위험물제조소의 배출설비

배출능력은 원칙적으로 **국소방식으로 하되 1시간당 배출장소 용적의 20배 이상**인 것으로 하여야 한다. 다만, **전역방식의 경우에는 바닥면적 1㎡당 18㎥ 이상**으로 할 수 있다.

8 위험물제조소의 환기설비

- 급기구는 당해 급기구가 설치된 실의 바닥면적 150㎡마다 1개 이상으로 하되, 급기구의 크기는 800㎠ 이상으로 할 것. 다만 바닥면적이 150㎡ 미만인 경우에는 다음의 크기로 하여야 한다.

바닥면적	급기구의 면적
60㎡ 미만	150㎠ 이상
60㎡ 이상 90㎡ 미만	300㎠ 이상
90㎡ 이상 120㎡ 미만	450㎠ 이상
120㎡ 이상 150㎡ 미만	600㎠ 이상

- 환기는 자연배기방식

9 강철판 등

- 옥외저장탱크 강철판 3.2mm이상, 밸브없는 통기관은 30mm
- 이동식탱크저장소에서 그 내부의 4000리터 이하 마다 3.2mm 이상의 강철판 등의 금속상 칸막이, 칸막이는 3.2mm, 방호틀은 2.3mm, 방파판은 1.6mm (이동탱크저장소의 경우 옥외에 상치하는 경우 인근 건축물로부터 5m이상(1층인 경우 3m이상) 거리 확보해야 한다는 점도 기억한다)

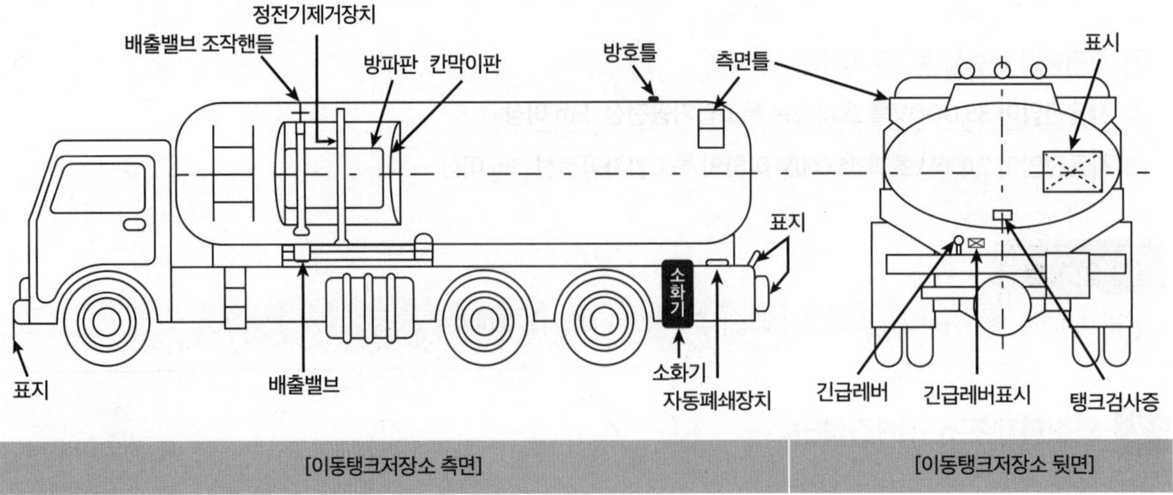

[이동탱크저장소 측면] [이동탱크저장소 뒷면]

- 간이탱크저장소 3.2mm 이상의 강철판

10 보유공지

(1) 옥외저장소

저장 또는 취급하는 위험물의 최대수량	공지의 너비
지정수량의 10배 이하	**3m 이상**
지정수량의 10배 초과 20배 이하	5m 이상
지정수량의 20배 초과 50배 이하	**9m 이상**
지정수량의 50배 초과 200배 이하	12m 이상
지정수량의 200배 초과	15m 이상

다만, 제4류 위험물 중 제4석유류와 제6류 위험물을 저장 또는 취급하는 옥외저장소의 보유공지는 다음 표에 의한 공지의 너비의 3분의 1 이상의 너비

과산화수소는 제6류 위험물로 지정수량이 300kg이다. 3000kg인 경우 지정수량의 10배이고, 10배 이하인 경우 공지의 너비는 3m이상이면 된다. 다만, 제6류 위험물이므로 1/3이면 된다. 따라서 1m이상이면 된다.

(2) 제조소

취급하는 위험물의 최대수량	공지의 너비
지정수량의 10배 이하	**3m 이상**
지정수량의 10배 초과	**5m 이상**

(3) 옥외탱크저장소

저장 또는 취급하는 위험물의 최대수량	공지의 너비
지정수량의 500배 이하	3m 이상
지정수량의 500배 초과 1,000배 이하	5m 이상
지정수량의 1,000배 초과 2,000배 이하	9m 이상
지정수량의 2,000배 초과 3,000배 이하	12m 이상
지정수량의 3,000배 초과 4,000배 이하	15m 이상
지정수량의 4,000배 초과	당해 탱크의 수평단면의 최대지름(가로형인 경우에는 긴 변)과 높이 중 큰 것과 같은 거리 이상. 다만, 30m 초과의 경우에는 30m 이상으로 할 수 있고, 15m 미만의 경우에는 15m 이상으로 하여야 한다.

- 6류 위험물 외의 위험물의 경우 옥외저장탱크를 동일한 방유제 안에 2개 이상 설치하는 경우 위 보유공지의 3분의 1이상으로 할 수 있다(단, 너비는 3m 이상이어햐 한다)
- **6류 위험물인 경우 위 보유공지의 3분의 1 이상**으로 할 수 있다(단, **너비는 1.5m 이상**이어야 한다)
- **6류 위험물인 경우 동일구내 2개 이상 설치할 경우 보유공지의 3분의 1의 3분의 1로 할 수 있다**(단, **너비는 1.5m 이상**이어야 한다)
- 탱크 원주 1m당 37리터로 20분간 물을 분수할 수 있는 물분부설비가 있으면 보유공지의 2분의 1이상의 공지로 할 수 있다

11 방유제

(1) 옥외탱크저장소

- 방유제는 높이 0.5m 이상 3m 이하, 두께 0.2m 이상, 지하매설깊이 1m 이상으로 할 것
- **방유제내의 면적은 8만m² 이하**로 할 것
- 방유제내의 설치하는 옥외저장탱크의 **수는 10 이하**로 할 것(**인화성액체위험물** 저장시)(즉, 인화성이 없는 위험물의 저장시는 탱크 수의 제한이 없음), 단 모든 옥외저장탱크의 용량이 20만ℓ 이하이고, 당해 옥외저장탱크에 저장 또는 취급하는 위험물의 인화점이 70°C 이상 200°C 미만인 경우에는 20개이고, 인화점이 200°C 이상인 경우에는 제한이 없음
- 용량은
  - » 탱크가 1개일 때: 탱크 용량의 110% 이상
  - » 탱크가 2개 이상일 때: 탱크 중 용량이 **최대인 것의 용량의 110% 이상**

(2) 제조소 옥외에 있는 위험물저장탱크의 경우

- 용량은
  » 탱크가 1개일 때: 탱크용량의 50%
  » 탱크가 2개 이상일 때: 최대 탱크 용량의 50% + 나머지 탱크 용량 합계의 10%

12 제조소

- 배출구는 지상 2m 이상으로서 연소의 우려가 없는 장소에 설치하고, 배출 덕트가 관통하는 벽부분의 바로 가까이에 화재시 자동으로 폐쇄되는 방화댐퍼(화재 시 연기 등을 차단하는 장치)를 설치할 것
- 바닥의 최저부에 집유설비를 설치한다.

13 옥내저장소

- 옥내저장소에서 위험물을 저장하는 경우에는 다음 각목의 규정에 의한 높이를 초과하여 용기를 겹쳐 쌓지 아니하여야 한다.
  - **기계에 의하여 하역하는** 구조로 된 용기만을 겹쳐 쌓는 경우에 있어서는 **6m**
  - **제4류 위험물 중 제3석유류, 제4석유류 및 동식물유류**를 수납하는 용기만을 겹쳐 쌓는 경우에 있어서는 **4m**
  - 그 밖의 경우에 있어서는 3m
- 옥내저장소 바닥면적은
  - 다음의 위험물을 저장하는 창고: 1,000㎡ 이하
    » 제1류 위험물 중 아염소산염류, 염소산염류, 과염소산염류, 무기과산화물 그 밖에 지정수량이 50㎏인 위험물
    » 제3류 위험물 중 칼륨, 나트륨, 알킬알루미늄, 알킬리튬 그 밖에 지정수량이 10㎏인 위험물 및 황린
    » 제4류 위험물 중 특수인화물, 제1석유류 및 알코올류
    » 제5류 위험물 중 유기과산화물, 질산에스테르류 그 밖에 지정수량이 10㎏인 위험물
    » 제6류 위험물
- 위 위험물 외의 위험물을 저장하는 창고: 2,000㎡ 이하

tip

1000㎡ 인 경우 4류 위험물 중 제1석유류 및 알코올류를 제외하고는 모두 위험등급이 Ⅰ등급인 물질이다. 즉, 기본적으로 위험등급이 1등급이면 바닥면적이 1000㎡이하이다. 그 외는 2000㎡로 기억하고, 격벽인 경우 1,500으로 기억하면 된다.

14 옥외저장소

옥외저장소의 경우 **아래의 위험물이 옥외에 저장**될 수 있다.

- **2류 위험물 중 유황 또는 인화성 고체**(인화점이 섭씨 0도 이상인 것에 한함)
- 4류 위험물 중 **제1석유류(인화점이 섭씨 0도 이상인 것에 한함), 알코올류, 2석유류, 3석유류, 4석유류, 동식물유류**
- **6류 위험물**
- 2류, 4류 위험물 중 특별시, 광역시 또는 도의 조례에서 정한 위험물
- 국제해사기구에 관한 협약에 의해 설치된 국제해사기구가 채택한 국제해상 위험물규칙(IMDG 코드)에 적합한 용기에 수납된 위험물

15 옥내저장탱크

- 옥내탱크(이하 "옥내저장탱크"라 한다)는 단층건축물에 설치된 탱크전용실에 설치할 것
- 옥내저장탱크와 탱크전용실의 벽과의 사이 및 옥내저장탱크의 상호간에는 0.5m 이상의 간격을 유지할 것
- 옥내저장탱크의 용량(동일한 탱크전용실에 옥내저장탱크를 2 이상 설치하는 경우에는 각 탱크의 용량의 합계를 말한다)은 **지정수량의 40배 이하**일 것, **4석유류 및 동식물유류 외의 제4류 위험물**에 있어서 당해 수량이 20,000ℓ를 초과할 때에는 **20,000ℓ 이하** 일 것(즉, 지정수량이 400ℓ 에틸알코올의 경우 40배인 16000ℓ가 용량이 된다. 1000ℓ인 경유인 경우 40배하면 40000ℓ가 되므로 20000ℓ가 된다)

16 지하탱크저장소

- 지하저장탱크의 **윗부분은 지면으로부터 0.6m 이상 아래**에 있어야 함
- 지하저장탱크를 **2 이상 인접해 설치**하는 경우에는 **그 상호간에 1m**(당해 2 이상의 지하저장탱크의 **용량의 합계가 지정수량의 100배 이하인 때에는 0.5m) 이상의 간격을 유지**해야 함

17 간이탱크저장조

간이탱크저장소에서 간이탱크의 숫자는 3개까지 하나의 용량은 600리터 이하, 3.2mm 이상의 강철판

18 탱크의 내용적

횡으로 설치한 것

$\pi r^2(l+\frac{l_1+l_2}{3})$

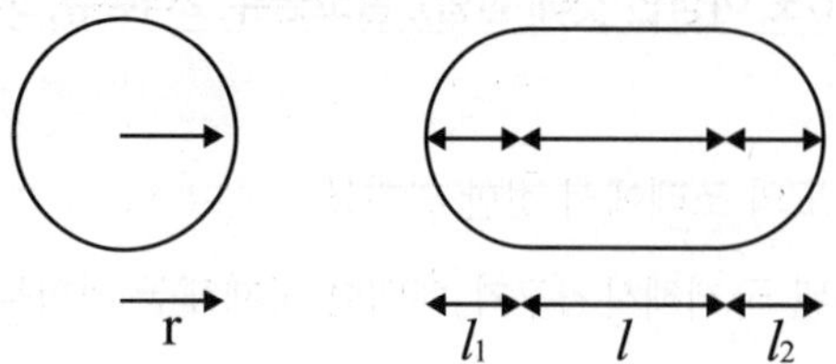

종으로 설치한 것

$\pi r^2 l$

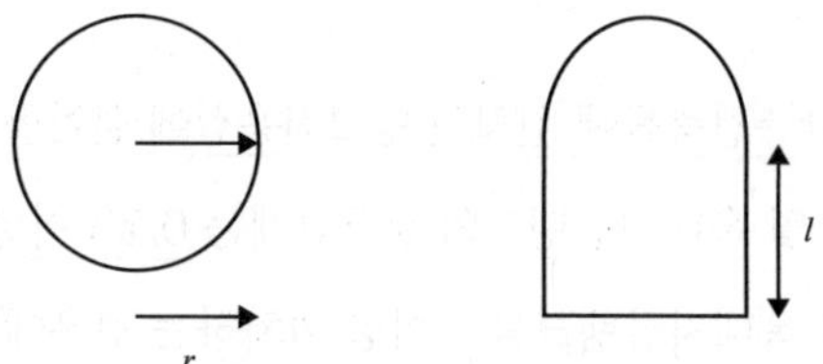

19 정전기 제거 방법(4류 위험물인 경우 매우 중요하다)

- 접지(땅에 접한다)
- 실내공기 이온화
- 실내습도 상대습도 70% 이상으로 유지

20 위험물의 유별 저장·취급의 공통기준(중요기준)

① 제1류 위험물은 가연물과의 접촉·혼합이나 분해를 촉진하는 물품과의 접근 또는 과열·충격·마찰 등을 피하는 한편, 알카리금속의 과산화물 및 이를 함유한 것에 있어서는 물과의 접촉을 피하여야 한다.

② 제2류 위험물은 산화제와의 접촉·혼합이나 불티·불꽃·고온체와의 접근 또는 과열을 피하는 한편, 철분·금속분·마그네슘 및 이를 함유한 것에 있어서는 물이나 산과의 접촉을 피하고 인화성 고체에 있어서는 함부로 증기를 발생시키지 아니하여야 한다.

③ 제3류 위험물 중 자연발화성물질에 있어서는 불티·불꽃 또는 고온체와의 접근·과열 또는 공기와의 접촉을 피하고, 금수성물질에 있어서는 물과의 접촉을 피하여야 한다.

④ 제4류 위험물은 불티·불꽃·고온체와의 접근 또는 과열을 피하고, 함부로 증기를 발생시키지 아니하여야 한다.

⑤ 제5류 위험물은 불티·불꽃·고온체와의 접근이나 과열·충격 또는 마찰을 피하여야 한다.

⑥ 제6류 위험물은 가연물과의 접촉·혼합이나 분해를 촉진하는 물품과의 접근 또는 과열을 피하여야 한다(가연물과 접촉을 피해야 하는 것은 제1류 위험물도 마찬가지다, 다만 제1류 위험물은 알칼리금속과산화물인 경우 물과 접촉을 금지해야 한다는 내용이 더 있다)

21 위험물의 운반용기 기준

- **고체위험물**은 운반용기 내용적의 **95% 이하**의 수납율로 수납할 것
- **액체위험물**은 운반용기 내용적의 **98% 이하**의 수납율로 수납하되, **55도**의 온도에서 누설되지 아니하도록 충분한 공간용적을 유지하도록 할 것
- **알킬알루미늄등(알킬리튬도)**은 운반용기의 **내용적**의 **90% 이하**의 수납율로 수납하되, **50℃의 온도에서 5% 이상의 공간용적을 유지**하도록 할 것

22 운반시 피복조치

- **차광성 있는 피복**으로 가릴 위험물: **1류, 3류 중 자연발화성 물질, 4류 중 특수인화물, 5류, 6류**
- **방수성 있는 피복**으로 덮을 위험물(물을 피해야 하는 것): **1류 중 알칼리금속 과산화물** 또는 이를 함유한 것, **2류 중 철분, 마그네슘, 금속분** 또는 이를 함유한 것, **3류 중 금수성물질**

23 저장온도

- 옥외저장탱크·옥내저장탱크 또는 지하저장탱크

위험물		압력탱크	압력탱크외
디에틸에테르등		40℃ 이하	**30℃ 이하**
아세트알데히드등	산화프로필렌	40℃ 이하	**30℃ 이하**
	아세트알데히드	40℃ 이하	**15℃ 이하**

- 이동저장탱크
  - 보냉장치가 있는 경우: 아세트알데히드등 또는 디에틸에테르등은 당해 위험물의 비점 이하
  - 보냉장치가 **없는 경우**: 아세트알데히드등 또는 디에틸에테르등의 **온도는 40℃ 이하**

4. 위험물안전관리법령 사항

1 제4류 위험물 취급 제조소 또는 일반취급소 자체소방대 등

사업소의 구분	화학소방자동차	자체소방대원의 수
1. 최대수량의 합이 지정수량의 3천배 이상 12만배 미만인 사업소	**1대**	**5인**
2. 최대수량의 합이 지정수량의 12만배 이상 24만배 미만인 사업소	2대	10인
3. 최대수량의 합이 지정수량의 24만배 이상 48만배 미만인 사업소	**3대**	**15인**
4. 최대수량의 합이 지정수량의 48만배 이상인 사업소	**4대**	20인
5. 옥외탱크저장소에 저장하는 제4류 위험물의 최대수량이 지정수량의 50만배 이상인 사업소	2대	10인

위험물산업기사
기출문제

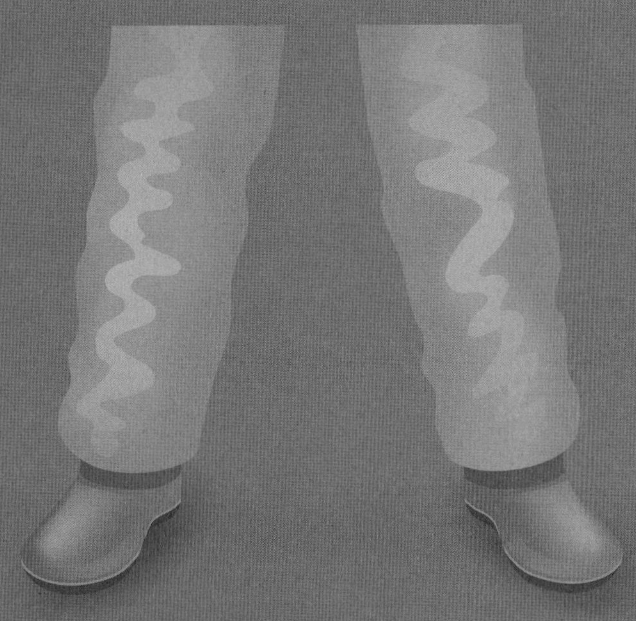

△ 2016
△ 2017
△ 2018
△ 2019
△ 2020
△ 2021
△ 2022
△ 2023

001

다음 표에서 혼재가 가능한지 여부를 O, X로 표시하여 채우시오(지정수량의 1/10을 초과하는 경우이다)

구분	제1류	제2류	제3류	제4류	제5류	제6류
제1류						
제2류						
제3류						
제4류						
제5류						
제6류						

답

구분	제1류	제2류	제3류	제4류	제5류	제6류
제1류		×	×	×	×	○
제2류	×		×	○	○	×
제3류	×	×		○	×	×
제4류	×	○	○		○	×
제5류	×	○	×	○		×
제6류	○	×	×	×	×	

해

암기법

위험물의 혼재하면 423 524 61을 기억하면 된다.

002

다음 원통형 탱크의 내용적은 얼만인가?

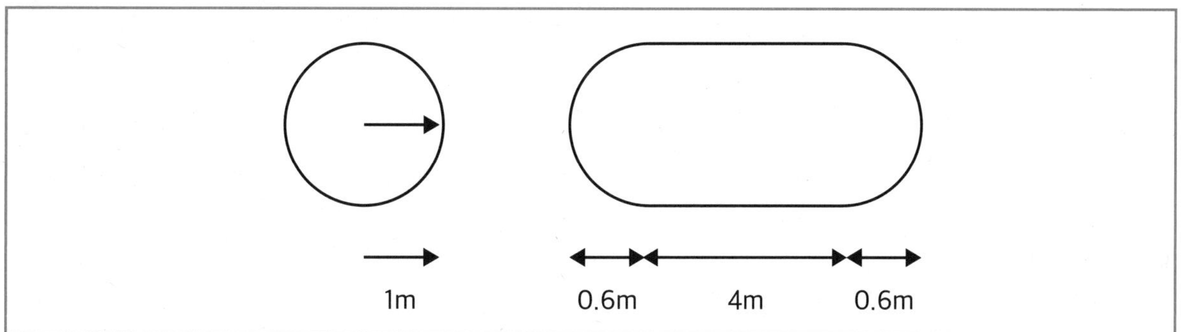

답 $13.82m^3$

해 $\pi r^2(l+\frac{l_1+l_2}{3})$

각 대입하면 $\pi \times 1^2 \times [4+(0.6+0.6)/3]$이 된다.

003

오황화린과 물이 반응하는 경우 생성되는 물질의 화학식을 쓰시오.

답 H_2S, H_3PO_4

해 **$P_2S_5 + 8H_2O \rightarrow 5H_2S + 2H_3PO_4$**, 인산과 황화수소가 발생한다.

004

피크린산의의 구조식과 지정수량을 쓰시오.

답 • **지정수량:** 200kg

• 구조식:

$$C_6H_2(OH)(NO_2)_3$$

(OH, O_2N, NO_2, NO_2 치환 벤젠고리 구조식)

해 트리니트로페놀(피크린산, TNP))의 구조식은 위와 같다. 제5류 위험물로 지정량은 200kg이다.

암기법

십유질 / 백히히 이백니니 아히디질아

005

다음 빈칸을 채우시오.

- (가)란 고형알코올 그밖에 1기압에서 인화점이 섭씨 40 미만인 고체를 말한다.
- (나)는 이황화탄소, 디에틸에테르 그밖에 발화점 100℃ 이하 또는 인화점이 -20℃ 이하이고(and) 비점 40℃ 이하인 것을 말한다.
- (다)는 아세톤, 휘발유, 그 밖에 인화점이 21℃ 미만인 것을 말한다.

답 가: 인화성 고체, 나: 특수인화물, 다: 제1석유류

해 특수인화물: **이황화탄소, 디에틸에테르** 그밖에 **발화점 100℃ 이하 또는(or) 인화점이 -20℃ 이하이고(and) 비점 40℃ 이하**인 것

- 제1석유류: **아세톤, 휘발유**, 그밖에 **인화점이 21℃ 미만인 것**
- 제2석유류: **등유, 경유**, 그밖에 **인화점이 21℃ 이상 70℃ 미만인 것(도료류 그 밖의 물품에 있어 가연성 액체량이 40중량 퍼센트 이하이고, 인화점이 섭씨 40도 이상인 동시에 연소점이 섭씨 60도 이상인 것은 제외)**
- 제3석유류: **중유, 클레오소트유** 그밖에 **인화점이 70℃ 이상 200℃ 미만인 것**(도료류 그 밖의 물품에 있어 가연성 액체량이 40중량 퍼센트 이하인 것은 제외)
- 제4석유류: **기어유, 실린더유** 그밖에 **인화점이 200℃ 이상 250℃ 미만인 것**(도료류 그 밖의 물품에 있어 가연성 액체량이 40중량 퍼센트 이하인 것은 제외)
- 알코올류: 알코올류 하나의 분자를 이루는 탄소 원자수가 1에서 3개까지인 포화1가 알코올류가 위험물에 해당함, 다만 다음의 경우 제외
  - 1분자를 구성하는 탄소원자의 수가 1개 내지 3개의 포화1가 알코올의 함유량이 60중량퍼센트 미만인 수용액
  - 가연성 액체량이 60중량퍼센트 미만이고 인화점 및 연소점이 에틸알코올 60중량퍼센트 수용액의 인화점 및 연소점을 초과하는 것
- 동식물류: 동물, 식물에서 추출한 것으로 인화점이 **250℃ 미만인 것**

006

다음에서 설명하는 특수인화물의 화학식을 쓰시오.

에틸알코올을 진한 황산을 가하여 가열하여 축합반응시켜 발생시키는 지정수량 50L의 특수인화물

답 $C_2H_5OC_2H_5$

해 디에틸에테르이며 **에탄올 2분자를 축합반응**(물분자 하나가 떨어져 나가는 반응)시켜 만든다

$$C_2H_5OH + C_2H_5OH \xrightarrow[\text{진한 } H_2SO_4]{} C_2H_5OC_2H_5 + H_2O$$

007

트리니트로톨루엔(TNT)를 열분해하는 경우 생성되는 기체 3가지의 화학식을 쓰시오.

 N_2, H_2, CO

 **$2C_6H_2(NO_2)_3CH_3 \rightarrow 2C + 3N_2 + 5H_2 + 12CO$**

008

질식소화작용을 하는 부착성 막을 생성시켜 소화를 하는 메타인산을 발생시키는 분말소화약제의 화학식과 종별을 쓰시오

답 **화학식**: $NH_4H_2PO_4$, **종별**: 제3종 분말

해

종류	성분	적응화재	열분해반응식	색상
제1종분말	$NaHCO_3$(탄산수소나트륨)	B, C	$2NaHCO_3 \rightarrow Na_2CO_3 + CO_2 + H_2O$	백색
제2종분말	$KHCO_3$(탄산수소칼륨)	B, C	$2KHCO_3 \rightarrow K_2CO_3 + CO_2 + H_2O$	담회색
제3종분말	$NH_4H_2PO_4$(제1인산암모늄)	A, B, C	$NH_4H_2PO_4 \rightarrow HPO_3$(메타인산) $+ NH_3$(암모니아) $+ H_2O$	담홍색
제4종분말	$KHCO_3 + (NH_2)2CO$(탄산수소칼륨+요소)	B, C	$2KHCO_3 + (NH_2)2CO \rightarrow K_2CO_3 + 2NH_3 + 2CO_2$	회색

- **3종은 질식소화가스인 메타인산(HPO_3, 부착성막을 만듬(방진효과))**이 나온다.

009

다음에서 불활성가스소화설비에 적응성이 있는 위험물을 모두 고르시오.

- 가. 제1류 위험물 중 알칼리금속 과산화물
- 나: 제2류 위험물 중 인화성 고체
- 다: 제3류 위험물 중 금수성 물품
- 라: 제4류 위험물
- 마: 제5류 위험물
- 바: 제6류 위험물

답 나. 제2류 위험물 중 인화성 고체, 라. 제4류 위험물

해 불활성가스소화설비에 적응성이 있는 경우는 아래와 같다.

소화설비의 구분		대상물 구분											
		건축물 그밖의 공작물	전기설비	제1류위험물		제2류위험물			제3류위험물		제4류 위험물	제5류 위험물	제6류 위험물
				알칼리 금속과 산화물등	그밖 의것	철분, 마그네슘 금속분등	인화성 고체	그밖 의것	금수성 물품	그밖 의것			
물분무등소화설비	물분무소화설비	○	○		○		○	○		○	○	○	○
	포소화설비	○			○		○	○		○	○	○	○
	불활성가스소화설비		○				○				○		
	할로겐화합물소화설비		○				○				○		

010

염소산칼륨의 완전 열분해반응식을 쓰시오

답 $2KClO_3 \rightarrow 2KCl + 3O_2$

011

위험물 제조소에 배출설비를 설치하는 경우 그 배출 능력은 원칙적으로 얼마인가?

답 **시간당 배출장소 용적의 20배 이상**

해 배출설비는 원칙적으로 국소방식으로 하되 배출능력은 **1시간당 배출장소 용적의 20배 이상**인 것으로 하여야 한다. 다만, 전역방식의 경우에는 바닥면적 1㎡당 18㎥ 이상으로 할 수 있다.

012

제4류 위험물 중 특수인화물인 이황화탄소에 대해 답하시오

•(가): 지정수량	•(나): 완전연소반응식

답 **가**: 50L, **나**: $CS_2 + 3O_2 \rightarrow CO_2 + 2SO_2$

해 제4류 위험물이 연소하면 주로 물과 이산화탄소가 나오나, 반응물에 수소가 없으므로 물이 못나오고, 이산화탄소와 이산화황이 나온다.

지정수량은 50L이다(오(50L) 이디 / 아산)

013

다음 각 위험물의 제조소에 설치해야 하는 게시판의 주의사항을 쓰시오

• 가. 금속분	• 나: 과산화수소	• 다: 트리니트로페놀	• 라: 휘발유

답 가: 화기주의, 나: 물기엄금, 다: 화기엄금, 라: 화기엄금

해 위험물을 취급하는 제조소에 설치해야 하는 주의사항 게시판에 기재 내용은 아래와 같다.

i) 1류 알칼리금속의 과산화물 : 물기엄금

그 밖에 : 없음

ii) 2류 인화성 고체 : 화기엄금

철분, 마그네슘, 금속분 및 그 밖에 : 화기주의

iii) 3류 자연발화성 물질 : 화기엄금

금수성물질 : 물기엄금

iv) 4류 : 화기엄금

v) 5류 : 화기엄금

vi) 6류 : 없음

금속분은 화기주의, 과산화수소는 제1류 알칼리금속의 과산화물이므로 물기엄금, 트리니트로페놀은 제5류 위험물이므로 화기엄금, 휘발유는 제4류 위험물 이므로 화기엄금이다.

014

옥외탱크저장소의 경우 방유제의 높이가 얼마가 되면 출입하기 위한 계산 또는 경사로를 설치해야 하는가?

답 1m

해 높이가 **1m**를 넘는 방유제 및 간막이 둑의 안팎에는 방유제내에 출입하기 위한 계단 또는 경사로를 약 50m마다 설치한다.

001

인화칼슘에 대한 다음 물음에 답하시오.

• 가: 물과의 반응식을 쓰시오.	• 나: 물과 반응하면 위험한 이유는?

답 • 가: $Ca_3P_2 + 6H_2O \rightarrow 3Ca(OH)_2 + 2PH_3$

• 나: 인화칼슘은 물과 반응하여 독성이 있는 포스핀가스를 발생시키기 때문에 위험하다.

002

다음 물질 중 인화점이 낮은 것부터 순서대로 나열하시오

이황화탄소, 디에틸에테르, 아세톤, 산화프로필렌

답 디에틸에테르, 산화프로필렌, 이황화탄소, 아세톤

해 • 인화점은 제4류 위험물인 경우 특수인화물이 다른 알코올류, 석유류 보다 낮다(특수인화물: **이황화탄소, 디에틸에테르** 그밖에 **발화점 100℃ 이하 또는(or) 인화점이 -20℃ 이하이고(and) 비점 40℃ 이하**인 것

• 제1석유류: **아세톤, 휘발유**, 그밖에 **인화점이 21℃미만인 것**)

• 문제에서 아세톤은 제1석유류이고, 다른 물질은 모두 특수인화물이다.

• 특수인화물중에서는 **이**소프랜은 섭씨 -54도, 이소**펜**탄은 -51도, **디**에틸에테르 **-45**, 아세트**알**데히드 -38, 산화**프**로필렌 -37, **이**황화탄소 **-30℃ 순서로 인화점이 낮다(이펜디알프리(이))**, 디에틸에테르, 이황화탄소는 인화점 온도도 기억해야 한다.

- 아세톤(-18도), 벤젠(-11도), 톨루엔(4도)의 인화점도 기억한다.

003

제4류 위험물로 인화점이 섭씨 -38도이고, 비점이 섭씨 21도인 물질에 대해 다음을 답하시오

• 가: 시성식	• 나: 증기비중

답 **가:** CH_3CHO, **나:** 1.52

해 • 가: 제4류 위험물로 인화점이 섭씨 -38도, 비점이 섭씨21도 것은 아세트알데히드이다.

TIP 인화점을 잘 암기해 두었으면 쉽게 물질을 찾을 수 있다.

- 나: 증기비중은 분자량을 29로 나눈값이 된다. 아세트알데히드의 분자량은 44(12+1×3+12+1+16)인데, 이를 29로 나누면 약 1.52가 된다.

004

고형알코올 그밖에 1기압에서 인화점이 섭씨 40 미만인 고체에 대해 답하시오

• 가: 몇 류 위험물인가?	• 나: 품명은?	• 다: 지정수량은?

답 **가: 제2류 위험물, 나: 인화성고체, 다:** 1000kg

해 • 인화성고체는 고형알코올 그밖에 1기압에서 인화점이 섭씨 40 미만인 고체를 말한다.

- 제2류 위험물이며 품명은 인화성 고체이고, 지정수량은 1000kg이다.

📖 암기법

백유황적 / 오철금마 천인

005

다음 각각의 위험물이 물과 반응하여 생성되는 가연성 기체의 화학식을 쓰시오.

• 가: 칼륨	• 나: 인화알루미늄	• 다: 트리에틸알루미늄

답 **가:** H_2, **나:** PH_3, **다:** C_2H_6

해 1류위험물 중 **알칼리금속과산화물의 경우 산소(O_2)**

- 금속류는 대부분 수소(H_2)
- 금속수소화합물 수소(H_2)
- 인화칼슘(인화석회), 인화알루미늄은 포스핀(PH_3, 인화수소라고도 함)
- 탄화칼슘은 아세틸렌(C_2H_2)
- 탄화알루미늄은 메탄(CH_4)
- 탄화망간은 메탄(CH_4)
- 트리메틸알루미늄은 메탄
- 트리에틸알루미늄은 에탄

📖 암기법

암기 요령은 비교적 간단하다. 산소는 알칼리금속과산화물만이다. 수소는 금속류, 금속수소화합물(산알금, 수금을 먼저 암기하고), 특이한 것 두가지 인화칼슘, 인화알루미늄은 인화수소(포스핀), 탄화칼슘은 아세틸렌 암기하고, 나머지는 메탄과 에탄인데, 탄알과 탄망은 메탄이고(망속에서 까맣게 탄 알에서 나는 메탄냄새를 연상한다), 트리메틸알은 메탄이고, 트리에틸알은 에탄이다.

006

피크린산의 구조식을 쓰시오.

㊕

OH

O_2N NO_2

NO_2

㊖ 피크린산(트리니트로페놀, TNP)의 구조식은 위와 같다.

007

위험물 탱크 검사자로서 필수인력인자를 모두 고르면?

위험물기능장, 위험물산업기사, 누설비파괴기사/산업기사, 측량 및 지형공간정보 기술사, 측량기능사

㊕ **위험물기능장, 위험물산업기사**

㊖ 위험물 탱크검사가 기술능력

가. 필수인력

1) **위험물기능장·위험물산업기사 또는 위험물기능사** 중 1명 이상

2) **비파괴**검사기술사 1명이상 또는 **초음파비파**괴검사·**자기비파**괴검사 및 **침투비파**괴검사별로 **기사 또는 산업기사** 각 1명 이상

나. 필요한 경우에 두는 인력

1) 충·수압시험, 진공시험, 기밀시험 또는 내압시험의 경우 : 누설비파괴검사 기사, 산업기사 또는 기능사

2) 수직·수평도시험의 경우 : 측량 및 지형공간정보 기술사, 기사, 산업기사 또는 측량기능사

3) 방사선투과시험의 경우 : 방사선비파괴검사 기사 또는 산업기사

4) 필수 인력의 보조 : 방사선비파괴검사·초음파비파괴검사·자기비파괴검사 또는 침투비파괴검사 기능사

008

옥외저장소의 보유공지와 관련하여 아래 물음에 답 하시오

- 가 : 지정수량의 10배 이하를 저장하는 경우 공지의 너비는?
- 나 : 지정수량의 10배초과 20배 이하를 저장하는 경우 공지의 너비는?
- 다 : 지정수량의 20배초과 50배 이하를 저장하는 경우 공지의 너비는?

답 가: 3m 이상, 나: 5m 이상, 다: 9m 이상

해 옥외저장소의 보유공지

저장 또는 취급하는 위험물의 최대수량	공지의 너비
지정수량의 10배 이하	**3m 이상**
지정수량의 10배 초과 20배 이하	5m 이상
지정수량의 20배 초과 50배 이하	9m 이상
지정수량의 50배 초과 200배 이하	12m 이상
지정수량의 200배 초과	15m 이상

009

탄화알루미늄과 물이 반응하면 생성되는 물질의 화학식을 모두 쓰시오

답 $Al(OH)_3$, CH_4

해 탄화알루미늄과 물의 반응식은 $Al_4C_3 + 12H_2O \rightarrow 4Al(OH)_3 + 3CH_4$(메탄)이다.

수산화물질과 메탄이 생성되는 것을 기억해야 한다.

010

주유취급소에 설치하는 "주유 중 엔진정지" 게시판에 대해 다음 물음에 답하시오.

- 가: 바탕색
- 나: 글자색

답 가: 흑색, 나: 황색

해

종류	바탕	문자
화기엄금	적색	백색
물기엄금	청색	백색
주유중엔진정지	황색	흑색
위험물 제조소등	백색	흑색
위험물	흑색	황색반사도료

011

오르토인산이 생성되는 제3종 분말소화약제의 1차 열분해 반응식을 쓰시오

답 $NH_4H_2PO_4 \rightarrow NH_3 + H_3PO_4$

해 ABC분말소화약제로 불리는 제3종 분말소화약제는 여러단계를 거쳐 열분해 반응한다.

- 1차는 **$NH_4H_2PO_4 \rightarrow NH_3 + H_3PO_4$(오르토인산)**
- 2차는 $2H_3PO_4 \rightarrow H_4P_2O_7 + H_2O$
- 3차는 $H_4P_2O_7 \rightarrow HPO_3 + H_2O$

최종으로 $NH_4H_2PO_4 \rightarrow HPO_3$(메타인산) + NH_3(암모니아) + H_2O

012

다음 물질을 옥내저장탱크 또는 지하저장탱크 중 압력탱크 외의 탱크에 저장하는 경우 저장온도는 몇 ℃이하를 유지해야 하는가?

• 가: 디에틸에테르	• 나: 아세트알데히드	• 다: 산화프로필렌

답 **가**: 30℃, **나**: 15℃, **다**: 30℃

해 옥외저장탱크·옥내저장탱크 또는 지하저장탱크 중 **압력탱크 외**의 탱크에 저장하는 디에틸에테르등 또는 아세트알데히드등의 온도는 **산화프로필렌**과 이를 함유한 것 또는 디에틸에테르등에 있어서는 **30℃ 이하**로, **아세트알데히드** 또는 이를 함유한 것에 있어서는 **15℃** 이하로 각각 유지해야 한다.

013

각 위험물질이 다음처럼 있는 경우, 지정수량의 배수의 합을 구하시오

• 특수인화물: 200L	• 제1석유류(수용성): 400L
• 제2석유류(수용성): 4000L	• 제3석유류(수용성): 12000L
• 제4석유류: 24000L	

답 14

해 지정수량은 순서대로 특수인화물 50L(오(50L) 이디 / 아산)

- 제1석유류 수용성 400L(이(200L)휘벤에메톨 **초(초산에틸, 아세트산에틸, $CH_3COOC_2H_5$)** / 사(400L)시아피 **포(포름산메틸, $HCOOCH_3$))**
- 제2석유류 수용성 2000L(일(1000L)등경 크스클 **벤(벤즈알데히드, C_7H_6O)** / 이(2000L)아히포 **아(아크릴산: $C_3H_4O_2$))**

- 제3석유류 수용성 4000L(이(2000L)중아니니(니트로톨루엔)클 / 사(4000L)글글)
- 제4석유류 6000L(육(6000L)윤기실)이다.

각 지정수량의 배수는 4, 1, 2, 3, 4이다. 합하면 14이다.

001

다음 보기의 제4류 위험물을 건성유, 반건성유, 불건성유로 분류하시오.

쌀겨기름, 야자유, 들기름, 아마인유, 목화씨기름, 땅콩기름

답 **건성유: 아마인유, 들기름, 반건성유: 쌀겨기름, 목화씨기름, 불건성유: 땅콩기름, 야자유**

해 제4류 위험물 중 동식물유류이다.

암기법

"정상 동해 대아들, 참쌀면 청옥 채콩, 소돼재고래 피 올야땅"로 한다.

002

다음 중 인화점이 21℃ 이상 70℃ 미만인 것 제4류 위험물 중 수용성인 것을 모두 고르시오.

니트로벤젠, 메틸알코올, 아세트산, 포름산, 에틸렌글리콜

답 **아세트산, 포름산**

해 인화점이 21℃ 이상 70℃ 미만인 제4류 위험물은 제2석유류이다. 그 중 수용성인 것은 아세트산, 포름산이다(일(1000L)등경 크스클 **벤(벤즈알데히드, C_7H_6O)** / 이(2000L)아히포 **아(아크릴산 : $C_3H_4O_2$)**)

003

마그네슘에 대해 다음 질문에 답하시오.

• 가 : 완선 연소시 생성되는 물질의 화학식을 쓰시오.
• 나 : 황산과 반응하는 경우 생성되는 기체의 화학식을 쓰시오.

답 **가**: MgO, **나**: H_2

해 • 가 : $2Mg + O_2 \rightarrow 2MgO$

• 나 : **$Mg + H_2SO_4 \rightarrow MgSO_4 + H_2$**, 마그네슘과 황산 또는 염산과 반응하면 수소가 발생한다.

004

표준상태에서 톨루엔의 증기밀도는 얼마(g/L)인가?

답 4.11g/L

해 이는 이상기체 방정식에서 유도하여 풀 수 있다. 이상기체 방정식은 $PV = \frac{M}{W}RT$인데, 증기 밀도는 곧 질량을 부피로 나눈 것, 즉 w/V이 된다.

따라서 w/V = PM / RT가 된다. 표준상태이므로 P는 1, T는 273, R은 0.082이고, 분자량 M은 92이다(톨루엔 $C_6H_5CH_3$의 분자량은 $12\times6 + 1\times5 + 12 + 1\times3 = 92$).

모두 대입하면 $1\times92 / 0.082\times273 = 4.109$, 약 4.11이다.

005

다음 위험물을 인화점이 낮은 순으로 나열 하시오.

클로로벤젠, 초산에틸, 이황화탄소, 글리세린

답 이황화탄소, 초산에틸, 클로로벤젠, 글리세린

해 • 제4류 위험물은 특수인화물, 제1석유류, 제2석유류, 제3석유류, 제4석유류 순으로 인화점이 낮다.

• 이황화탄소는 특수인화물(오(50L) 이디 / 아산)이고 인화점이 -30℃

• 초산에틸은 제1석유류(이(200L)휘벤에메톨 **초(초산에틸, 아세트산에틸, $CH_3COOC_2H_5$)** / 사(400L)시아피 **포(포름산메틸, $HCOOCH_3$)**)이고 인화점이 4℃

• 클로로벤젠은 제2석유류(일(1000L)등경 크스클 **벤(벤즈알데히드, C_7H_6O)** / 이(2000L)아히포 **아(아크릴산 : C3H4O2)**)이고 인화점이 27℃

• 글리세린은 제3석유류(이(2000L)중아니니(니트로톨루엔)클 / 사(4000L)글글)이고, 인화점이 160℃

006

위험물의 운반기준에 대해 다음 빈칸을 채우시오.

• 고체위험물은 운반용기 내용적의 (가)% 이하의 수납율로 수납할 것 • 액체위험물은 운반용기 내용적의 (나)% 이하의 수납율로 수납하되, (다)℃의 온도에서 누설되지 아니하도록 충분한 공간용적을 유지하도록 할 것

답 가: 95, **나:** 98, **다:** 55

해 • 고체위험물은 운반용기 내용적의 95% 이하의 수납율로 수납할 것

• 액체위험물은 운반용기 내용적의 98% 이하의 수납율로 수납하되, **55도**의 온도에서 누설되지 아니하도록 충분한 공간용적을 유지하도록 할 것

- 알킬알루미늄등(알킬리튬도)은 운반용기의 **내용적**의 90% 이하의 수납율로 수납하되, 50℃의 온도에서 5% 이상의 공간용적을 유지하도록 할 것

007

제4류 위험물 휘발유와 혼재 가능한 위험물의 유별을 쓰시오(지정수량의 1/10을 초과하여 저장하고 있다).

답 제2류 위험물, 제3류 위험물, 제5류 위험물

해 423 524 61, 제4류 위험물은 제2류, 제3류, 제5류와 혼재 가능하다.

008

다음에서 설명하는 위험물에 대해 답하시오.

> 환원력이 크고, 산화하면 아세트산이 되며, 수용성이며, 은거울 반응을 한다.
> - (가): 명칭
> - (나): 화학식

답 가: 아세트알데히드, 나: CH_3CHO

해 • 에탄올이 산화하면 아세트알데히드, 아세트알데히드가 산화하면 아세톤, 그 반대로 환원하면 그 반대가 된다.

C_2H_5OH	산화(-2H)	CH_3CHO	산화(+O)	**CH_3COOH**
에탄올	→	아세트알데히드	→	**아세트산**

- 아세트알데히드는 환원력이 크고, 수용성, 은거울 반응을 한다.
- 은거울 반응은 암모니아성 질산은용액에 포르밀기(CHO)를 가진 화합물(예 아세트알데히드)을 반응시켜 은박을 생성시키는 반응이다.

009

인화칼슘과 물이 반응하는 반응식을 쓰시오

답 $Ca_3P_2 + 6H_2O \rightarrow 3Ca(OH)_2 + 2PH_3$

해 인화칼슘은 물과 반응하면 수산화물질은 수산화칼슘과 포스핀을 발생시킨다.

010

위험물 제조소의 옥외에 있는 저장탱크의 용량이 각 200m³와 100m³인 경우 방유제의 용량은 얼마(m³)인가?

답 $110m^3$

해 제조소 옥외에 있는 위험물저장탱크의 경우

- 탱크가 1개 때: 탱크용량의 50%
- 탱크가 2개 이상일 때: 최대 탱크 용량의 50% + 나머지 탱크 용량 합계의 10%

따라서 큰 것($200m^3$)의 50%인 $100m^3$, 나머지 작은 것($100m^3$)의 10%인 $10m^3$를 합하면 $110m^3$이 된다.

011

A, B, C급 화재 모두에 적응성이 있는 분말소화약제의 주성분의 화학식을 쓰시오

㉰ $NH_4H_2PO_4$

㉸ A, B, C급 화재 모두에 적응성이 있는 분말소화약제는 제3종분말인 제1인산암모늄이다.

종류	성분	적응화재	열분해반응식	색상
제1종분말	$NaHCO_3$(탄산수소나트륨)	B, C	$2NaHCO_3 \rightarrow Na_2CO_3 + CO_2 + H_2O$	백색
제2종분말	$KHCO_3$(탄산수소칼륨)	B, C	$2KHCO_3 \rightarrow K_2CO_3 + CO_2 + H_2O$	담회색
제3종분말	$NH_4H_2PO_4$(제1인산암모늄)	A, B, C	$NH_4H_2PO_4 \rightarrow HPO_3$(메타인산)$+ NH_3$(암모니아)$+ H_2O$	담홍색
제4종분말	$KHCO_3 + (NH_2)2CO$(탄산수소칼륨+요소)	B, C	$2KHCO_3 + (NH_2)2CO \rightarrow K_2CO_3 + 2NH_3 + 2CO_2$	회색

012

질산암모늄의 구성성분에서 질소와 수소의 함량을 중량퍼센트(wt%)로 구하시오

㉰ **질소**: 35wt%, **수소**: 5wt%

㉸ NH_4NO_3의 질량은 80이다(14 + 1×4 + 14 + 16×3). 그 중 질소는 28, 수소는 4이다.

중량퍼센트로 구하면

- 질소는 28/80×100 = 35wt%
- 수소는 4/80×100 = 5wt%이다.

013

은백색을 띠는 연한 경금속으로, 알칼리금속으로 비중이 0.53, 융점이 180℃이고, 제2전지로 이용되는 물질의 명칭을 쓰시오

답 리튬

해 알칼리금속하면 Li, Na, K을 떠올려야 하고, 그 중 위의 성질을 가지는 것은 리튬에 해당한다.

014

다음에서 지정수량이 같은 위험물의 품명 3가지를 고르시오

히드록실아민, 히드라진유도체, 알칼리토금속, 적린, 철분, 유황, 질산에스테르류

답 히드록실아민, 적린, 유황

해 지정수량은 각

- 히드록실아민은 100kg(십유질 / 백히히, 이백니니 아히디질아)
- 히드라진유도체는 200kg(십유질 / 백히히, 이백니니 아히디질아)
- 알칼리토금속은 50kg(십알 칼알나 이황 / 오알알유 / 삼금금탄규)
- 적린은 100kg(백유황적 / 오철금마 천인)
- 철분은 500kg(백유황적 / 오철금마 천인)
- 유황은 100kg(백유황적 / 오철금마 천인)
- 질산에스테르류는 10kg(십유질 / 백히히, 이백니니 아히디질아)이다.

I
위험물산업기사

2017년 1회

001

과산화나트륨에 대한 아래 질문에 답하시오.

- 가. 열분해시 생성되는 물질의 화학식을 쓰시오.
- 나. 과산화나트륨과 이산화탄소와의 반응식을 쓰시오.

답 **가:** $2Na_2O_2 \rightarrow 2Na_2O + O_2$, **나:** $2Na_2O_2 + 2CO_2 \rightarrow 2Na_2CO_3 + O_2$

002

옥외저장소에 저장가능한 제4류 위험물의 품명 4가지를 쓰시오.

답 **제1석유류(인화점이 섭씨 0도 이상인 것에 한함), 알코올류, 2석유류, 3석유류, 4석유류, 동식물유류 중 4가지**

해 옥외저장소의 경우 **아래의 위험물이 옥외에 저장**될 수 있다.

- **2류 위험물 중 유황 또는 인화성 고체**(인화점이 섭씨 0도 이상인 것에 한함)
- 4류 위험물 중 **제1석유류(인화점이 섭씨 0도 이상인 것에 한함), 알코올류, 2석유류, 3석유류, 4석유류, 동식물유류**
- **6류 위험물**
- 2류, 4류 위험물 중 특별시, 광역시 또는 도의 **조례**에서 정한 위험물
- 국제해사기구에 관한 협약에 의해 설치된 국제해사기구가 채택한 **국제해상 위험물규칙(IMDG 코드)**에 적합한 용기에 수납된 위험물

003

다음에서 제2류 위험물에 속하는 품명을 4개 고르고 각 지정수량을 쓰시오

황화린, 아세톤, 유황, 황린, 과산화나트륨, 마그네슘, 철분

㉰ **황화린**: 100kg, **유황**: 100kg, **마그네슘**: 500kg, **철분**: 500kg

㉻ 황화린, 유환, 마그네슘, 철분이 모두 제2류 위험물이다.

암기법

백유황적 / 오철금마 천인

백유황 장군이 적을 물리치기 위해 5섯 마리의 철금말(마)과 천명의 사람(인)을 준비하는 이야기로 기억한다.

004

다음 위험물의 운반용기 외부에 표시해야 하는 주의사항을 쓰시오.

• 가: 알칼리금속 과산화물	• 나: 제6류 위험물

㉰ **가: 화기주의, 충격주의, 물기엄금, 가연물접촉주의, 나: 가연물접촉주의**

㉻ 위험물에 따른 **운반용기 주의사항표시**

- 1류
  1) 알칼리금속과산화물의 경우: **화기주의, 충격주의, 물기엄금 및 가연물접촉주의**
  2) 그 밖의 것: 화기/충격주의, 가연물 접촉주의
- 2류
  1) **철분, 마그네슘, 금속분: 화기주의 물기엄금**
  2) **인화성 고체: 화기엄금**

3) 그 밖의 것 : 화기주의

• 3류

1) **자연발화성 물질: 화기엄금 및 공기접촉금지**

2) **금수성물질: 물기엄금**

• 4류 : **화기엄금**

• 5류 : 화기엄금, 충격주의

• 6류 : **가연물접촉주의**

005

오황화린인 완전연소하는 경우의 완전연소식과 발생하는 기체를 쓰시오.

답 **완전연소식:** $2P_2S_5 + 15O_2 \rightarrow 2P_2O_5 + 10SO_2$, **나: 이산화황**

해 완전연소식은 **$2P_2S_5 + 15O_2 \rightarrow 2P_2O_5 + 10SO_2$이고, 기체인 이산화황이 발생한다. 황화린 계열은 모두 연소시 오산화인과 이산화황을 만든다는 것을 기억한다.**

006

트리니트로페놀에 대해 답하시오.

• 가. 구조식은?	• 나. 지정수량은?

답 • 가:

$$\text{2,4,6-trinitrophenol: benzene ring with OH (1), } NO_2 \text{ (2), } NO_2 \text{ (4), } NO_2 \text{ (6)}$$

• 나: 200kg

해 제5류 위험물 니트로화합물은 트리니트로페놀(피크린산, TNP)의 구조식을 잘 기억해 둔다. 지정수량은 200kg이다.

암기법

십유질 / 백히히 이백니니 아히디질아

007

이동저장탱크에 대한 다음 설명에 대해 빈칸을 채우시오

탱크(맨홀 및 주입관의 뚜껑을 포함한다)는 두께 (　가　) 이상의 강철판 또는 이와 동등 이상의 강도·내식성 및 내열성이 있다고 인정하여 소방청장이 정하여 고시하는 재료 및 구조로 위험물이 새지 아니하게 제작할 해야 하고, 압력탱크(최대상용압력이 46.7㎪ 이상인 탱크를 말한다) 외의 탱크는 (　나　)의 압력으로, 압력탱크는 최대상용압력의 (　다　)의 압력으로 각각 (　라　)의 수압시험을 실시하여 새거나 변형되지 아니할 것. 이 경우 수압시험은 용접부에 대한 비파괴시험과 기밀시험으로 대신할 수 있다.

답 가: 3.2mm, 나: 70㎪, 다: 1.5배, 라: 10분간

008

탄화칼슘과 물이 반응하는 경우에 대해 다음 질문에 답하시오

- 가 : 탄화칼슘과 물의 반응식
- 나 : 위 반응으로 생성되는 기체의 명칭과 연소범위
- 다 : 위 반응에서 생성되는 기체의 완전연소반응식

답 **가:** $CaC_2 + 2H_2O \rightarrow Ca(OH)_2 + C_2H_2$, **나: 아세틸렌,** 2.5 ~ 81%, **다:** $2C_2H_2 + 5O_2 \rightarrow 4CO_2 + 2H_2O$

해 탄화칼슘과 물이 반응하면 수산화물질인 수산화칼슘과, 아세틸렌이 발생한다. 아세틸렌은 가연성가스이며 연소범위가 매우 넓다. 완전 연소시, 탄소, 수소, 등이 있으므로 물과 이산화탄소를 만든다.

009

위험물제조소등에 설치하는 옥내소화전설비의 방수압력과 분당 방수량의 기준을 쓰시오.

답 **방수압력:** 350kPa, **나: 분당** 260**리터 이상**

해 옥내소화전설비의 경우 각 노즐선단의 **방수 압력 350kPa**이상이고 방수량이 **분당 260리터** 이상이 되어야 한다 (즉, 2개 라면 방수량이 1분당 260리터 × 2이상이 되어야 한다. 다만 5개 이상인 경우 260에 5를 곱한다).

010

다음 탱크의 내용적(m^3)을 구하시오.

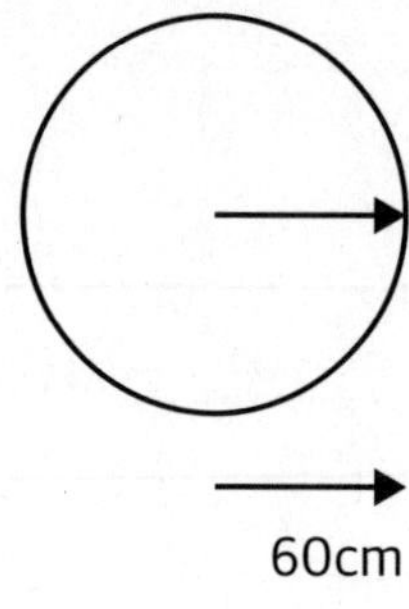

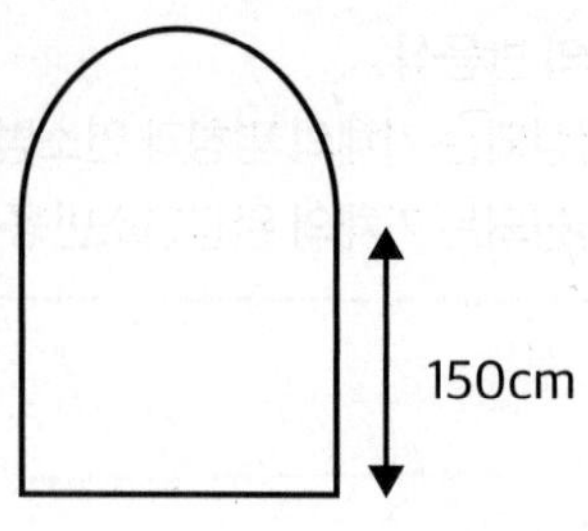

답 $1.70m^3$

해 종으로 설치한 것

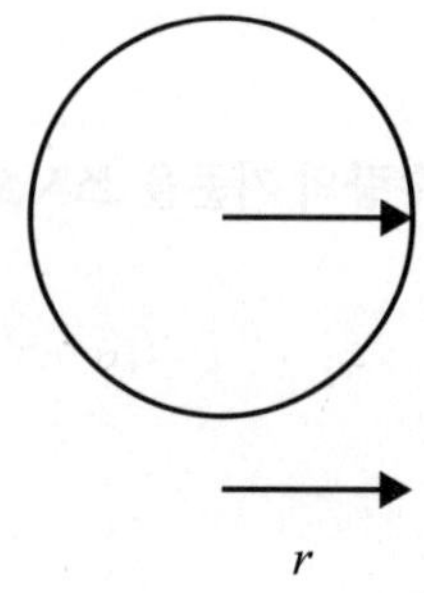

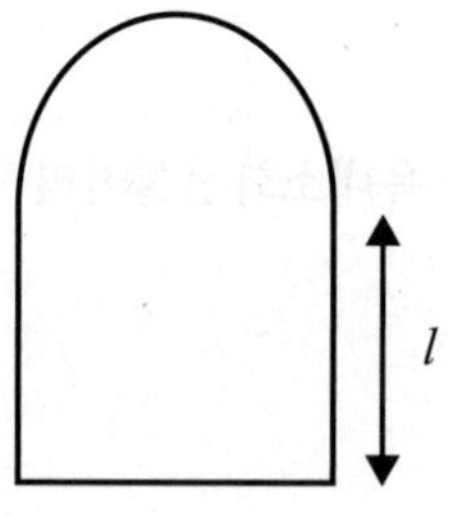

$\pi r^2 l$

따라서 $\pi \times 0.6^2 \times 1.5$ 를 계산하면, 약 $1.6964m^3$이다.

011

제2종 분말소화약제의 열분해 반응식을 쓰시오.

답 $2KHCO_3 \rightarrow K_2CO_3 + CO_2 + H_2O$

해

종류	성분	적응화재	열분해반응식	색상
제1종분말	$NaHCO_3$(탄산수소나트륨)	B, C	$2NaHCO_3 \rightarrow Na_2CO_3 + CO_2 + H_2O$	백색
제2종분말	$KHCO_3$(탄산수소칼륨)	B, C	$2KHCO_3 \rightarrow K_2CO_3 + CO_2 + H_2O$	담회색
제3종분말	$NH_4H_2PO_4$(제1인산암모늄)	A, B, C	$NH_4H_2PO_4 \rightarrow HPO_3$(메타인산) + NH_3(암모니아) + H_2O	담홍색
제4종분말	$KHCO_3 + (NH_2)2CO$(탄산수소칼륨 + 요소)	B, C	$2KHCO_3 + (NH_2)2CO \rightarrow K_2CO_3 + 2NH_3 + 2CO_2$	회색

제3종 분말소화약제의 경우 여러 차례 열분해 반응이 나타난다.

- **1차는 $NH_4H_2PO_4 \rightarrow NH_3 + H_3PO_4$(오르토인산)**
- 2차는 $2H_3PO_4 \rightarrow H_4P_2O_7 + H_2O$
- 3차는 H4P2O7 → $HPO_3 + H_2O$

최종으로 $NH_4H_2PO_4 \rightarrow HPO_3$(메타인산) + NH_3(암모니아) + H_2O

3종은 질식소화가스인 메타인산(HPO_3, 부착성막을 만듬(방진효과))이 나온다.

012

다음 물질들을 인화점이 낮은 것부터 나열하시오.

메틸알코올, 초산에틸, 에틸렌글리콜, 니트로벤젠

답 **초산에틸, 메틸알코올, 니트로벤젠, 에틸렌글리콜**

해
- 모두 제4류 위험물으로, 인화점이 낮은 순으로 품명이 정해진다 같은 유류라면 비수용성이 인화점이 낮다.
- 메틸알코올은 알코올류, 초산에틸은 제1석유류, 에틸렌글리콜은 제3석유류 수용성, 니트로벤젠은 제3석유류 비수용성이다.

013

다음 위험물의 지정수량의 배수의 합을 구하시오

메틸에틸케톤 1000L, 메틸알코올 1000L, 클로로벤젠 1500L

답 9배

해 • 메틸에틸케톤은 제1석유류로 지정수량이 200L(이(200L)휘벤에메톨 **초(초산에틸, 아세트산에틸, $CH_3COOC_2H_5$)** / 사(400L)시아피 **포(포름산메틸, $HCOOCH_3$)**)

• 메틸알코올은 알코올류로 지정수량이 400L(사(400L)알에메)

• 클로로벤젠은 제2석유류로 지정수량이 1000L(일(1000L)등경 크스클 **벤(벤즈알데히드, C_7H_6O)** / 이(2000L)아히포 **아(아크릴산 : $C_3H_4O_2$)**)이다.

• 배수를 각 합하면, 5 + 2.5 + 1.5 = 9

2017년 2회

001

다음에서 설명하는 제5류 위험물에 대해 답하시오.

고체 결정으로 휘황색이며, 비중이 1.8이다. 독성이 있고 쓴 맛이 나며, 분자량이 229이다.

- 가: 명칭
- 나: 지정수량

㉺ **가: 트리니트로페놀, 나:** 200kg

㉻ 제5류 위험물 니트로화합물인 트리니트로페놀(**$C_6H_2(NO_2)_3OH$, TNP, 피크린산**)은 다음 성질을 가진다.

- **무색의** 고체결정이나 공업용은 휘황색이다.
- 융점은 120도, 비점은 약 255도이다.
- **페놀에 황산, 질산** 반응시켜 나온다.
- **독성이 있고, 쓴맛**이 난다.

지정수량은 200kg이다.

암기법

십유질 백히히 / 이백니니 아히디질

002

과염소산칼륨의 열분해 반응식을 쓰시오.

답 $KClO_4 \rightarrow KCl + 2O_2$

해 제1류 위험물 과염소산칼륨은 고온에서 열분해 되는데, 분해 반응식은 위와 같다. 산소만 분리해서 나온 형태이다.

003

옥내저장소에서 지정과산화물을 저장하는 경우 격벽 설치 기준이다. 빈칸을 채우시오.

저장창고는 바닥면적 (가)이내마다 격벽으로 완전하게 구획할 것. 이 경우 당해 격벽은 두께 (나) 이상의 철근콘크리트조 또는 철골철근콘크리트조로 하거나 두께 (다) 이상의 보강콘크리트블록조로 하고, 당해 저장창고의 양측의 외벽으로부터 (라) 이상, 상부의 지붕으로부터 (마) 이상 돌출하게 하여야 한다.

답 가: 150㎡, 나: 30㎝, 다: 40㎝, 라: 1m, 마: 50㎝

004

제조소에 옥내소화전을 3개 설치한 경우 수원의 양(m^3)은 얼마 이상이어야 하는가?

답 23.4 m^3

해 • 수원의 수량은 옥내소화전이 **가장 많이 설치된 층의 설치개수에 7.8m^3**을 곱한양이 되어야 한다(**설치개수가 5이상인 경우 5에 7.8 m^3**을 곱한다) .

• 옥외소화전일 경우 수원의 양은 설치개수에 13.5m^3를 곱한다(4개 이상일 경우 4개가 기준이다).

005

이동탱크저장소에서 아세트알데히드를 보관하는 경우 시설 기준이다. 빈칸을 채우시오.

- 가. 아세트알데히드등을 취급하는 설비는 은·(가)·동·(나) 또는 이들을 성분으로 하는 합금으로 만들지 아니할 것
- 나. 아세트알데히드등을 취급하는 설비에는 연소성 혼합기체의 생성에 의한 폭발을 방지하기 위한 불활성기체 또는 수증기를 봉입하는 장치를 갖출 것
- 다. 아세트알데히드등을 취급하는 탱크(옥외에 있는 탱크 또는 옥내에 있는 탱크로서 그 용량이 지정수량의 5분의 1 미만의 것을 제외한다)에는 (다) 또는 저온을 유지하기 위한 장치(이하 "(라)"라 한다) 및 연소성 혼합기체의 생성에 의한 폭발을 방지하기 위한 불활성기체를 봉입하는 장치를 갖출 것

㉺ 가: 수은, 나: 마그네슘, 다: 냉각장치, 라: 보냉장치

006

지정수량의 150배 이상의 유황을 옥외저장소에서 저장하는 보유공지의 너비는?

㉺ 12m 이상

㉻

저장 또는 취급하는 위험물의 최대수량	공지의 너비
지정수량의 10배 이하	3m 이상
지정수량의 10배 초과 20배 이하	5m 이상
지정수량의 20배 초과 50배 이하	9m 이상
지정수량의 50배 초과 200배 이하	12m 이상
지정수량의 200배 초과	15m 이상

007

다음 제6류 위험물이 위험물이 되기 위한 기준을 쓰시오.

• 가: 질산	• 나: 과염소산	• 다: 과산화수소

답 **가: 비중이 1.49 이상, 나: 없음, 다: 농도 36wt% 이상**

해 위험물의 기준이 중요하다.

- 질산의 경우 **비중이 1.49 이상**인 것만 위험물이다.
- 과산화수소의 경우 **농도 36중량퍼센트 이상**인 것만 위험물이다.
- 과염소산의 경우 기준이 없다.

008

이황화탄소 100kg이 완전연소하는 경우 생성되는 이산화황의 부피(m^3)는? (단, 온도는 30℃, 기압은 800mmHg이다)

답 62.12 m^3

해 이황화탄소의 연소식은 $CS_2 + 3O_2 \rightarrow CO_2 + 2SO_2$이다. 즉 이황화탄소 1몰에 대해 이산화황이 2몰이 발생한다. 이황화탄소의 분자량은 76kg/m^3(12 + 32×2)이므로 이황화탄소 100/76kmol이 연소하는 경우 이산화황은 그 두배(2×100/76kmol) 생성된다.

이상기체 방정식에 의하면 $PV = \frac{W}{M}RT$이고, $\frac{W}{M}$은 몰수 이므로 대입하면 V = 200/76×0.082×303 / (800/760) 이 되고 계산하면 62.115m^3이다.

009

다음 특수인화물의 정의에 대해 빈칸을 채우시오.

특수인화물이란 이황화탄소, 디에틸에테르 그밖에 발화점 (　가　)이하 또는(or) 인화점이 (　나　)이하이고 (and) 비점 (　다　)이하인 것을 말한다.

㉮ **가:** 100℃, **나:** -20℃, **다:** 40℃

010

소화난이도 Ⅰ등급에 해당하는 제조소 및 일반취급소의 기준이다. 빈 칸을 채우시오.

• 가 : 연면적이 (　가　) 이상인 것 • 나 : 지반면으로부터 (　나　) 이상의 높이에 위험물 취급설비가 있는 것 • 다 : 지정수량의 (　다　) 배 이상인 것

㉮ **가:** 1000m², **나:** 6m, **다:** 100**배**

㉻ 제조소 및 일반취급소의 경우 기준

- 연면적 1,000㎡ 이상인 것
- **지정수량의 100배 이상**인 것(고인화점위험물만을 100℃ 미만의 온도에서 취급하는 것 및 제48조의 위험물을 취급하는 것은 제외)
- 지반면으로부터 **6m 이상의 높이**에 위험물 취급설비가 있는 것(고인화점위험물만 을 100℃ 미만의 온도에서 취급하는 것은 제외)

011

불활성가스소화설비에 적응성이 있는 위험물을 모두 쓰시오.

답 제2류 위험물 중 인화성고체, 제4류 위험물

해

소화설비의 구분	대상물 구분											
	건축물 그밖의 공작물	전기설비	제1류위험물		제2류위험물			제3류위험물		제4류 위험물	제5류 위험물	제6류 위험물
			알칼리금속 과산화물등	그밖의것	철분, 마그네슘 금속분등	인화성 고체	그밖의것	금수성 물품	그밖의것			
불활성가스소화설비		○				○				○		

012

다음에서 제4류 위험물 중 제2석유류에 대해 옳은 설명을 모두 고르시오.

- 가. 등유, 경유가 이에 속 한다.
- 나. 인화점이 21℃ 이상 70℃ 미만인 것을 말한다.
- 다. 수용성 물질이다.
- 라. 도료류 그 밖의 물품에 있어 가연성 액체량이 40중량 퍼센트 이하이고, 인화점이 섭씨 40도 이상인 동시에 연소점이 섭씨 60도 이상인 것은 제외한다.
- 바. 인화점이 70℃ 이상 200℃ 미만인 것을 말한다.

답 가, 나, 라

해 등유, 경유 등 그밖에 **인화점이 21℃이상 70℃미만인 것이** 이에 속하고 수용성인 것과 비수용성인 것이 있다(일(1000L)등경 크스클 **벤(벤즈알데히드, C_7H_6O)** / 이(2000L)아히포 **아(아크릴산 : $C_3H_4O_2$)**)

013

칼륨과 다음 물질의 반응식을 쓰시오

• 가: 이산화탄소	• 나: 에탄올

답 **가:** $4K + 3CO_2 \rightarrow 2K_2CO_3 + C$, **나:** $2K + 2C_2H_5OH \rightarrow 2C_2H_5OK + H_2$

해 이산화탄소는 칼륨과 반응하면 탄산칼륨과 탄소를 만들고, 에틸알코올과 반응시 칼륨에틸라이드와 수소를 만든다.

001

외벽이 내화구조인 위험물제조소의 면적이 450m²인 경우 그 소요단위는?

㉮ **4.5단위**

㉯ 외벽이 내화구조인 위험물 제조소는 100m²가 1 소요단위 이다.

	내화구조	비내화구조
위험물	위험물의 지정수량 × 10	
제조소 및 취급소	100 m^2	50 m^2
저장소	150 m^2	75 m^2

옥외설치된 공작물은 외벽이 내화구조인 것으로 간주한다.

002

위험물의 성질상 운반 시 차광성 있는 피복으로 덮어야 하는 물질(유별 또는 품명)을 4가지 쓰시오

㉮ 제1류 위험물, 제3류 위험물 중 자연발화성 물질, 제4류 위험물 중 특수인화물, 제5류 위험물, 제6류 위험물 중 4가지

㉯ 피복조치

- **차광성 있는 피복**으로 가릴 위험물 : **1류**, **3류 중 자연발화성 물질**, **4류 중 특수인화물**, **5류**, **6류**
- **방수성 있는 피복**으로 덮을 위험물(물을 피해야 하는 것) : **1류 중 알칼리금속 과산화물** 또는 이를 함유한 것, **2류 중 철분, 마그네슘, 금속분** 또는 이를 함유한 것, **3류 중 금수성물질**
- **보냉 컨테이너**에 수납하는 등 온도 관리를 해야 하는 것 : **5류 중 55℃ 이하에서 분해될 우려 있는 것**

003

과산화나트륨과 아세트산(초산)이 반응하는 경우 그 화학식을 쓰시오.

답 $Na_2O_2 + 2CH_3COOH \rightarrow 2CH_3COONa + H_2O_2$

해 과산화나트륨과 초산이 반응하면 아세틸나트륨과 과산화수소를 생성시킨다.

004

다음 제3류 위험물 중 위험등급이 Ⅰ인 물질 3가지를 고르시오

알킬알루미늄, 칼륨, 알킬리튬, 나트륨, 황린

답 **알킬알루미늄, 칼륨, 알킬리튬, 나트륨, 황린 중 3가지**

해 위 물질은 모두 위험등급이 Ⅰ인 물질이다.

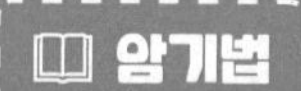

십알 칼알나 이황 / 오알알유 / 삼금금탄규

005

위험물안전관리법령상 위험물의 저장, 취급의 공통기준에 관한 설명에 대해 다음의 빈칸을 채우시오

- 가. 제4류 위험물은 불티·불꽃·고온체와의 접근 또는 과열을 피하고, 함부로 (   )를 발생시키지 아니하여야 한다.
- 나. 제6류 위험물은 가연물과의 접촉·혼합이나 분해를 촉진하는 물품과의 접근 또는 (   )을 피하여야 한다.

답 가: 증기, 나: 과열

해 위험물의 유별 저장·취급의 공통기준(중요기준)

1. 제1류 위험물은 가연물과의 접촉·혼합이나 분해를 촉진하는 물품과의 접근 또는 과열·충격·마찰 등을 피하는 한편, 알카리금속의 과산화물 및 이를 함유한 것에 있어서는 물과의 접촉을 피하여야 한다.
2. 제2류 위험물은 산화제와의 접촉·혼합이나 불티·불꽃·고온체와의 접근 또는 과열을 피하는 한편, 철분·금속분·마그네슘 및 이를 함유한 것에 있어서는 물이나 산과의 접촉을 피하고 인화성 고체에 있어서는 함부로 증기를 발생시키지 아니하여야 한다.
3. 제3류 위험물 중 자연발화성물질에 있어서는 불티·불꽃 또는 고온체와의 접근·과열 또는 공기와의 접촉을 피하고, 금수성물질에 있어서는 물과의 접촉을 피하여야 한다.
4. 제4류 위험물은 불티·불꽃·고온체와의 접근 또는 과열을 피하고, 함부로 증기를 발생시키지 아니하여야 한다.
5. 제5류 위험물은 불티·불꽃·고온체와의 접근이나 과열·충격 또는 마찰을 피하여야 한다.
6. 제6류 위험물은 가연물과의 접촉·혼합이나 분해를 촉진하는 물품과의 접근 또는 과열을 피하여야 한다.

006

다음에서 설명하는 제4류 위험물에 대해 답하시오

- 무색투명한 액체이다.
- 분자량이 58이다.
- 인화점이 -37℃이고, 구리, 마그네슘, 은, 수은 및 이의 합금을 사용해서 저장용기로 하면 안된다.

• 가: 화학식은? • 나: 지정수량은?

답 **가:** CH_3CHCH_2O, **나:** 50L

해 위에서 설명하는 물질은 산화프로필렌이다.

산화프로필렌은 구리, 은, 수은, 마그네슘 등으로 만든 용기에 보관하면 안 된다(**폭발성 아세틸라이드를 생성한다**).

특수인화물인 경우 **이**소프랜은 -54도, 이소펜탄은 -51도, 디에틸에테르 **-45**, 아세트**알**데히드 -38, 산화**프**로필렌 -37, **이**황화탄소 **-30**℃ **순서 외워두면 좋다(이펜디알프리(이))**, 디에틸에테르, 이황화탄소는 인화점 온도도 기억해야 한다.

지정수량은 특수인화물은 모두 50L이다.

암기법

오(50L) 이디 / 아산

007

다음 표에서 위험물의 혼재 가능성에 대해 O, X로 채우시오(단, 지정수량은 1/10이상으로 혼재하는 경우이다)

구분	제1류	제2류	제3류	제4류	제5류	제6류
제1류						
제2류						
제3류						
제4류						
제5류						
제6류						

답

구분	제1류	제2류	제3류	제4류	제5류	제6류
제1류		×	×	×	×	○
제2류	×		×	○	○	×
제3류	×	×		○	×	×
제4류	×	○	○		○	×
제5류	×	○	×	○		×
제6류	○	×	×	×	×	

해 위험물의 혼재하면 423 524 61을 기억하면 된다.

008

트리에틸알루미늄에 대해 다음의 물음에 답하시오

- 가: 완전연소 반응식은?
- 나: 물과의 반응식은?

답 가: $2(C_2H_5)_3Al + 21O_2 \rightarrow Al_2O_3 + 15H_2O + 12CO_2$, 나: $(C_2H_5)_3Al + 3H_2O \rightarrow Al(OH)_3 + 3C_2H_6$

해 트리에틸알루미늄은 연소하면, 산화알루미늄, 물, 이산화탄소를 생성시키며, 물과의 반응시 수산화물질과 에탄을 발생시킨다.

009

염소산칼륨에 대하여 다음 질문에 답하시오.

- 가. 완전연소 반응식을 쓰시오.
- 나. 염소산칼륨 24.5kg이 열분해 하는 경우 발생하는 산소의 부피(m^3)는?(단, 표준상태이다)

답 가: $2KClO_3 \rightarrow 2KCl + 3O_2$, 나: $6.72m^3$

해 염소산칼륨의 분해 반응식은 $2KClO_3 \rightarrow 2KCl + 3O_2$로 염소산칼륨 2몰 분해시 산소는 3몰이 만들어 진다. 염소산칼륨의 분자량은 122.5kg/kmol이므로(39 + 35.5 + 16×4) 24.5kg인 경우 24.5/122.5kmol이 있는 것이다.

따라서 발생산소의 몰수는 24.5/122.5×3/2가 된다.

이상기체 방정식에 대입하면,

$V = (24.5/122.5 \times 3/2) \times 0.082 \times 273 = 6.7158$이다.

010

제2류 위험물에 대한 설명으로 옳은 것을 고르시오.

- 가. 수용성 물질이 대부분이다.
- 나. 산화성 고체에 해당한다.
- 다. 황화린, 유황, 적린은 위험등급이 Ⅱ등급이다.
- 라. 고형알코올은 지정수량이 1000kg이다.

㉠ 다, 라

㉡ • 제2류 위험물은 대부분 물에 녹지 않고, 물과 반응하는 물질이 있을 뿐이다.

• 제2류 위험물은 가연성 고체에 해당하여, 산화성 물질과 만나면 다른 물질을 환원시킨다.

• 위험등급은 두개로 나누어지며, 황화린, 유황 적린 등은 II 등급이고, 고형알코올의 지정수량은 1000kg이다.

암기법

백유황적 / 오철금마 천인

011

다음 제4류 위험물의 기준에 대해 빈칸을 채우시오.

• 가. 제1석유류: 아세톤, 휘발유, 그밖에 인화점이 (　　)℃ 미만인 것
• 나. 제2석유류: 등유, 경유, 그밖에 인화점이 21℃이상 (　　)℃ 미만인 것

㉠ **가:** 21, **나:** 70

㉡ 제4류 위험물의 분류 기준을 알아야 한다(1기압에서)

특수인화물: **이황화탄소, 디에틸에테르** 그밖에 **발화점 100℃ 이하 또는(or) 인화점이 -20℃ 이하이고(and) 비점 40℃ 이하**인 것

• 제1석유류: 아세톤, 휘발유, 그밖에 **인화점이 21℃ 미만인 것**

• 제2석유류: 등유, 경유, 그밖에 **인화점이 21℃이상 70℃ 미만인 것**

(도료류 그 밖의 물품에 있어 가연성 액체량이 40중량 퍼센트 이하이고, 인화점이 섭씨 40도 이상인 동시에 연소점이 섭씨 60도 이상인 것은 제외)

• 제3석유류: **중유, 클레오소트유** 그밖에 **인화점이 70℃ 이상 200℃ 미만인 것**

(도료류 그 밖의 물품에 있어 가연성 액체량이 40중량 퍼센트 이하인 것은 제외)

• 제4석유류: **기어유, 실린더유** 그밖에 **인화점이 200℃ 이상 250℃ 미만인 것**

(도료류 그 밖의 물품에 있어 가연성 액체량이 40중량 퍼센트 이하인 것은 제외)

• 알코올류: 알코올류 하나의 분자를 이루는 탄소 원자수가 1에서 3개까지인 포화1가 알코올류가 위험물에 해당함, 다만 다음의 경우 제외

- 1분자를 구성하는 탄소원자의 수가 1개 내지 3개의 포화1가 알코올의 함유량이 60중량퍼센트 미만인 수용액
- 가연성 액체량이 60중량퍼센트 미만이고 인화점 및 연소점이 에틸알코올 60중량퍼센트 수용액의 인화점 및 연소점을 초과하는 것

• 동식물류 : 동물, 식물에서 추출한 것으로 인화점이 **250℃ 미만인 것**

012

다음 물질이 1몰씩 분해하는 경우 발생하는 산소의 부피가 큰 것부터 나열하시오.

• 가. 과염소산암모늄	• 나. 과염소산나트륨	• 다. 염소산암모늄	• 라. 염소산칼륨

답 나, 라, 가, 다의 순서이다.

해 1몰씩 반응하는 경우 산소가 몇 몰이 생성되는지 알면 그 문제를 구할 수 있다. 산소 기체의 부피는 몰수에 비례하기 때문이다.

그러기 위해서는 각 물질의 분해반응식을 살펴보아야 한다.

• 과염소산암모늄 : $2NH_4ClO_4 \rightarrow N_2 + Cl_2 + 4H_2O + 2O_2$

• 과염소산나트륨 : $NaClO_4 \rightarrow NaCl$(염화나트륨) $+ 2O_2$

• 염소산암모늄 : $2NH_4ClO_3 \rightarrow N_2 + Cl_2 + 4H_2O + O_2$

• 염소산칼륨 : $2KClO_3 \rightarrow 2KCl + 3O_2$

따라서, 각 1몰에 대해서는 1몰, 2몰, 0.5몰, 1.5몰이 생성된다.

013

다음 제1종 판매취급소의 배합하는 실의 시설기준에 대해 빈칸을 채우시오

- 바닥면적은 (　가　)㎡ 이상 (　나　)㎡ 이하로 할 것
- (　다　) 또는 (　라　)로 된 벽으로 구획할 것
- 바닥은 위험물이 침투하지 아니하는 구조로 하여 적당한 경사를 두고 (　마　)를 할 것
- 출입구 문턱의 높이는 바닥면으로부터 (　바　)m 이상으로 할 것

답 **가**: 6, **나**: 15, **다**: **내화구조**, **라**: **불연재료**, **마**: **집유설비**, **바**: 0.1

해 위험물을 **배합하는 실은 다음에 의할 것**

- **바닥면적은 6㎡ 이상 15㎡ 이하**로 할 것
- 내화구조 또는 불연재료로 된 벽으로 구획할 것
- 바닥은 위험물이 침투하지 아니하는 구조로 하여 적당한 경사를 두고 집유설비를 할 것
- 출입구에는 수시로 열 수 있는 **자동폐쇄식의 갑종방화문**을 설치할 것
- **출입구 문턱의 높이는 바닥면으로부터 0.1m 이상**으로 할 것
- 내부에 체류한 가연성의 증기 또는 가연성의 미분을 지붕 위로 방출하는 설비를 할 것

I

위험물산업기사

2018년 1회

001

다음 위험물의 지정수량을 각 쓰시오.

• 가. 수소화나트륨	• 나. 니트로글리세린	• 다. 중크롬산암모늄

답 **가**: 300kg, **나**: 10kg, **다**: 1000kg

해 • 제3류 위험물 중 금속의 수소화합물인 수소화나트륨은 지정수량이 300kg(십알 칼알나 이황 / 오알알유 / 삼금금 탄규)

• 제5류 위험물 중 질산에스테르류인 니트로글리세린은 지정수량이 10kg(십유질 / 백히히 이백니니 아히디질아)

• 제1류 위험물 중 중크롬산염류인 중크롬산암모늄은 지정수량이 1000kg(**오(50)염과 무아 / 삼(300)질 요브 / 천(1000)과 중**)

002

제1종 분말소화약제의 270℃와 850℃에서의 열분해 반응식을 각각 쓰시오

답 270℃: $2NaHCO_3 \rightarrow Na_2CO_3 + CO_2 + H_2O$, 850℃: $2NaHCO_3 \rightarrow Na_2O + 2CO_2 + H_2O$

해

종류	성분	적응화재	열분해반응식	색상
제1종분말	$NaHCO_3$(탄산수소나트륨)	B, C	$2NaHCO_3 \rightarrow Na_2CO_3 + CO_2 + H_2O$	백색
제2종분말	$KHCO_3$(탄산수소칼륨)	B, C	$2KHCO_3 \rightarrow K_2CO_3 + CO_2 + H_2O$	담회색
제3종분말	$NH_4H_2PO_4$(제1인산암모늄)	A, B, C	$NH_4H_2PO_4 \rightarrow HPO_3$(메타인산) $+ NH_3$(암모니아) $+ H_2O$	담홍색
제4종분말	$KHCO_3 + (NH_2)_2CO$(탄산수소칼륨 + 요소)	B, C	$2KHCO_3 + (NH_2)_2CO \rightarrow K_2CO_3 + 2NH_3 + 2CO_2$	회색

003

에틸알코올의 완전연소 반응식을 쓰시오

답 $C_2H_5OH + 3O_2 \rightarrow 2CO_2 + 3H_2O$

해 제4류 위험물은 이황화탄소를 제외하고 대부분 연소시 이산화탄소와 물을 생성시킨다.

004

다음 중 위험물에서 제외되는 물질은?

질산구아니딘, 황산, 구리분, 과요오드산, 금속의 아지화합물

답 **황산, 구리분**

해 질산구아니딘과 금속의 아지화합물은 제5류 위험물 중 그 외에 해당(십유질 / 백히히 **이**백니니 아히디질아)하며, 과요오드산은 제1류 위험물 중 그외(**5차 / 3퍼 퍼크과 아염과**)에 해당한다.
황산은 위험물이 아니며, 구리분도 위험물이 아니다(금속분은 구리, 니켈을 제외하기 때문이다).

005

제3류 위험물과 혼재 가능한 위험물을 모두 쓰시오(지정수량 1/10을 초과하는 경우이다)

답 제4류 위험물

해 423 524 61

006

다음 각 분말소화약제의 화학식을 쓰시오

- 가: 제2종 분말소화약제
- 나: 제3종 분말소화약제

답 가: $KHCO_3$, **나:** $NH_4H_2PO_4$

해

종류	성분	적응화재	열분해반응식	색상
제1종분말	$NaHCO_3$(탄산수소나트륨)	B, C	$2NaHCO_3 \rightarrow Na_2CO_3 + CO_2 + H_2O$(270℃) $2NaHCO_3 \rightarrow Na_2O + 2CO_2 + H_2O$(850℃)	백색
제2종분말	$KHCO_3$(탄산수소칼륨)	B, C	$2KHCO_3 \rightarrow K_2CO_3 + CO_2 + H_2O$	담회색
제3종분말	$NH_4H_2PO_4$(제1인산암모늄)	A, B, C	$NH_4H_2PO_4 \rightarrow HPO_3$(메타인산)$+ NH_3$(암모니아)$+ H_2O$	담홍색
제4종분말	$KHCO_3 + (NH_2)2CO$(탄산수소칼륨+요소)	B, C	$2KHCO_3 + (NH_2)2CO \rightarrow K_2CO_3 + 2NH_3 + 2CO_2$	회색

007

에틸렌과 산소를 황산구리($CuCl_2$) 촉매로하여 생성시키는 물질로 인화점이 -38℃, 비점이 21℃, 연소범위가 4.1 ~ 57%인 특수인화물에 대해 답하시오.

• 가: 시성식은?	• 나: 증기비중은?	• 다: 산화 시 생성되는 물질은?

답 **가:** CH_3CHO, **나:** 1.52, **다: 아세트산**

해 에틸렌과 산소를 통해 생성시키는 물질은 아세트알데히드이다.

C_2H_5OH 에탄올	산화(-2H) → / ← 환원(+2H)	CH_3CHO 아세트알데히드	산화(+O) → / ← 환원(-O)	**CH_3COOH 아세트산**

- 인화점은 -38℃(특수인화물인 경우 **이**소프랜은 -54도, 이소**펜**탄은 -51도, **디**에틸에테르 **-45**, 아세트**알**데히드 -38, 산화**프**로필렌 -37, **이**황화탄소 **-30**℃ **순서**, **인화점 외워두면 좋다(이펜디알프리(이)**))
- 아세트알데히드가 산화되면 아세트산이 생성된다.
- 아세트알데히드의 분자량은 44(12 + 1×3 + 12 + 1 +16 = 44)인데, 증기비중은 분자량을 29로 나눈값이 된다. 약 1.517이다.

008

다음처럼 종으로 설치된 탱크의 내용적을 구하시오.

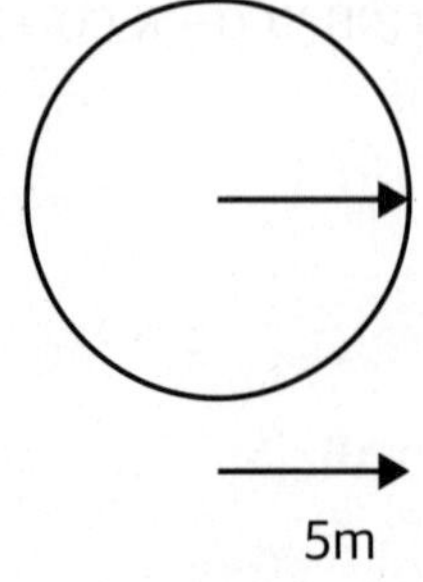

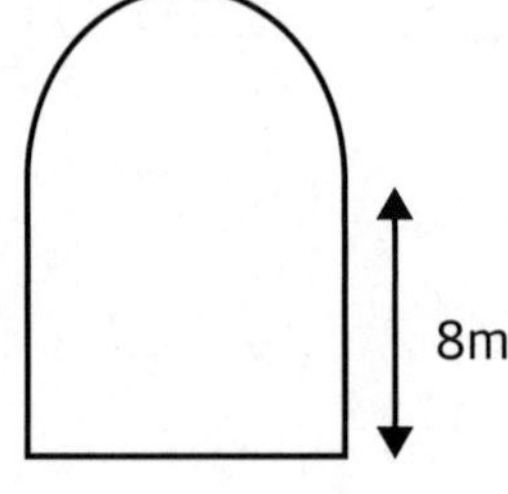

㉮ 628.32m³

㉯ 공식은 $\pi r^2 l$

대입하면 $\pi \times 5^2 \times 8$ 이고, 약 628.3185가 된다.

009

다음 위험물의 운반용기 외부에 표시해야 할 주의사항을 쓰시오.

• 가: 과산화나트륨	• 나: 철분

㉮ **가: 화기주의, 충격주의, 물기엄금, 가연물접촉주의, 나: 화기주의, 물기엄금**

㉯ 위험물에 따른 **운반용기 주의사항표시**

- 1류
  1) 알칼리금속과산화물의 경우 : **화기주의, 충격주의, 물기엄금 및 가연물접촉주의**
  2) 그 밖의 것 : 화기/충격주의, 가연물 접촉주의
- 2류
  1) **철분, 마그네슘, 금속분: 화기주의, 물기엄금**
  2) **인화성 고체: 화기엄금**
  3) 그 밖의 것 : 화기주의
- 3류
  1) **자연발화성 물질: 화기엄금 및 공기접촉금지**
  2) **금수성물질: 물기엄금**
- 4류 : **화기엄금**
- 5류 : 화기엄금, 충격주의
- 6류 : **가연물접촉주의**

과산화나트륨은 제1류 알칼리금속 과산화물이다.

010

이동저장탱크의 설치 기준에 대해 빈칸을 채우시오.

이동식탱크저장소에서 그 내부의 (가   )리터 이하 마다 (나   )mm 이상의 강철판 등의 금속상 칸막이를 설치해야 한다.

답 **가**: 4000, **나**: 3.2

해 칸막이는 3.2mm, 방호틀은 2.3mm, 방파판은 1.6mm

011

탄화칼슘과 물이 반응하는 경우 그 반응식을 쓰시오.

답 $CaC_2 + 2H_2O \rightarrow Ca(OH)_2 + C_2H_2$

해 탄화칼슘과 물이 반응하는 경우 수산화물질인 수산화칼슘과 아세틸렌이 발생한다.

012

다음 물질이 물과 반응하는 경우 반응식을 쓰시오

• 가: 과산화칼륨	• 나: 나트륨	• 다: 마그네슘

답 • **가**: $2K_2O_2 + 2H_2O \rightarrow 4KOH + O_2$

• **나**: $2Na + 2H_2O \rightarrow 2NaOH + H_2$

• **다**: $Mg + 2H_2O \rightarrow Mg(OH)_2 + H_2$

해 알칼리금속과산화물은 물과 반응시 수산화물질과 산소를, 금속은 물과 반응시 수산화물질과 수소를 발생시킨다.

013

지하저장탱크에 용량 경유 15000L, 휘발유 8000L의 탱크 인접하게 설치하는 경우 탱크 상호간의 거리는?

답 0.5m 이상

해 지하저장탱크를 **2 이상 인접해 설치**하는 경우에는 그 상호간에 1m(당해 2 이상의 지하저장탱크의 **용량의 합계가 지정수량의 100배 이하인 때에는 0.5m) 이상의 간격을 유지**하여야 한다. 다만, 그 사이에 **탱크전용실의 벽이나 두께 20㎝ 이상의 콘크리트 구조물이 있는 경우에는 그러하지 아니하다**.

지정수량에 따른 용량의 합계를 구하면 된다.

경유의 경우 지정수량이 1000L(일(1000L)등경 크스클 **벤(벤즈알데히드, C_7H_6O)** / 이(2000L)아히포 아(**아크릴산: $C_3H_4O_2$**)) 이므로 15000L는 15배이고, 휘발유는 지정수량이 200L(이(200L)휘벤에메톨 **초(초산에틸, 아세트산에틸, $CH_3COOC_2H_5$)** / 사(400L)시아피 포(**포름산메틸, $HCOOCH_3$**))이므로 8000L인 경우 40배이다.

합하면 55배이고, 지정수량 100배를 넘기지 아니하므로 0.5m간격을 유지하면 된다.

001

제3류 위험물 나트륨에 대해 다음을 답하시오

• 가. 지정수량	• 나. 물과의 반응식	• 다. 보관시 필요한 보호액 1가지를 쓰시오.

답 • **가:** 10kg, **나:** $2Na + 2H_2O \rightarrow 2NaOH + H_2$, **다: 파라핀, 석유(경유, 등유), 중 1개**

해 • 가 : 나트륨은 지정수량 10kg(십알 칼알나 이황 / 오알알유 / 삼금금탄규)이다.

• 나 : 나트륨은 물과 반응하면 수산화나트륨과 수소를 발생시킨다.

• 다 : 물과의 반응을 피하기 위해 파라핀, 석유(경유, 등유)등에 보관한다.

002

다음의 원통형 탱크의 용량은 얼마(L)인가?(공간용적은 5%이다)

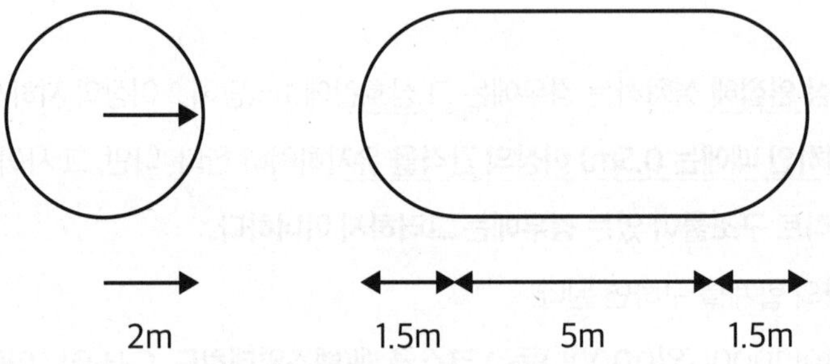

㉠ 71628.31L

㉡ 원통형 탱크 횡으로 설치한 것의 내용적은 $\pi r^2(l+\frac{l_1+l_2}{3})$

대입하면 $\pi 2^2(5+\frac{1.5+1.5}{3})$인데, 용량은 이 내용적에서 공간용적을 뺀 용량을 의미한다.

따라서 5%를 빼면, $\pi 2^2(5+\frac{1.5+1.5}{3})\times 0.95$가 된다. 이는 m_3 단위이므로 L로 환산하면 1000을 곱하면 된다. 즉, $\pi 2^2(5+\frac{1.5+1.5}{3})\times 0.95\times 1000$이고 계산하면 71628.3125이다.

003

다음 물질을 탱크에 저장하는 경우 그 수납율은 각 얼만인가?

- 가. 염소산칼륨
- 나. 톨루엔
- 다. 트리에틸알루미늄

㉠ **가: 내용적의 95% 이하, 나: 내용적의 98% 이하, 다: 내용적의 90% 이하**

㉡ • **고체위험물**은 운반용기 내용적의 95% 이하의 수납율로 수납할 것

• **액체위험물**은 운반용기 내용적의 98% 이하의 수납율로 수납하되, 섭씨 **55도**의 온도에서 누설되지 아니하도록 충분한 공간용적을 유지하도록 할 것

• 알킬알루미늄등(알킬리튬도)은 운반용기의 **내용적**의 90% 이하의 수납율로 수납하되, 50℃의 온도에서 5% 이상의 공간용적을 유지하도록 할 것

• 염소산칼륨은 제1류 위험물 산화성 고체이고, 톨루엔은 제4류 위험물 인화성 액체, 트리에틸알루미늄은 제3류 위험물 알킬알루미늄이다.

004

인화알루미늄 580g이 물과 반응하는 경우, 생성되는 기체의 부피(L)는?(표준상태)

답 223.86L

해 금속의 인화물과 물이 반응하면 수산화물질과 포스핀이 발생한다.

$AlP + 3H_2O \rightarrow Al(OH)_3 + \mathbf{PH_3}$

인화알루미늄과 포스핀의 대응비는 1 : 1이 되는데, 즉 반응하는 인화알루미늄의 몰수와 발생하는 포스핀가스의 몰수는 동일한 것이다.

이상기체 방정식에 대입하면 되는데, 인화알루미늄의 분자량은 58g/mol이므로

$PV = \frac{W}{M}RT$이고, $\frac{W}{M}$은 몰수 이므로, $V = (580/58) \times 0.082 \times 273$ 따라서, 223.86L가 된다.

✓ 다른 풀이

인화알루미늄 580g은 10몰이고, 발생하는 포스핀가스도 10몰이므로, 기체 1몰의 부피는 표준상태에서 22.4L이므로 10몰인 경우 224L가 된다.

005

다음 물질 중 분해온도가 낮은 것부터 쓰시오.

염소산칼륨, 과염소산암모늄, 과산화바륨

답 **과염소산암모늄, 염소산칼륨, 과산화바륨**

해 분해온도는 각 130℃, 400℃, 840℃이다.

006

다음 소화약제의 성분과 구성비율을 쓰시오.

IG - 55, IG - 541

답 IG - 55: **질소** 50%**, 아르곤** 50%, IG -541: **질소** 52%**, 아르곤** 40%**, 이산화탄소** 8%

해 대표적으로 IG-541(질소, 아르곤 이산화탄소가 52:40:8 비율로 섞인 기체이다), **IG-55(질소, 아르곤이 50:50비율**로 섞인 기체이다), IG - 100(질소 100%)

각각 질알탄, 질알, 질로 암기한다.

007

다음 각 위험물에 대해 혼재가능한 위험물의 유별을 쓰시오(1/10초과하여 보관하는 경우이다)

• 가: 제2류 위험물	• 나: 제3류 위험물	• 다: 제4류 위험물

답 **가: 제4류 위험물, 제5류 위험물, 나: 제4류 위험물, 다: 제2류 위험물, 제3류 위험물, 제5류 위험물**

해 423 524 61

008

위험물안전관리법령상 요오드값에 따른 동식물유류를 분류하고 그 범위를 쓰시오

답 건성유: 요오드값 130 이상, 반건성유: 요오드값 100 ~ 130, 불건성유: 요오드값 100 이하

009

다음 위험물 저장, 취급의 공통 기준에 대해 빈칸을 채우시오

- 제1류 위험물은 (가   )과의 접촉·혼합이나 분해를 촉진하는 물품과의 접근 또는 과열·충격·마찰 등을 피하는 한편, 알카리금속의 과산화물 및 이를 함유한 것에 있어서는 (나   )과의 접촉을 피하여야 한다.
- 제3류 위험물 중 자연발화성물질에 있어서는 불티·불꽃 또는 고온체와의 접근·과열 또는 (다   )와의 접촉을 피하고, 금수성물질에 있어서는 (라   )과의 접촉을 피하여야 한다.
- 제6류 위험물은 (마   )과의 접촉·혼합이나 (바   )를 촉진하는 물품과의 접근 또는 과열을 피하여야 한다.

답 가: 가연물, 나: 물, 다: 공기, 라: 물, 마: 가연물, 바: 분해

해 1. 제1류 위험물은 가연물과의 접촉·혼합이나 분해를 촉진하는 물품과의 접근 또는 과열·충격·마찰 등을 피하는 한편, 알카리금속의 과산화물 및 이를 함유한 것에 있어서는 물과의 접촉을 피하여야 한다.

2. 제2류 위험물은 산화제와의 접촉·혼합이나 불티·불꽃·고온체와의 접근 또는 과열을 피하는 한편, 철분·금속분·마그네슘 및 이를 함유한 것에 있어서는 물이나 산과의 접촉을 피하고 인화성 고체에 있어서는 함부로 증기를 발생시키지 아니하여야 한다.
3. 제3류 위험물 중 자연발화성물질에 있어서는 불티·불꽃 또는 고온체와의 접근·과열 또는 공기와의 접촉을 피하고, 금수성물질에 있어서는 물과의 접촉을 피하여야 한다.
4. 제4류 위험물은 불티·불꽃·고온체와의 접근 또는 과열을 피하고, 함부로 증기를 발생시키지 아니하여야 한다.
5. 제5류 위험물은 불티·불꽃·고온체와의 접근이나 과열·충격 또는 마찰을 피하여야 한다.
6. 제6류 위험물은 가연물과의 접촉·혼합이나 분해를 촉진하는 물품과의 접근 또는 과열을 피하여야 한다.

010

이황화탄소에 대하여 다음 물음에 답하시오

• 가: 연소 시 불꽃 색	• 나: 연소 시 생성물 2가지

답 가: 푸른색, 나: 이산화탄소와 이산화황

해 이황화탄소의 연소 시 이산화탄소와 이산화황이 생성된다($CS_2 + 3O_2 \rightarrow CO_2 + 2SO_2$).

011

주유취급소에서의 탱크 용량에 대해 다음에 답하시오

• 가: 자동차 등에 주유하기 위한 고정주유설비에 직접 접속하는 전용탱크의 용량은?
• 나: 고속도로 주유취급소의 경우 고정주유설비에 직접 접속하는 경우의 탱크 용량은?

답 가: 50000L 이하, 나: 60000L 이하

해 가. 자동차 등에 주유하기 위한 **고정주유설비**에 직접 접속하는 전용탱크로서 **50,000ℓ 이하**

나. **고정급유설비**에 직접 접속하는 전용탱크로서 **50,000ℓ 이하**

다. **보일러** 등에 직접 접속하는 전용탱크로서 **10,000ℓ 이하**

라. 자동차 등을 점검·정비하는 작업장 등(주유취급소안에 설치된 것에 한한다)에서 사용하는 폐유, 윤활유 등의 위험물을 저장하는 탱크로서 용량이 **2,000ℓ 이하**인 탱크

마. 간이저장탱크 600L

바. 고속도로 주유취급소의 경우 고정주유설비에 직접 접속하는 경우 **60,000ℓ까지 가능**

고속도로 하면 6만, 보일러 1만, 작업장 2천, 나머지는 5만으로 기억한다.

012

알칼리금속의 과산화물의 운반용기 외부표시 주의사항을 모두 쓰시오

답 화기주의, 충격주의, 물기엄금, 가연물접촉주의

해 위험물에 따른 운반용기 주의사항표시

- 1류
  1) **알칼리**금속과산화물의 경우 : 화기주의, 충격주의, 물기엄금 및 가연물접촉주의
  2) 그 밖의 것 : 화기/충격주의, 가연물 접촉주의
- 2류
  1) **철**분, 마그네슘, 금속분: 화기주의 물기엄금
  2) 인화성 고체: 화기엄금
  3) 그 밖의 것 : 화기주의
- 3류
  1) 자연발화성 물질: 화기엄금 및 공기접촉엄금
  2) **금**수성물질: 물기엄금
- **4류** : 화기엄금
- 5류 : 화기엄금, 충격주의
- **6류** : 가연물접촉주의

013

주유취급소에 설치하는 주유중 엔진정지 게시판에 대해 다음을 답하시오

• 가 : 해당 게시판의 바탕색과 문자색	• 나 : 해당 게시판의 규격

답 가: 황색바탕에 흑색문자, 나: 60cm×30cm 이상의 직사각형

해 게시판의 크기는 60cm×30cm 이상이어야 한다.

종류	바탕	문자
화기엄금	적색	백색
물기엄금	청색	백색
주유중엔진정지	황색	흑색
위험물 제조소등	백색	흑색
위험물	흑색	황색반사도료

III

위험물산업기사

2018년 3회

001

다음에서 제1류 위험물의 성질에 해당하는 것을 모두 고르시오

① 무기화합물	② 유기화합물	③ 산화제	④ 인화점 0℃ 이하	⑤ 인화점에 0℃ 이상	⑥ 고체

답 ①, ③, ⑥

해 제1류 위험물은 C, H를 포함하지 않은 무기화합물로, 산화성 고체이다. 조연성이지만 불연성 물질이므로 인화점의 개념이 없다.

002

다음 위험물의 위험등급을 분류하시오.

① 칼륨 ② 나트륨 ③ 황린 ④ 알칼리금속(칼륨, 나트륨 제외) ⑤ 알칼리토금속 ⑥ 알킬알루미늄 ⑦ 알킬리튬

답 • 위험등급 Ⅰ : ①, ②, ③, ⑥, ⑦

• 위험등급 Ⅱ : ④, ⑤

해

암기법

십알 칼알나 이황 / 오알알유/ 삼금금탄규

'/' 을 기준으로 위험등급 Ⅰ, Ⅱ, Ⅲ으로 나누어 진다.

003

제조소등에서의 위험물의 저장 및 취급에 과한 기준에 있어서 다음 빈칸을 채우시오.

옥내저장소에서 동일 품명의 위험물이라도 자연발화 할 우려가 있는 위험물 또는 재해가 현저하게 증대할 우려가 있는 위험물을 다량 저장하는 경우에는 지정수량의 (ㄱ)배 이하마다 구분하여 상호간 (ㄴ)m이상의 간격을 두어 저장하여야 한다.

답 ㄱ: 10, ㄴ: 0.3

004

제4류 위험물인 아세톤에 대해 답하시오

• 가. 시성식 • 나. 품명 및 지정수량 • 다. 증기비중

답 **가**: CH_3COCH_3, **나: 품명-제1석유류, 지정수량** 400L, **다**: 2

해 제1석유류로 "2휘벤에메톨 / 4시아피포"에서 "아"에 해당하며 지정수량은 400L이다.

증기비중은 분자량 58(12 + 1×3 + 12 + 16 + 12 + 1×3)을 29로 나누면 되므로 2가 된다.

005

제5류 위험물인 피크린산에 대해 답하시오

• 가: 구조식	• 나: 지정수량

답 • 가:

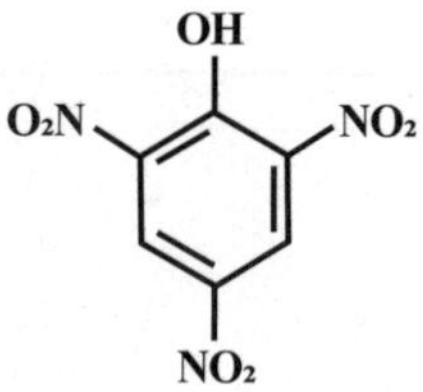

OH / O_2N / NO_2 / NO_2

• 나: 200kg

해 피크린산 즉, 트리니트로페놀, TNP, $C_6H_2(NO_2)_3OH$은 벤젠고리에서 수소 4개와 니트로기 3개와 히드록시기 1개가 각각 치환된 형태이다.

지정수량은 200kg이다.

암기법

십유질 / 백히히 이백니니 아히디질

006

제4류 위험물 중 특수인화물인 산화프로필렌 2000L의 소요단위를 구하시오

답 4

해 위험물의 소요단위는 지정수량의 10배인데, 산화프로필렌의 지정수량은 50L(오(50L)이디 / 아산)이므로 소요단위는 500L가 되고, 2000L는 그 4배가 된다.

007

제4류 위험물인 아세트산의 완전연소반응식은?

㉰ $CH_3COOH + 2O_2 \rightarrow 2CO_2 + 2H_2O$

㉭ 제4류 위험물인 경우 대부분 연소되면 물과 이산화탄소가 생성된다. 따라서 생성물을 물과 이산화탄소로 하여 미정계수방정식으로 구하면 된다.

008

다음에서 소화난이도 Ⅰ이 되는 제조소등에 해당하는 것을 모두 고르시오

① 지하탱크저장소	② 연면적 1000m² 이상인 제조소
③ 처마높이 6m 이상인 옥내저장소(단층건물)	④ 제2종 판매취급소
⑤ 간이탱크저장소	⑥ 이송취급소
⑦ 이동탱크저장소	

㉰ ②, ③, ⑥

㉭

제조소등의 구분	제조소등의 규모, 저장 또는 취급하는 위험물의 품명 및 최대수량 등
제조소 일반취급소	• 연면적 1,000㎡ 이상인 것 • **지정수량의 100배 이상**인 것(고인화점위험물만을 100℃ 미만의 온도에서 취급하는 것 및 제48조의 위험물을 취급하는 것은 제외) • 지반면으로부터 **6m 이상의 높이**에 위험물 취급설비가 있는 것(고인화점위험물만 을 100℃ 미만의 온도에서 취급하는 것은 제외) • 일반취급소로 사용되는 부분 외의 부분을 갖는 건축물에 설치된 것(내화구조로 개구부 없이 구획된 것, 고인화점위험물만을 100℃ 미만의 온도에서 취급하는 것 및 별표 16×의2의 화학실험의 일반취급소는 제외)
주유취급소	별표 13 Ⅴ제2호에 따른 **면적의 합이 500㎡를 초과**하는 것

옥내저장소	• **지정수량의 150배 이상**인 것(고인화점위험물만을 저장하는 것 및 제48조의 위험 물을 저장하는 것은 제외) • 연면적 150㎡를 초과하는 것(150㎡ 이내마다 불연재료로 개구부없이 구획된 것 및 인화성고체 외의 제2류 위험물 또는 인화점 70℃ 이상의 제4류 위험물만을 저장하는 것은 제외) • **처마높이가 6m 이상인 단층건물**의 것 • 옥내저장소로 사용되는 부분 외의 부분이 있는 건축물에 설치된 것(내화구조로 개구부없이 구획된 것 및 인화성고체 외의 제2류 위험물 또는 인화점 70℃ 이상 의 제4류 위험물만을 저장하는 것은 제외)
옥외탱크저장소	• **액표면적이 40㎡ 이상**인 것(제6류 위험물을 저장하는 것 및 고인화점위험물만을 100℃ 미만의 온도에서 저장하는 것은 제외) • **지반면으로부터 탱크 옆판의 상단까지 높이가 6m 이상**인 것(**제6류 위험물을 저장**하는 것 및 고인화점위험물만을 100℃ 미만의 온도에서 저장하는 것은 **제외**) • 지중탱크 또는 해상탱크로서 지정수량의 100배 이상인 것(제6류 위험물을 저장하는 것 및 고인화점위험물만을 100℃ 미만의 온도에서 저장하는 것은 제외) • 고체위험물을 저장하는 것으로서 지정수량의 100배 이상인 것
옥내탱크저장소	• 액표면적이 40㎡ 이상인 것(제6류 위험물을 저장하는 것 및 고인화점위험물만을 100℃ 미만의 온도에서 저장하는 것은 제외) • **바닥면으로부터 탱크 옆판의 상단까지 높이가 6m 이상인 것(제6류 위험물을 저장**하는 것 및 고인화점위험물만을 100℃ 미만의 온도에서 저장하는 것은 **제외**) • 탱크전용실이 단층건물 외의 건축물에 있는 것으로서 인화점 38℃ 이상 70℃ 미 만의 위험물을 지정수량의 5배 이상 저장하는 것(내화구조로 개구부없이 구획된 것은 제외한다)
옥외저장소	• 덩어리 상태의 유황을 저장하는 것으로서 경계표시 내부의 면적(2 이상의 경계표 시가 있는 경우에는 각 경계표시의 내부의 면적을 합한 면적)이 100㎡ 이상인 것 • 별표 11 Ⅲ의 위험물을 저장하는 것으로서 지정수량의 100배 이상인 것
암반탱크저장소	• **액표면적이 40㎡ 이상**인 것(제6류 위험물을 저장하는 것 및 고인화점위험물만을 100℃ 미만의 온도에서 저장하는 것은 제외) • 고체위험물만을 저장하는 것으로서 지정수량의 100배 이상인 것
이송취급소	**모든 대상**

009

옥외소화전설비를 6개 설치한 경우 필요한 수원의 양은 어떻게 되는가?

답 $54m^3$

해 수원의 수량은 옥내소화전이 **가장 많이 설치된 층의 설치개수에 $7.8m^3$**을 곱한양이 되어야 한다(**설치개수가 5이상인 경우 5에 $7.8\ m^3$**을 곱한다).

옥외소화전일 경우 수원의 양은 설치개수에 $13.5m^3$를 곱한다(4개 이상일 경우 4개가 기준이다).

010

다음 불활성기체 소화약제의 성분과 구성비를 쓰시오

• 가: IG - 55	• 나: IG - 541

답 가: 질소 50%, 아르곤 50%, 나: 질소 52%, 아르곤 40%, 이산화탄소 8%

해 IG-541 (질소, 아르곤 이산화탄소가 52:40:8 비율로 섞인 기체이다), **IG-55(질소, 아르곤이 50:50비율로 섞인 기체이다), IG-100(질소 100%)**

암기법

각각 질알탄, 질알, 질로 암기한다.

011

트리에틸알루미늄과 메틸알코올의 반응식을 쓰시오.

답 $(C_2H_5)_3Al + 3CH_3OH \rightarrow (CH_3O)_3Al + 3C_2H_6$

해 트리에틸알루미늄, 트리메틸알루미늄 등은 에탄올, 메탄올과 반응 시 각 에탄과 메탄을 발생시킨다.

012

아래의 위험물을 지정수량 1/10을 초과하여 혼재하는 것이 불가능한 위험물을 각 쓰시오

• 가. 제1류 위험물	• 나. 제2류 위험물	• 다. 제3류 위험물
• 라. 제4류 위험물	• 마. 제5류 위험물	• 바. 제6류 위험물

답 • 가: 제2류 위험물, 제3류 위험물, 제4류 위험물, 제5류 위험물

• 나: 제1류 위험물, 제3류 위험물, 제6류 위험물

• 다: 제1류 위험물, 제2류 위험물, 제5류 위험물, 제6류 위험물

• 라: 제1류 위험물, 제6류 위험물

• 마: 제1류 위험물, 제3류 위험물, 제6류 위험물

• 바: 제2류 위험물, 제3류 위험물, 제4류 위험물, 제5류 위험물

해 423, 524, 61

013

제2류 위험물인 삼황화린과 오황화린이 연소하는 경우 공통으로 생성되는 물질의 화학식을 쓰시오

답 P_2O_5, SO_2

해 • 삼황화린 : $P_4S_2 + 8O_2 \rightarrow 2P_2O_5 + 3SO_2$

• 오황화린 : $2P_2S_5 + 15O_2 \rightarrow 2P_2O_5 + 10SO_2$

삼황화린, 오황화린은 연소하면 오산화인과 이산화황이 생성된다.

I

위험물산업기사

2019년 1회

001

황화린의 종류 3가지의 화학식을 쓰시오.

답 P_4S_3, P_2S_5, P_4S_7

해 황화린은 삼황화린, 오황화린, 칠황화린이 있다.

002

제3류 위험물인 인화알루미늄과 물의 반응식을 쓰시오.

답 $AlP + 3H_2O \rightarrow Al(OH)_3 + PH_3$

해 인화알루미늄은 물과 만나면 수산화알루미늄과 포스핀 가스를 생성시킨다.

003

옥외탱크저장소의 보유공지에 대해 다음 빈칸을 채우시오.

저장 또는 취급하는 위험물의 최대수량	공지의 너비
지정수량의 500배 이하	(가) 이상
지정수량의 500배 초과 1,000배 이하	(나) 이상
지정수량의 1,000배 초과 2,000배 이하	(다) 이상
지정수량의 2,000배 초과 3,000배 이하	(라) 이상
지정수량의 3,000배 초과 4,000배 이하	(마)이상

답 **가**: 3m, **나**: 5m, **다**: 9m, **라**: 12m, **마**: 15m

해

저장 또는 취급하는 위험물의 최대수량	공지의 너비
지정수량의 500배 이하	3m 이상
지정수량의 500배 초과 1,000배 이하	5m 이상
지정수량의 1,000배 초과 2,000배 이하	9m 이상
지정수량의 2,000배 초과 3,000배 이하	12m 이상
지정수량의 3,000배 초과 4,000배 이하	15m 이상
지정수량의 4,000배 초과	당해 탱크의 수평단면의 최대지름(가로형인 경우에는 긴 변)과 높이 중 큰 것과 같은 거리 이상. 다만, 30m 초과의 경우에는 30m 이상으로 할 수 있고, 15m 미만의 경우에는 15m 이상으로 하여야 한다.

004

다음과 같이 위험물이 저장되어 있는 경우, 그 지정수량의 배수의 합을 쓰시오.

- 유황 100kg,
- 철분 500kg
- 인화칼슘 600kg

㉃ 4배

㉭ 유황의 지정수량은 100kg(백유황적 / 오철금마 천인), 철분의 지정수량은 500kg(백유황적 / 오철금마 천인), 인화칼슘의 지정수량은 300kg(십알 칼알나 이황 / 오알알유 / 삼금금탄규)

따라서, 그 배수는 순서대로 1배, 1배, 2배이므로 합하면 4배가 된다.

005

제6류 위험물과 혼재가 가능한 위험물의 유별을 쓰시오(지정수량의 1/10이상을 저장하는 경우).

㉃ **제1류 위험물**

㉭ 423 524 61

006

질산암모늄 800g이 완전 열분해 하는 경우 발생하는 기체의 부피는 몇 L인가?(표준상태이다)

㉃ 784L **또는** 783.51L

㉭ 질산암모늄의 분해 반응식은 다음과 같다.

$2NH_4NO_3 \rightarrow 2N_2 + O_2 + 4H_2O$

- 질산암모늄의 분자량은 80g/mol이므로 800g은 10몰이 된다.
- 질산암모늄 2몰이 열분해하면 질소 2몰, 산소1몰, 수증기 4몰이 생성된다. 질산암모늄의 몰수 : 발생기체의 몰수는 2:7이 된다.
- 2:7 = 10 : X, X = 35이다. 기체 1몰은 표준상태에서 22.4L이므로 35몰은 784L가 된다.

✓ 다른 풀이

이상기체 방정식에 따라 풀면,

V = (35×0.082×273) / 1 = 783.51L이다.

007

다음의 위험물을 옥외저장탱크 중 압력탱크 외의 탱크에 저장하는 경우의 온도를 얼마 이하로 유지해야 하는가?

• 가: 디에틸에테르	• 나: 아세트알데히드	• 다: 산화프로필렌

답 **가:** 30℃ **이하, 나:** 15℃ **이하, 다:** 30℃ **이하**

- 옥외저장탱크·옥내저장탱크 또는 지하저장탱크 중 **압력탱크 외**의 탱크에 저장하는 경우 산화프로필렌, 디에틸에테르 등은 30℃이하, 아세트알데히드는 15℃이하로 유지해야 한다.
- **옥외저장탱크·옥내저장탱크 또는 지하저장탱크 중 압력탱크에** 저장하는 디에틸에테르, 산화프로필렌 또는 아세트알데히드의 온도는 **40℃ 이하로 유지**해야 한다.

008

위험물안전관리법령상 다음 할로겐화합물 소화설비의 방사압력을 쓰시오.

• 가: 할론 2402	• 나. 할론 1211

답 **가:** 0.1MPa **이상, 나:** 0.2MPa **이상**

해 할로겐소화약제의 분사헤드의 방사압력은 **할론2402를 방사하는 것은 0.1MPa 이상, 할론1211을 방사하는 것은 0.2MPa 이상, 할론1301을 방사하는 것은 0.9MPa 이상**이어야 한다.

009

탄화칼슘에 대해 다음의 질문에 답하시오.

- 가 : 물과의 반응식을 쓰시오.
- 나 : 물과의 반응시 발생되는 기체의 명칭을 쓰시오.
- 다 : 물과의 반응시 발생되는 기체의 연소범위 및 연소반응식을 쓰시오.

답 **가:** $CaC_2 + 2H_2O \rightarrow Ca(OH)_2 + C_2H_2$, **나: 아세틸렌, 다: 연소범위:** 2.5 ~ 81%, **연소반응식:** $2C_2H_2 + 5O_2 \rightarrow 4CO_2 + 2H_2O$

해 탄화칼슘은 물과 반응하면 수산화칼슘과 아세틸렌을 발생시키고, 그 연소범위는 2.5 ~ 81%, 연소반응식은 $2C_2H_2 + 5O_2 \rightarrow 4CO_2 + 2H_2O$이다.

010

트리니트로톨루엔에 대해 다음에 답하시오.

- 가 : 제조방법에 대해 쓰시오.
- 나 : 구조식을 그리시오.

답 • **가: 톨루엔에 진한질산, 진한황산을 반응시켜 니트로화하여 만든다.**

• **나:**

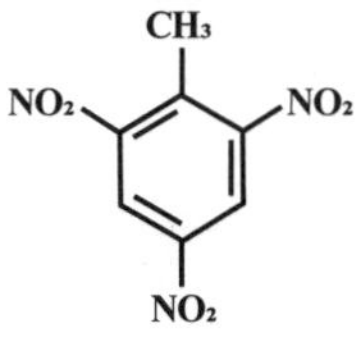

CH₃ / NO₂ / NO₂ / NO₂

011

황린이 완전연소하는 경우의 그 반응식을 쓰시오.

답 $P_4 + 5O_2 \rightarrow 2P_2O_5$

012

제4류 위험물로 흡입하면 시신경을 마비시키거나 사망시킬수도 있는 물질로 인화점이 11℃, 발화점이 464℃인 물질에 대해 다음을 답하시오.

• 가 : 이 위험물의 명칭	• 나 : 지정수량

답 **가: 메틸알코올, 나:** 400L

해 • 제4류 위험물로 인화점이 11℃인 물질은 메틸알코올이다(에틸알코올은 13℃이다).

• 시신경을 마비시키는 위험물 물질이다.

• 알코올류의 지정수량은 400L이다.

013

에틸렌과 산소를 $CuCl_2$ 촉매하에 생성된 물질로 인화점이 -38℃, 비점이 21℃, 연소범위가 4.1 ~ 57%인 특수인화물에 대해 다음을 답하시오.

• 가. 명칭 및 화학식	• 나. 증기비중

답 • **가: 아세트알데히드,** CH_3CHO,

• **나:** 1.52

해 • 특수인화물 중 인화점이 -38℃인 물질은 아세트알데히드이다(**이**소프랜은 -54도, 이소**펜**탄은 -51도, 디에틸에테르 **-45**, 아세트**알**데히드 -38, 산화**프**로필렌 -37, **이**황화탄소 **-30**℃ 순서 외워두면 좋다.

암기법

아펜디알프리(이)

• 디에틸에테르, 이황화탄소는 인화점 온도도 기억해야 한다.

• 분자량은 44g/mol이고 증기비중은 29로 나누면 약 1.52가 된다.

001

위험물안전관리법령상의 고인화점위험물의 정의를 쓰시오.

답 인화점이 100℃ 이상인 제4류 위험물

002

다음에서 기술하는 위험물에 대해 답하시오.

- 산화되면 아세트알데히드가 되며, 다시 산화하면 아세트산이 된다.
- 증기는 마취성이 있다.
- 무색 투명의 액체이다.
- 소독약의 원료가 된다.

• 명칭과 화학식은?
• 지정수량은?
• 진한황산을 통한 축합반응을 하는 경우 생성되는 제4류 위험물의 화학식은?

답 가: 에탄올, C_2H_5OH, 나: 400L, 다: $C_2H_5OC_2H_5$

해 • 산화되어 아세트알데히드가 되는 것 하면 에탄올을 떠올려야 한다. 알코올류의 지정수량은 400L이다.
• 에탄올이 산화되어 아세트알데히드가 생성되고, 아세트알데히드가 산화되어 아세트산이 생성된다.
• 반대로 환원되면 반대로 물질이 만들어진다.

C_2H_5OH	산화(-2H)	CH_3CHO	산화(+O)	**CH_3COOH**
에탄올	→	아세트알데히드	→	**아세트산**

디에틸에테르는 에탄올 2분자를 축합반응(물분자 하나가 떨어져 나가서 결합하는 반응)시켜 만든다.

$$C_2H_5OH + C_2H_5OH \xrightarrow[\text{진한 } H_2SO_4]{} C_2H_5OC_2H_5 + H_2O$$

003

다음 물질에 대해 빈칸을 채우시오.

- 가. 질산염류 - 유별 : (1), 지정수량 : (2)
- 나. 황린 - 유별 : (3), 지정수량 : (4)
- 다. 칼륨 - 유별 : (5), 지정수량 : (6)
- 라. 니트로화합물 - 유별 : (7), 지정수량 : (8)

답 **가.** 1: **제1류 위험물,** 2: 300kg, **나.** 3: **제3류 위험물,** 4: 20kg, **다.** 5: **제3류 위험물,** 6: 10kg, **라.** 7: **제5류 위험물,** 200kg

해 • 제1류 - 오염과 무아 / 삼질요부 / 천과중

• 제3류 - 십알 칼알나 이황 / 오알알유 / 삼금금탄규

• 제5류 - 십유질 / 백히히 이백니니 아히디질

004

다음에서 불활성가스 소화설비에 적응성을 가지는 위험물을 쓰시오.

제1류 위험물 알칼리금속과산화물, 제2류 위험물 인화성 고체, 제4류 위험물, 제6류 위험물

답 제2류 위험물 중 인화성고체, 제4류 위험물

해

소화설비의 구분		대상물 구분												
		건축물 그밖의 공작물	전기설비	제1류위험물		제2류위험물			제3류위험물		제4류 위험물	제5류 위험물	제6류 위험물
				알칼리 금속과 산화물등	그밖의것	철분, 마그네슘 금속분등	인화성 고체	그밖의것	금수성 물품	그밖의것			
물분무등 소화설비	불활성가스소화설비		○				○				○		
	할로겐화합물소화설비		○				○				○		

005

제4류 위험물과 혼재하면 안 되는 위험물을 쓰시오.(지정수량 1/10초과한 경우)

답 제1류 위험물, 제6류 위험물

해 423 524 61, 제4류 위험물은 제2류, 제3류, 제5류와 혼재 가능하다.

006

황린 20kg이 완전연소할 때 필요한 공기의 부피(m^3)는?(표준상태이다)

답 $85.97m^3$

해 • 먼저 황린의 연소반응식을 알아야 한다.

$P_4 + 5O_2 \rightarrow 2P_2O_5$

• 황린은 1몰당 5몰의 산소가 필요하다.

- 황린의 분자량은 124kg/kmol이므로 20kg은 20/124kmol이 된다.
- 산소는 5배 많으므로 100/124kmol이 필요하게 된다.
- 이상기체방정식에 대입하면 $V = 100/124 \times 0.082 \times 273$ 이므로 약 18.0532 m^3가 된다.
- 공기중 산소는 21%이므로 21 : 100 = 18.0532m^3(필요한 산소의 부피) : X(공기의 부피)가 된다.
- 공기의 부피는 약 85.97m^3이다.

007

다음 물질의 지정수량을 각각 쓰시오

• 아세톤	• 중유	• 경유	• 디에틸에테르

답 **아세톤**: 400L, **중유**: 2000L, **경유**: 1000L, **디에틸에테르**: 50L

해 오(50L) 이디 / 아산

이(200L)휘벤에메톨 초(초산에틸, 아세트산에틸, $CH_3COOC_2H_5$) / 사(400L)시아피 포(포름산메틸, $HCOOCH_3$)

일(1000L)등경 크스클 벤(벤즈알데히드, C_7H_6O) / 이(2000L)아히포 아(아크릴산 : $C_3H_4O_2$)

이(2000L)중아니니(니트로톨루엔)클 / 사(4000L)글글

008

트리에틸알루미늄의 완전연소식은?

답 $2(C_2H_5)_3Al + 21O_2 \rightarrow Al_2O_3 + 15H_2O + 12CO_2$

해 트리에틸알루미늄은 연소시 물과 이산화탄소가 나오고, **산화알루미늄**이 나온다는 것을 기억해야 한다.

009

질산암모늄에 대해 다음을 답하시오

- 가. 열분해 반응식을 쓰시오.
- 나. 열분해 되는 경우 질산암모늄 1몰이 분해될 때 생성되는 물의 부피(L)를 구하시오(0.9기압, 300℃).

답 **가:** $2NH_4NO_3 \rightarrow 2N_2 + O_2 + 4H_2O$, **나:** 104.41L

해 • **$2NH_4NO_3 \rightarrow 2N_2 + O_2 + 4H_2O$**, 분해반응식 잘 기억해 둔다. 질산암모늄과 물의 비는 2몰일 때 4몰, 즉 1 : 2이다. 따라서 질산암모늄 1몰이 분해되는 경우 물은 2몰이 나온다.

- 이 열분해 반응식에서 생성되는 수증기이므로 기체이다.
- 결국 0.9기압 300℃에서 기체 2몰의 부피를 구하는 문제이다.
- 이상기체 방정식에 대입해서 풀면, $V = (2 \times 0.082 \times 573) / 0.9$ 이고 부피는 104.41L가 된다.

010

이동탱크저장소의 주입설비 기준에 대해 다음을 답하시오.

- 위험물이 (　가　)가 없고 화재예방상 안전한 구조로 할 것
- 주입설비의 길이는 (　나　) 이내로 하고, 그 끝부분에 축적되는 (　다　)를 유효하게 제거할 수 있는 장치를 할 것
- 분당 배출량은 (　라　) 이하로 할 것

답 **가: 샐 우려, 나:** 50m, **다: 정전기, 라:** 200L

해 이동탱크저장소에 주입설비를 설치하는 경우의 기준

- 가. 위험물이 샐 우려가 없고 화재예방상 안전한 구조로 할 것
- 나. 주입설비의 길이는 50m 이내로 하고, 그 끝부분에 축적되는 정전기를 유효하게 제거할 수 있는 장치를 할 것
- 다. 분당 배출량은 200ℓ 이하로 할 것

011

다음에서 옥내 저장소에서 서로 1m 간격을 두고 저장 가능한 유별을 알맞게 연결한 것을 고르시오.

- 가. 과산화칼륨 - 과산화벤조일
- 나. 인화성고체 - 제1석유류
- 다. 과염소산염류 - 과염소산
- 라. 황린 - 제1류 위험물
- 마. 유황 - 제4류 위험물

답 나, 다, 라

해 • 옥내/외 저장소의 경우 아래와 같은 위험물은 **서로 1m 간격**을 두고 저장 가능하다.

- **1류(알칼리금속 과산화물 또는 이를 함유한 것 제외)와 5류**
- **1류와 6류**
- **1류와 3류 중 자연발화성물질(황린 또는 이를 함유한 것)**
- **2류 중 인화성 고체와 4류**
- 3류 중 알킬알루미늄 등과 4류(알킬알루미늄 또는 알킬리튬을 함유한 것에 한함)
- 4류 중 유기과산화물 또는 이를 함유한 것과 5류 중 유기과산화물 또는 이를 함유한 것

• 과산화칼륨은 제1류 위험물이나 알칼리금속과산화물이어서 제5류위험물인 과산화벤조일과 같이 저장 할 수 없다.

• 인화성 고체와 제1석유류는 **2류 중 인화성 고체와 4류이므로 같이 저장 가능하다**.

• 과염소산염류 - **과염소산은 1류와 6류이므로 저장가능하다**.

• 황린 - 제1류 위험물은 **1류와 3류 중 자연발화성물질(황린 또는 이를 함유한 것)이므로 같이 저장 가능하다**.

• 유황 - 제4류 위험물은 제2류 위험물 유황과 제4류 위험물로 함께 저장가능한 경우가 아니다.

012

위험물을 옥내저장소에 저장하는 경우, 다음 물음에 답하시오.

- 가. 기계에 의해 하역하는 구조로 된 용기만을 겹쳐 쌓는 경우 그 기준은?
- 나. 제4류 위험물 중 제3석유류, 제4석유류 및 동식물유류를 수납하는 용기만을 겹쳐 쌓는 경우

답 가: 6m를 초과하지 못한다. 나: 4m를 초과하지 못한다.

해 옥내 저장소의 경우 **기계에 의해 하역하는 구조로 된 용기만을 겹쳐 쌓는 경우 6m**, 제4류 위험물 중 **제3석유류, 제4석유류 및 동식물유류**를 수납하는 용기만을 겹쳐 쌓는 경우에 있어서는 **4m**, 그 밖의 경우에 있어서는 **3m** 초과하여 쌓으면 안 된다.

013

제4류 위험물 중 위험등급이 Ⅱ등급인 위험물의 품명을 쓰시오.

답 제1석유류, 알코올류

해 특수인화물은 Ⅰ등급, 제1석유류, 알코올류은 Ⅱ등급, 그 외는 Ⅲ등급이다.

001

산화성액체의 산화성 시험방법 및 판정기준에 대해 빈칸을 채우시오.

- (가), (나) 90% 수용액 및 시험물품을 사용하여 온도 20℃, 습도 50%, 1기압의 실내에서 제2항 및 제3항의 방법에 의하여 실시한다.
- 연소시간의 평균치를 (나) 90% 수용액과 (가)과의 혼합물의 연소시간으로 할 것

답 가: 목분, 나: 질산

002

트리에틸알루미늄 228g이 물과 반응하는 경우, 그 반응식과 발생하는 가연성가스의 부피는 몇 L인가?(표준상태)

답 **반응식:** $(C_2H_5)_3Al + 3H_2O \rightarrow Al(OH)_3 + 3C_2H_6$, **부피:** 134.32L

해
- $(C_2H_5)_3Al + 3H_2O \rightarrow Al(OH)_3 + 3C_2H_6$ (에탄)
- 트리에틸알루미늄, 물, 에탄의 대응비는 1 : 3 : 3이다.
- 트리에틸알루미늄의 분자량은 114g/mol이므로 228g인 경우 2몰이 된다.
- 그렇다면 발생하는 에탄은 6몰이 된다.
- 이상기체방정식에 대입하면 $6 \times 0.082 \times 273$, 약 134.32L이다.

003

다음 중 운반 시 방수성 및 차광성 덮개로 덮어야 하는 위험물의 품명은?

• 질산	• 알칼리금속과산화물	• 염소산염류	• 특수인화물

답 알칼리금속과산화물

해 • 차광성 있는 피복으로 가릴 위험물 : 1류, 3류 중 자연발화성 물질, 4류 중 특수인화물, 5류, 6류

• 방수성 있는 피복으로 덮을 위험물(물을 피해야 하는 것) : 1류 중 알칼리금속 과산화물 또는 이를 함유한 것, 2류 중 철분, 마그네슘, 금속분 또는 이를 함유한 것, 3류 중 금수성물질

• 차광성, 방수성 모두 해당하는 물질은 알칼리금속과산화물이다.

004

다음 물질을 인화점이 낮은 순서로 나열하시오.

• 에탄올	• 초산에틸	• 에틸렌글리콜	• 니트로벤젠

답 초산에틸, 에탄올, 니트로벤젠, 에틸렌글리콜

해 에탄올은 알코올류 인화점이 13℃, 초산에틸은 제1석유류로 인화점이 -3℃, 에틸렌글리콜, 니트로벤젠은 제3석유류이고 인화점은 각각 120℃, 88℃이다. 같은 제3석유류도 비수용성물질이 인화점이 낮은 경향이 있다.

005

ABC분말소화기의 1차 열분해 반응식을 쓰시오.

㉠ $NH_4H_2PO_4 \rightarrow NH_3 + H_3PO_4$

㉡ ABC분말소화기는 제3종 분말소화약제를 사용한다. 제3종 분말소화약제의 경우 여러 차례 열분해 반응이 나타난다.

- 1차는 $\mathbf{NH_4H_2PO_4 \rightarrow NH_3 + H_3PO_4}$
- 2차는 $2H_3PO_4 \rightarrow H_4P_2O_7 + H_2O$
- 3차는 $H_4P_2O_7 \rightarrow 2HPO_3 + H_2O$

최종으로 $NH_4H_2PO_4 \rightarrow HPO_3$(메타인산) + NH_3(암모니아) + H_2O

006

제3류 위험물 중 지정수량이 50kg에 해당하는 물질의 품명을 모두 쓰시오.

㉠ **알칼리금속, 알칼리토금속, 유기금속화합물**

㉡ 십알 칼알나 이황 / **오**알알유 / **삼**금금탄규

007

다음에서 설명하는 물질에 대해 다음 질문을 답하시오.

> 폭약의 원료이고, 햇빛에 다갈색으로 변하며, 물에 안녹고, 아세톤, 에테르, 벤젠에 녹고, 분자량이 227이다.
> • 가 : 화학식 • 나 : 제조방법 • 다 : 지정수량

답 **가:** $C_6H_2(NO_2)_3CH_3$**, 나: 톨루엔에 황산과 질산을 반응시켜 생성한다, 다:** 200kg

해 트리니트로톨루엔에 대한 설명이다.

톨루엔을 니트로화 해서 트리니트로톨루엔을 생성

$$C_6H_5CH_3 + 3HNO_3 \xrightarrow{H_2SO_4} C_6H_2(NO_2)_3CH_3 + 3H_2O$$

십유질 / 백히히 이백니니 아히디질, 에서 "니" 니트로화합물이다.

008

과산화나트륨이 이산화탄소와 반응하는 반응식을 쓰시오

답 $2Na_2O_2 + 2CO_2 \rightarrow 2Na_2CO_3 + O_2$

009

주유중엔진정지 게시판의 바탕색과 글자색을 쓰시오

㉰ **바탕색: 황색, 글자색: 흑색**

㉶ [illegible]

종류	바탕	문자
화기엄금	적색	백색
물기엄금	청색	백색
주유중엔진정지	황색	흑색
위험물 제조소등	백색	흑색
위험물	흑색	황색반사도료

010

톨루엔의 증기비중은?

㉰ 3.17

㉶ • 증기비중은 분자량을 29로 나누면 된다.

• 톨루엔($C_6H_5CH_3$)의 분자량은 92g/mol(12×6 + 1×5 + 12 + 1×3)이다.

• 92/29 계산하면 약 3.17이다.

011

다음 위험물을 각 옥내저장소에 저장하는 경우, 하나의 저장창고의 바닥면적은?

• 가. 아염소산염류	• 나. 제2석유류	• 다. 유기과산화물

답 가: 1000m² 이하, 나: 2000m² 이하, 다: 1000m² 이하

해 • 옥내저장소 저장창고 바닥면적은 **1000㎡ 인 경우 4류 위험물 중 제1석유류 및 알코올류를 제외하고는 모두 위험등급이 Ⅰ등급**인 물질이다.

- 즉 기본적으로 위험등급이 1등급이면 바닥면적이 1000㎡ 이하이다.
- 그 외는 2000㎡로 기억하고, 격벽인 경우 1,500으로 기억하면 된다.
- 가, 다는 모두 위험등급이 1등급이고, 나는 제2석유류로 위험등급이 1등급도 아니고 제4류 위험물 중 제1석유류, 알코올류도 아니므로 2000㎡이다.

012

다음 위험물을 옥외저장탱크 중 압력탱크 외의 탱크에 저장하는 경우 온도는?

• 가 : 산화프로필렌	• 나 : 아세트알데히드

답 가: 30℃ 이하, 나: 15℃ 이하

해 알킬알루미늄등, 아세트알데히드등 및 디에틸에테르등을 옥외저장탱크·옥내저장탱크 또는 지하저장탱크 중 압력탱크외에 저장하는 경우에는 산화프로필렌과 디에틸에테르 등은 30℃ 이하로, 아세트알데히드 등은 15℃ 이하로 해야 한다.

013

다음 물질의 연소형태를 쓰시오

• 트리니트로톨루엔	• 에탄올	• 금속분	• 피크린산	• 디에틸에테르, 칼륨

답 트리니트로톨루엔: 자기연소, 에탄올: 증발연소, 금속분: 표면연소, 피크린산: 자기연소, 디에틸에테르: 증발연소, 칼륨: 표면연소

해
- 표면연소: 목탄(숯), 코크스, 금속분 등
- 분해연소: 석탄, 목재, 종이, 섬유, 플라스틱 등
- 증발연소: 나프탈렌, 장뇌, 황(유황), 양초(파라핀), 왁스, 알코올
- 자기연소: 주로 5류 위험물(이는 물질내에 산소를 가진 자기연소 물질이다, 주로 니트로기를 가지고 있다)

트리니트로톨루엔, 피크린산은 제5류 위험물이고, 금속분, 칼륨은 금속이므로 표면연소 한다. 에탄올, 디에틸에테르는 제4류 위험물로 증발 연소 한다.

001

과산화나트륨의 완전분해식과 과산화나트륨이 1kg이 분해하는 경우 생성되는 산소의 부피는 몇 L인가? (표준상태)

답 $2Na_2O_2 \rightarrow 2Na_2O + O_2$, 143.5L

해 • 과산화나트륨 : **$2Na_2O_2 \rightarrow 2Na_2O + O_2$**

• 과산화나트륨과 산소의 비는 2 : 1이다.

• 과산화나트륨의 분자량은 78g/mol이므로 1kg은 1000/78몰에 해당하고, 산소는 500/78몰이 생성될 것이다.

• 이상기체방정식에 대입하면(500/78 × 0.082 × 273) 143.5L가 된다.

002

옥내소화전이 다음과 같이 설치된 경우, 필요한 수량은?

• 가 : 1층에 2개, 2층에 3개	• 나 : 1층에 3개, 2층에 6개

답 **가:** 23.4m^3, **나:** 39 m^3

해 • 수원의 수량은 옥내소화전이 **가장 많이 설치된 층의 설치개수에 7.8m^3**을 곱한양이 되어야 한다(**설치개수가 5이상인 경우 5에 7.8 m^3**을 곱한다).

• 가는 2층 3개이므로 3을 곱하고, 나는 5개를 넘어가므로 5를 곱한다.

003

다음 제5류 위험물에 대해서 아래 물음에 답하시오

> 니트로글리세린, 트리니트로톨루엔, 트리니트로페놀, 과산화벤조일
> - 가. 질산에스테류에 속하는 위험물은?
> - 나. 상온에서 액체이나 영하의 온도에서 고체인 물질의 분해반응식은?

답 **가. 니트로글리세린, 나:** $4C_3H_5(ONO_2)_3 \rightarrow 12CO_2 + 10H_2O + O_2 + 6N_2$

해 제5류 위험물은 **유기과산화물은 과산화벤조일은 고체, 메틸에틸케톤퍼옥사이드는 액체, 질산에스테르류는 니트로셀룰로오스와 셀룰로오스는 고체, 나머지는 액체, 니트로화합물은 고체이다. 위에서는 니트로글리세린만 액체이다**. 녹는점이 14℃이고, 다이나마이트의 원료이나 동절기 얼 수 있으므로 설명한대로 니트로글리콜로 대체하기도 한다.

004

다음은 제4류 위험물의 분류기준에 대한 설명이다. 다음 빈칸을 채우시오. (표준상태)

> 특수인화물 : 이황화탄소, 디에틸에테르 그밖에 발화점 (　가　)℃ 이하 또는(or) 인화점이 -20℃ 이하이고(and) 비점 40℃이하인 것
> - 제1석유류 : 아세톤, 휘발유, 그밖에 인화점이 (　나　)℃ 미만인 것
> - 제2석유류 : 등유, 경유, 그밖에 인화점이 (　나　)℃ 이상 (　다　)℃ 미만인 것
> - 제3석유류 : 중유, 클레오소트유 그밖에 인화점이 (　다　)℃ 이상 (　라　)℃ 미만인 것
> - 제4석유류 : 기어유, 실린더유 그밖에 인화점이 (　라　)℃ 이상 (　마　)℃ 미만인 것

답 **가:** 100, **나:** 21, **다:** 70, **라,** 200, **마:** 250

005

위험물안전관리법령상의 동식물류에 대해 다음을 답하시오.

• 가: 요오드값에 의한 분류	• 나: 요오드값의 정의

답 • 가: 건성유: 요오드값 130 이상, 반건성유: 요오드값 100 이상 130 미만, 불건성유: 요오드값 100 이하

• 나: 유지 100g을 경화시키기 위해 필요한 요오드(I_2)의 g수

006

다음 물질과 물의 반응식을 쓰시오.

• 가. 수소화칼륨	• 나. 수소화칼슘	• 다. 수소화알루미늄리튬

답 가: $KH + H_2O \rightarrow KOH + H_2$, 나: $CaH_2 + 2H_2O \rightarrow Ca(OH)_2 + 2H_2$, 다: $LiAlH_4 + 4H_2O \rightarrow LiOH + Al(OH)_3 + 4H_2$

007

알루미늄에 대해 다음의 각 반응식을 쓰시오.

• 가. 물과 반응식	• 나. 연소반응식	• 다. 염산과 반응식

답 **가:** $2Al + 6H_2O \rightarrow 2Al(OH)_3 + 3H_2$, **나:** $4Al + 3O_2 \rightarrow 2Al_2O_3$, **다:** $2Al + 6HCl \rightarrow 2AlCl_3 + 3H_2$

008

이황화탄소 100kg이 완전연소하는 경우 발생하는 이산화황의 부피(m^3)를 구하시오. (압력은 800mmHg, 온도는 30℃)

답 62.12 m^3

해 이황화탄소의 연소반응식은 $CS_2 + 3O_2 \rightarrow CO_2 + 2SO_2$

이황화탄소와 이산화황의 반응몰수비는 1 : 2이다.

즉, 이황화탄소의 분자량은 76kmol/kg이므로 이황화탄소 100/76kmol에 대해 이산화황은 200/76kmol이 생성된다.

200/76kmol의 부피는 이상기체방정식에 의해 풀면

(200/76×0.082×303) / (800/760), 계산하면 약 62.12 m^3

009

나트륨에 대해 답하시오.

• 가: 물과 반응식	• 나: 연소반응식	• 다: 연소시 불꽃의 색깔

답 **가:** $2Na + 2H_2O \rightarrow 2NaOH + H_2$, **나:** $4Na + O_2 \rightarrow 2Na_2O$, **다:** **노란색**

010

다음 설명하는 물질에 대해 답하시오.

- -무색, 투명한 액체
- -인화점이 -37℃
- -수용성
- -구리, 은, 수은 등과 반응한다.
- • 가: 화학식?
- • 나: 지정수량?
- • 다: 저장탱크에 공기가 차 있는 경우의 조치?

답 **가:** CH_3CHCH_2O, **나:** 50L, **다: 불활성기체 주입**

해 인화점 -37도하면 산화프로필렌를 떠올려야 한다. 지정수량은 50L이다(오 이디 / 아산), 아세트알데히드, 산화프로필렌 등은 저장시 불활성기체(**질소, 이산화탄소, 아르곤**) 봉입한다.

011

제6류 위험물 중 히드라진과 만나면 강하게 반응하는 물질에 대해 답하시오

- • 가: 위험물이 되기 위한 요건
- • 나: 히드라진과 반응식

답 **가:** 36**중량퍼센트 이상일 것, 나:** $N_2H_4 + 2H_2O_2 \rightarrow N_2 + 4H_2O$

해 과산화수소에 대한 설명이다.

012

다음은 위험물안전관리법령상 완공검사 등에 대한 물음이다. 그 물음에 답하시오.

- 가. 위험물을 저장 또는 취급하는 탱크로서 대통령령이 정하는 탱크가 있는 제조소등의 설치 또는 그 위치·구조 또는 설비의 변경에 관하여 허가를 받은 자가 위험물탱크의 설치 또는 그 위치·구조 또는 설비의 변경공사를 하는 때에 완공검사를 받기 전에 규정에 따른 기술기준에 적합한지의 여부를 확인하기위해 받는 검사는 무엇인가?
- 나. 다음의 경우 각 완공검사 신청의 시기는?
  - 지하탱크가 있는 제조소등
  - 이동탱크저장소
- 다. 완공검사 실시 후, 기술기준에 적합한 경우, 시/도지사가 교부하는 서류는?

㉰ • 가: 탱크안전성능검사

- 나: 지하탱크가 있는 제조소등: 당해 지하탱크를 매설하기 전, 이동탱크저장소의 경우: 이동저장탱크를 완공하고 상시 설치 장소(이하 "상치장소"라 한다)를 확보한 후
- 다: 완공검사합격확인증

013

크실렌 이성질체 3가지를 쓰고, 각 구조식을 쓰시오.

㉰ 3가지 O-크실렌, m-크실렌, p-크실렌

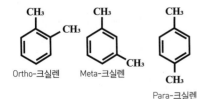

CH_3 / CH_3 (Ortho-크실렌), CH_3 / CH_3 (Meta-크실렌), CH_3 / CH_3 (Para-크실렌)

Ortho-크실렌 Meta-크실렌 Para-크실렌

014

제4류 위험물 인화점 시험방식 3가지는?

답 **태그밀폐식, 신속평형법, 클리브랜드 개방법**

해 인화점 시험방식은 밀폐식, 개방식이 있고, 밀폐식에는 태그밀폐식, 신속평형법 등이 속하고, 개방식에는 클리브랜드 개방식(컵)이 있다.

015

제1류 위험물인 염소산칼륨에 대해 답하시오.

- 가. 완전분해 반응식
- 나. 1kg이 완전분해되는 경우 생성되는 산소의 부피(m^3)는? (단, 표준상태, 염소산칼륨의 분자량은 123으로 계산한다)

답 **가:** $2KClO_3 \rightarrow 2KCl + 3O_2$, **나:** 0.27 m^3

해 염소산칼륨과 산소의 몰수비는 2 : 3이다. 염소산칼륨의 분자량은 123g/mol이므로 염소산칼륨 1000/123몰이 반응하면 산소는 (1000/123)×(3/2)이 생성된다.

이상기체방정식에 대입하면,

(1000/123)×(3/2)×0.082×273 하면 약 273L이다. m^3로 환산하면, 0.27m^3이다.

016

황화린에 대해 다음을 답하시오.

- 가. 오황화린과 물의 반응식은?
- 나. "가"의 반응식에서 생성되는 기체의 완전연소반응식은?

답 **가:** $P_2S_5 + 8H_2O \rightarrow 2H_3PO_4 + 5H_2S$, **나:** $2H_2S + 3O_2 \rightarrow 2SO_2 + 2H_2O$

해 오황화린은 물과 반응하여, 인산과 황화수소를 생성시킨다.

017

다음 위험물의 저장시 보호액을 각 쓰시오.

- 가. 황린
- 나. 칼륨
- 다. 이황화탄소

답 **가: 물(보호액 pH9), 나: 등유, 경유, 파라핀, 다: 물**

018

다음 각 위험물의 운반용기 외부 표시사항을 쓰시오.

- 가. 제1류 위험물 중 알칼리금속과산화물
- 나. 제3류 위험물 중 자연발화성 물질
- 다. 제5류 위험물

답 가: 화기/충격주의, 물기엄금, 가연물접촉주의, 나: 화기엄금, 공기접촉엄금, 다: 화기엄금, 충격주의

해 운반용기 표시사항은 다음과 같다.

- 1류
  1) 알칼리금속과산화물의 경우 : **화기/충격주의, 물기엄금 및 가연물접촉주의**
  2) 그 밖의 것 : 화기/충격주의, 가연물 접촉주의
- 2류
  1) **철분, 마그네슘, 금속분: 화기주의 물기엄금**
  2) **인화성 고체: 화기엄금**
  3) 그 밖의 것 : 화기주의
- 3류
  1) **자연발화성 물질: 화기엄금 및 공기접촉엄금**
  2) **금수성물질: 물기엄금**
- 4류 : **화기엄금**
- 5류 : 화기엄금, 충격주의
- 6류 : **가연물접촉주의**

019

위험물 안전관리자에 대한 설명이다. 빈칸을 채우시오

- (　가　)은 위험물의 안전관리에 관한 직무를 수행하게 하기 위하여 제조소등마다 대통령령이 정하는 위험물의 취급에 관한 자격이 있는 자를 위험물안전관리자로 선임하여야 한다.
- 제조소등의 관계인은 그 안전관리자를 해임하거나 안전관리자가 퇴직한 때에는 해임하거나 퇴직한 날부터 (　나　)일 이내에 다시 안전관리자를 선임하여야 한다.
- 안전관리자를 선임한 경우에는 선임한 날부터 (　다　)일 이내에 행정안전부령으로 정하는 바에 따라 소방본부장 또는 소방서장에게 신고하여야 한다.
- 일시적으로 직무를 수행할 수 없거나 안전관리자의 해임 또는 퇴직과 동시에 다른 안전관리자를 선임하지 못하는 경우에는 국가기술자격법에 따른 위험물의 취급에 관한 자격취득자 또는 위험물안전에 관한 기본지식과 경험이 있는 자로서 행정안전부령이 정하는 자를 대리자(代理者)로 지정하여 그 직무를 대행하게 하여야 한다. 이 경우 대리자가 안전관리자의 직무를 대행하는 기간은 (　라　)일을 초과할 수 없다.

㉠ 가: 제조소등의 관계인, 나: 30, 다: 14, 라 30

020

다음은 제조소등에서 위험물의 저장 및 취급에 관한 공통기준에 대한 설명이다. 빈칸을 채우시오.

- 위험물을 저장 또는 취급하는 건축물 그 밖의 공작물 또는 설비는 당해 위험물의 성질에 따라 차광 또는 (　가　)를 실시하여야 한다.
- 위험물은 온도계, 습도계, 압력계 그 밖의 계기를 감시하여 당해 위험물의 성질에 맞는 적정한 온도, (　나　) 또는 압력을 유지하도록 저장 또는 취급하여야 한다.
- 위험물을 용기에 수납하여 저장 또는 취급할 때에는 그 용기는 당해 위험물의 성질에 적응하고 파손·(　다　)·균열 등이 없는 것으로 하여야 한다.
- (　라　)의 액체·증기 또는 가스가 새거나 체류할 우려가 있는 장소 또는 가연성의 미분이 현저하게 부유할 우려가 있는 장소에서는 전선과 전기기구를 완전히 접속하고 불꽃을 발하는 기계·기구·공구·신발 등을 사용하지 아니하여야 한다.
- 위험물을 (　마　)중에 보존하는 경우에는 당해 위험물이 보호액으로부터 노출되지 아니하도록 하여야 한다.

㉠ 가: 환기, 나: 습도, 다: 부식, 라: 가연물, 마: 보호액

II

위험물산업기사

2020년 2회

001

적린과 염소산칼륨의 반응에 대해 다음 물음에 답하시오

- 가. 혼촉하여 폭발하는 반응식?
- 나. 가의 반응에서 발생하는 기체와 물이 반응하여 생성되는 물질은?

답 **가:** $6P + 5KClO_3 \rightarrow 3P_2O_5 + 5KCl$, **나: 인산**

해
- 적린과 염소산칼륨이 반응하면 오산화인과 염화칼륨이 나온다.
- 오산화인과 물이 반응하면 인산이 나온다.
- $P_2O_5 + 3H_2O \rightarrow 2H_3PO_4$

002

트리니트로페놀에 대해 다음을 답하시오.

- 가. 품명
- 나. 지정수량
- 다. 구조식

답 **가: 니트로화합물, 나:** 200kg

다:

OH, O_2N, NO_2, NO_2 (벤젠 고리 구조식)

㉾ 트리니트로페놀은 니트로화합물이고, 지정수량이 200kg이다.

암기법

십유질 / 백하히 이백니니 아히디질

003

다음은 위험물안전관리법령상 혼재 가능 여부에 대해 ○, ×로 표시하시오.

구분	제1류	제2류	제3류	제4류	제5류	제6류
제1류						
제2류						
제3류						
제4류						
제5류						
제6류						

㉰

구분	제1류	제2류	제3류	제4류	제5류	제6류
제1류		×	×	×	×	○
제2류	×		×	○	○	×
제3류	×	×		○	×	×
제4류	×	○	○		○	×
제5류	×	○	×	○		×
제6류	○	×	×	×	×	

㉾ 423 524 61

004

연면적이 150m²이고 내화구조인 옥내저장소와 특수인화물 500L, 에탄올 1000L, 등유 1500L, 아마인유 20000L에 대해 다음을 답하시오.

• 가. 옥내저장소의 소요단위	• 나. 위 위험물을 저장하는 경우 소요단위

답 가: 1소요단위, 나: 1.6소요단위

	내화구조	비내화구조
위험물	위험물의 지정수량×10	
제조소 및 취급소	$100m^2$	$50m^2$
저장소	$150m^2$	$75m^2$

- 각 위험물의 지정수량은 특수인화물 50L, 에탄올 400L, 등유 1000L, 아마인유 10000L
- 지정수량은 각 10배이고, 문제의 수량을 지정수량의 10배로 나누면 소요단위가 된다.
- 각 1, 0.25, 0.15, 0.2이고 합하면 1.6이다.

005

다음과 같이 방유제 내에 옥외탱크저장소가 설치된 경우 다음 물음에 답하시오

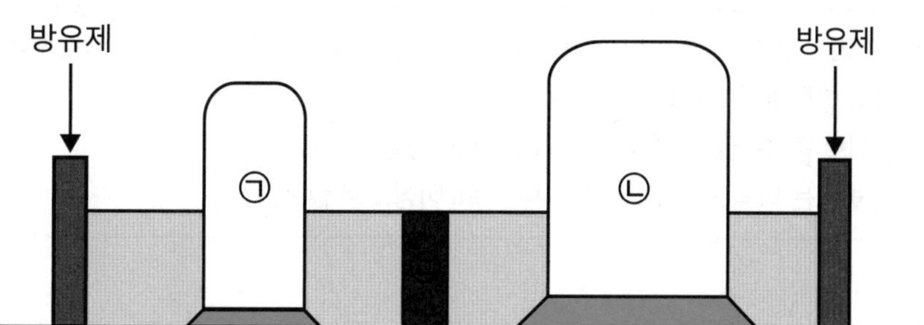

㉠ 내용적 5천만리터, 휘발유 3천만리터를 저장
㉡ 내용적 1억2천만리터, 경유 8천만리터를 저장

- 가. ㉠ 탱크의 최대용량은?
- 나. 위와 같이 탱크 2기를 설치하는 경우 방유제의 용량(공간용적10/100)
- 다. ㉢의 명칭은?

ⓓ **가:** 47,500,000L, **나:** 118,800,000L, **다: 간막이 둑**

ⓗ 인화성액체위험물(이황화탄소를 제외한다)은 아래와 같이 방유제를 설치해야 한다.

- **탱크가 하나**일 때 : 탱크 용량의 **110% 이상**
- **탱크가 2기 이상**일 경우 : 탱크 중 중량 최대인 것의 110% 이상

가. 탱크의 공간용적은 내용적의 **100분의 5이상 100분의 10이하로 한다**. 최대로 하기 위해서는 100분의 5의 공간용적을 두면 된다. 5천만리터의 100분의 95는 4750만L이다.

나. 탱크가 2기 이상일 경우 최대것인 1억2천만리터의 공간용적10/100을 제외한 용량의 110%이다.
즉, 1억2천만 × 0.9 × 1.1 이다.

다. 용량 1000만리터 이상이면 간막이 둑을 설치해야 한다.

006

제1종 판매취급소에서 위험물을 배합하는 실에 대한 물음에 답하시오.

- 바닥면적은 (가)㎡ 이상 (나)㎡ 이하로 할 것 (다) 또는 (라)로 된 벽으로 구획할 것
- 바닥은 위험물이 침투하지 아니하는 구조로 하여 적당한 경사를 두고 (마)를 할 것
- 출입구에는 수시로 열 수 있는 자동폐쇄식의 (바)을 설치할 것
- 출입구 문턱의 높이는 바닥면으로부터 (사)m 이상으로 할 것

답 **가:** 6, **나:** 15, **다: 내화구조, 라: 불연재료, 마: 집유설비, 바: 갑종방화문, 사:** 0.1

007

아세트알데히드에 대해 다음을 답하시오.

- 가. 옥외저장탱크 중 압력탱크 외의 탱크에 저장하는 경우 온도는 몇 ℃이하로 유지해야 하는가?
- 나. 아세트알데히드가 산화되는 경우 생성되는 물질은 무엇인가?
- 다. 연소범위가 4.1 - 57%인 경우 위험도는 얼만인가?

답 **가.** 15℃, **나: 아세트산, 다:** 12.9

해 가. **옥외저장탱크·옥내저장탱크 또는 지하저장탱크 중 압력탱크 외의 탱크에** 저장하는 아세트알데히드등 또는 디에틸에테르등의 온도는 산화프로필렌(이를 함유한 것 포함) 또는 디에틸에테르등은 **30℃ 이하로 유지, 아세트알데히드는 15℃이하로 유지한다**.

나. 에탄올이 산화하면 아세트알데히드, 아세트알데히드가 산화하면 아세톤, 그 반대로 환원하면 그 반대가 된다.

C_2H_5OH 에탄올	산화(-2H) → ← 환원(+2H)	CH_3CHO 아세트알데히드	산화(+O) → ← 환원(-O)	**CH_3COOH** **아세트산**

다. 위험도는 (H-L)/L로 구한다(H는 상한, L은 하한). 상한과 하한의 차이가 클수록 위험하다.

(57 - 4.7) / 4.7, 약 12.9이다.

008

다음 각 물질의 열분해 반응식을 쓰시오.

• 가. 아염소산나트륨	• 나. 염소산나트륨	• 다. 과염소산나트륨

답 **가:** $NaClO_2 \rightarrow NaCl + O_2$, **나:** $2NaClO_3 \rightarrow 2NaCl + 3O_2$, **다:** $NaClO_4 \rightarrow NaCl + 2O_2$

009

다음 각 물질의 품명 및 지정수량을 쓰시오.

• 가. $KMnO_4$	• 나. KIO_3	• 다. $AgNO_3$

답 **가: 과망간산염류,** 1000kg, **나: 요오드산염류,** 300kg, **다: 질산염류,** 300kg

해 모두 제1류 위험물이다. 질산은은 자주 나오는 위험물은 아니지만, 질산에 염류인 은이 결합한 것으로 질산염류 임을 충분히 알아낼 수 있다.

암기법

오(50)염과 무아 / 삼(300)질 요브 / 천(1000)과 중

010

다음 각 위험물을 위험등급별로 분류하시오.

니트로화합물, 유기과산화물, 질산에스테르류, 히드라진유도체, 히드록실아민, 아조화합불

답 • I 등급: 유기과산화물, 질산에스테르류

• II 등급: 히드록실아민, 니트로화합물, 아조화합물, 히드라진유도체

해 십유질 / 백히히 이백니니 아히디질

모두 제5류 위험물로 위험등급 III등급은 없다.

011

탄화칼슘 32g이 물과 반응하는 경우 생성되는 기체가 완전연소하기 위해 필요한 산소의 부피(L)는?(표준상태)

답 27.98L

해 $CaC_2 + 2H_2O \rightarrow Ca(OH)_2 + C_2H_2$(아세틸렌), 탄화칼슘이 물과 반응하면 아세틸렌이 발생하고, 반응 : 생성비는 1 : 1이다. 탄화칼슘 32g은 0.5몰이므로(탄화칼슘 분자량은 64g/mol이므로), 아세틸렌은 0.5몰이 발생한다.

아세틸렌의 완전연소식은 $2C_2H_2 + 5O_2 \rightarrow 4CO_2 + 2H_2O$이므로 아세틸렌과 산소의 대응비는 2 : 5이다.

아세틸렌 0.5몰을 완전연소시키기 위해 필요한 산소는 5/4몰이 된다. 산소 5/4몰의 부피는 $5/4 \times 0.082 \times 273$ 계산하면 약 27.98L이다.

012

벤젠 16g이 증발하여 기체가 되는 경우 1기압 90℃에서 그 부피를 구하시오

답 6.1L

해 벤젠의 분자량은 78g/mol이므로 16g은 16/78몰이다.

이상기체 방정식에 대입하면, 16/78×0.082×363 계산하면 약 6.1L이다.

013

위험물안전관리법령상 소화설비 적응성에 대해 빈칸을 O표로 채우시오.

소화설비의 구분		대상물 구분											
		건축물 그밖의 공작물	전기설비	제1류위험물		제2류위험물			제3류위험물		제4류 위험물	제5류 위험물	제6류 위험물
				알칼리 금속과 산화물등	그밖의 것	철분, 마그네슘 금속분등	인화성 고체	그밖의 것	금수성 물품	그밖의 것			
물분무등 소화설비	물분무소화설비												
	포소화설비												
	불활성가스소화설비												
	할로겐화합물소화설비												

답

소화설비의 구분		대상물 구분											
		건축물 그밖의 공작물	전기설비	제1류위험물		제2류위험물			제3류위험물		제4류 위험물	제5류 위험물	제6류 위험물
				알칼리 금속과 산화물등	그밖의것	철분, 마그네슘 금속분등	인화성 고체	그밖의것	금수성 물품	그밖의것			
물분무등 소화설비	물분무소화설비	○	○		○		○	○		○	○	○	○
	포소화설비	○			○		○	○		○	○	○	○
	불활성가스소화설비		○				○				○		
	할로겐화합물소화설비		○				○				○		

014

4류위험물 등에 대한 인화점 측정방법에 대한 설명으로 빈칸을 채우시오

- (　가　)인화점측정기
  - 시험장소는 1기압, 무풍의 장소로 할 것
  - 시료 50cm³를 시료컵에 넣고 표면의 기포를 제거한 후 뚜껑을 덮을 것
  - 시험불꽃을 점화하고 화염의 크기를 직경 4mm가 되도록 조정할 것
- (　나　)인화점측정기
  - 시험장소는 1기압, 무풍의 장소로 할 것
  - 시료컵을 설정온도까지 가열 또는 냉각하여 시험물품(설정온도가 상온보다 낮은 온도인 경우에는 설정온도까지 냉각한 것) 2ml를 시료컵에 넣고 즉시 뚜껑 및 ROP기를 닫을 것
  - 시험불꽃을 점화하고 화염의 크기를 직경 4mm가 되도록 조정할 것
- (　다　)인화점측정기
  - 시험장소는 1기압, 무풍의 장소로 할 것
  - 시료컵의 표선까지 시험물품을 채우고 시험물품의 표면의 기포를 제고할 것
  - 시험불꽃을 점화하고 화염의 크기를 직경 4mm가 되도록 조정할 것

㊐ 가: 태그밀폐식, 나: 신속평형법, 다: 클리브랜드 개방식(컵)

015

위험물안전관리법령상 자체소방대에 대한 설명이다. 질문에 답하시오.

- 가. 다음에서 자체소방대 지정 대상인 경우는?
  염소산염류 250톤 제조소, 염소산염류 250톤 일반취급소, 특수인화물 20만리터 제조소, 특수인화물 20만리터 일반취급소
- 나. 자체소방대를 두는 경우 화학소방자동차 1대당 필요 소방대원의 인원수는?
- 다. 포수용액방사차에 대해 다음 설명 중 잘못된 것은?
  ㄱ. 2 이상의 사업소가 상호응원에 관한 협정을 체결하고 있는 경우에는 당해 모든 사업소를 하나의 사업소로 본다.
  ㄴ. 포수용액 방사차에는 소화약액탱크 및 소화약액혼합장치를 비치해야 한다.
  ㄷ. 10만리터 이상의 포수용액을 방사할 수 있는 양의 소화약제를 비치해야 한다.
  ㄹ. 포수용액 방사차는 자체 소방차 대수의 2/3이상이어야 하며, 방사능력은 3000L이상이어야 한다.
- 라. 자체소방대를 설치하지 않는 경우 제조소등의 관계인은 어떤 처벌을 받는가?

답 가: 특수인화물 20만리터 제조소, 나: 5명, 다: ㄹ, 라: 1년이하의 징역 또는 1천만원 이하의 벌금형에 처한다.

해 가. 자체소방대 지정 대상은 다음과 같다.

- **제조소 또는 일반취급소**에서 취급하는 **제4류 위험물**의 최대수량의 합이 지정수량의 **3천배 이상**인 경우
- **옥외탱크저장소**에 저장하는 **제4류 위험물**의 최대수량이 **지정수량의 50만배 이상**인 경우

자체소방대 지정 대상은 제4류 위험물이어야 하고, 제조소의 경우 지정수량의 3천배 이상이다. 특수인화물의 지정수량은 50L이고, 그 3천배는 150000L이므로 20만리터인 경우 그 이상이므로 자체소방대 지정 대상이다.

다. 포수용액 방사차의 능력 설비 기준은 다음과 같다.

ㄱ. 2 이상의 사업소가 상호응원에 관한 협정을 체결하고 있는 경우에는 당해 모든 사업소를 하나의 사업소로 본다.

ㄴ. 포수용액 방사차에는 소화약액탱크 및 소화약액혼합장치를 비치해야 한다.

ㄷ. 10만리터 이상의 포수용액을 방사할 수 있는 양의 소화약제를 비치해야 한다.

016

다음 제4류 위험물은 비수용성인 것을 모두 고르면?

이황화탄소, 아세트알데히드, 아세톤, 스틸렌, 클로로벤젠

답 이황화탄소, 스틸렌, 클로로벤젠

해 오(50L) 이디 / 아산

일(1000L)등경 크스클벤(**벤즈알데히드, C_7H_6O**) / 이(2000L)아히포

017

제6류 위험물 중 농도가 36wt%이상일 경우 위험물안전관리법령상 위험물에 해당하는 물질에 대해 답하시오.

• 가. 분해반응식	• 나. 위험등급	• 다. 운반용기 외부에 표시해야 하는 주의사항

답 가. $2H_2O_2 \rightarrow 2H_2O + O_2$, 나: Ⅰ등급, 다: 가연물접촉주의

해 가. 과산화수소가 분해되면 물과 산소가 발생한다. $2H_2O_2 \rightarrow 2H_2O + O_2$(이 반응식에서 요오드화칼륨(KI), 이산화망간(MnO_2) 등이 분해의 정촉매로 사용될 수 있음)

나. 제6류 위험물은 모두 위험등급이 Ⅰ등급이다.

다. 위험물에 따른 운반용기 주의사항표시

- 1류
  1) 알칼리금속과산화물의 경우 : 화기/충격주의, 물기엄금 및 가연물접촉주의
  2) 그 밖의 것 : 화기/충격주의, 가연물 접촉주의

- 2류
  1) 철분, 마그네슘, 금속분: 화기주의 물기엄금
  2) 인화성 고체: 화기엄금
  3) 그 밖의 것: 화기주의
- 3류
  1) 자연발화성 물질: 화기엄금 및 공기접촉엄금
  2) 금수성물질: 물기엄금
- 4류: 화기엄금
- 5류: 화기엄금, 충격주의
- 6류: 가연물접촉주의

018

다음 제3류 위험물이 물과 반응하여 가연성기체를 발생시키는 반응식은?

• 가. 트리메틸알루미늄	• 나. 트리에틸알루미늄

답 가: $(CH_3)_3Al + 3H_2O \rightarrow Al(OH)_3 + 3CH_4$, 나: $(C_2H_5)_3Al + 3H_2O \rightarrow Al(OH)_3 + 3C_2H_6$

019

제4류 위험물 중 맹독성 물질로 분자량이 27이고, 안정제로는 무기산을 쓰는 물질에 대해 답하시오.

• 가. 화학식	• 나. 증기비중

㉮ **가**: HCN, **나**: 0.93

㉯ 제4류 위험물 중 맹독성 물질 하면 청산(시안화수소)를 기억해야 한다.HCN의 분자량은 27이고(1 + 12 + 14), 증기비중은 분자량을 29로 나누면 되므로 27/29 계산하면 약 0.93이다.

020

위험물안전관리법령상 위험물의 저장·취급기준이다. 빈칸을 채우시오.

- (가) 위험물은 불티·불꽃·고운체와의 접근이나 과열·충격 또는 마찰을 피해야 한다.
- (나) 위험물은 가연물과의 접촉·혼합이나 분해를 촉진하는 물품과의 접근 또는 과열을 피해야 한다.
- (다) 위험물은 불티·불꽃·고온체와의 접근 또는 과열을 피하고, 함부로 증기를 발생시키지 말아야 한다.

㉮ 가: 제5류 위험물, 나: 제6류 위험물, 다: 제4류 위험물

III 위험물산업기사

2020년 3회

001

다음 위험물의 화학식 및 지정수량을 쓰시오.

• 가. 과망간산암모늄	• 나. 인화아연	• 다. 벤조일퍼옥사이드

답 **가: 화학식:** NH_4MnO_4, **지정수량:** 1000kg, **나: 화학식:** Zn_3P_2, **지정수량:** 300kg, **다: 화학식:** $(C_6H_5CO)_2O_2$, **지정수량:** 10kg

해 가. 과망간산염류, 오(50)염과 무아 / 삼(300)질 요브 / 천(1000)과 중, 나. 금속의 인화물, 십알 칼알나 이황 / 오알 알유 / 삼금금탄규, 다. 유기과산화물, 십유질 / 백히히 이백니니 아히디질

002

다음 위험물의 화학반응식을 각 쓰시오.

• 가. 트리메틸알루미늄과 물
• 나. 트리메틸알루미늄의 연소반응식
• 다. 트리에틸알루미늄과 물
• 라. 트리에틸알루미늄의 연소반응식

답 **가:** $(CH_3)_3Al + 3H_2O \rightarrow Al(OH)_3 + 3CH_4$, **나:** $2(CH_3)_3Al + 12O_2 \rightarrow Al_2O_3 + 6CO_2 + 9H_2O$, **다:** $(C_2H_5)_3Al + 3H_2O \rightarrow Al(OH)_3 + 3C_2H_6$, **라:** $2(C_2H_5)_3Al + 21O_2 \rightarrow Al_2O_3 + 12CO_2 + 15H_2O$

003

다음 제6류 위험물이 되기 위한 조건을 쓰시오.

• 가. 과염소산	• 나. 과산화수소	• 다. 질산

답 가: 없음, 나: 농도 36중량퍼센트이상, 다. 비중 1.49이상

004

제4류 위험물의 인화점에 따른 분류기준이다(1기압에서). 빈칸을 채우시오.

- 제1석유류는 인화점 (가) 미만
- 제2석유류는 인화점 (가) 이상 (나) 미만
- 제3석유류는 인화점 (나) 이상 (다) 미만
- 제4석유류는 인화점 (다) 이상 (라) 미만

답 가: 21℃, 나: 70℃, 다: 200℃, 라: 250℃

005

제2류 위험물인 황화린에 대해 답하시오

- 가. 황화린의 3종류 중 조해성이 있는 것과 없는 것을 나누시오.
- 나. 황화린의 종류 중 발화점이 가장 낮은 물질은?
- 다. 나.의 물질의 연소반응식은?

답 가: 조해성 있는 것은 삼황화린, 조해성 없는 것은 오황화린, 칠황화린, 나: 삼황화린, 다: $P_4S_3 + 8O_2 \rightarrow 2P_2O_5 + 3SO_2$

해 삼황화린의 발화점은 약 100℃, 오황화린의 발화점은 약 142℃, 칠황화린의 발화점은 약 310℃이다.

006

다음 위험물의 운반용기 외부에 표시해야 하는 주의사항을 쓰시오.

- 가. 제2류 위험물 중 인화성 고체
- 나. 제3류 위험물 중 금수성 물질
- 다. 제4류 위험물
- 라. 제5류 위험물

답 가. 화기엄금, 나. 물기엄금, 다. 화기엄금, 라. 화기엄금, 충격주의

해 위험물에 따른 운반용기 주의사항표시

- 1류

  1) 알칼리금속과산화물의 경우: **화기/충격주의, 물기엄금 및 가연물접촉주의**

  2) 그 밖의 것: 화기/충격주의, 가연물 접촉주의

- 2류
  1) **철분, 마그네슘, 금속분: 화기주의 물기엄금**
  2) **인화성 고체: 화기엄금**
  3) 그 밖의 것: 화기주의
- 3류
  1) **자연발화성 물질: 화기엄금 및 공기접촉엄금**
  2) **금수성물질: 물기엄금**
- 4류: **화기엄금**
- 5류: 화기엄금, 충격주의
- 6류: **가연물접촉주의**

007

제4류 위험물 중 아세트알데히드에 대해 답하시오

• 가. 화학식	• 나. 증기비중	• 다. 산화되면 생성되는 물질은?

답 가: CH_3CHO**, 나:** 1.52**, 다: 아세트산**

해 아세트알데히드의 분자량은 44g/mol(12 + 1×3 + 12 + 1 16)이고 증기비중은 이를 29로 나누면 되므로, 약 1.52가 된다.

아세트알데히드는 산화되면 아세트산이 된다.

	산화(-2H) →		산화(+O) →	
C_2H_5OH 에탄올		CH_3CHO 아세트알데히드		**CH_3COOH** **아세트산**
	← 환원(+2H)		← 환원(-O)	

008

이산화탄소 소화설비에 대해 다음을 답하시오

- 분사헤드의 방출압력은 고압식의 경우 (　가　) MPa (저압식의 경우 (　나　) MPa)이상으로 함
- 저압식 저장용기에는 액면계 및 압력계와 (　다　) MPa 이상 (　라　) MPa 이하의 압력에서 작동하는 압력경보장치를 설치할 것
- 저압식 저장용기에는 용기 내부의 온도가 섭씨 영하 (　마　)℃ 이하에서 (　바　) MPa의 압력을 유지할 수 있는 자동냉동장치를 설치할 것

㉰ 가: 2.1, 나: 1.05, 다: 2.3, 라: 1.9, 마: 18, 바: 2.1

009

다음 소화설비에 소화적응성이 있는 위험물을 고르시오.

- 제1류 위험물 중 알칼리금속의 과산화물
- 제2류 위험물 중 인화성고체
- 제3류 위험물(금수성물질 제외)
- 제4류 위험물
- 제5류 위험물
- 제6류 위험물
  - 가. 불활성가스소화설비
  - 나. 옥외소화전설비
  - 다. 포소화설비

㉠ 가: 제2류 위험물 중 인화성 고체, 제4류 위험물, 나: 제2류 위험물 중 인화성 고체, 제3류 위험물(금수성물질 제외), 제5류 위험물, 제6류 위험물, 다: 제2류 위험물 중 인화성 고체, 제3류 위험물(금수성물질 제외), 제4류 위험물, 제5류 위험물, 제6류 위험물

㉡

소화설비의 구분			대상물 구분											
			건축물 그밖의 공작물	전기설비	제1류위험물		제2류위험물			제3류위험물		제4류 위험물	제5류 위험물	제6류 위험물
					알칼리금속과산화물 등	그밖의 것	철분, 마그네슘 금속분 등	인화성 고체	그밖의 것	금수성 물품	그밖의 것			
옥내/옥외소화전설비			○			○		○	○		○		○	○
스프링클러설비			○			○		○	○		○	△	○	○
물분무등소화설비		물분무소화설비	○	○		○		○	○		○	○	○	○
물분무등소화설비		포소화설비	○			○		○	○		○	○	○	○
물분무등소화설비		불활성가스소화설비		○				○				○		
물분무등소화설비		할로겐화합물소화설비		○				○				○		
물분무등소화설비	분말소화설비	인산염류 등	○	○		○		○	○			○		○
물분무등소화설비	분말소화설비	탄산수소염류 등		○	○		○	○		○		○		
물분무등소화설비	분말소화설비	그 밖의 것			○		○			○				
대형/소형수동식소화기		봉상수소화기	○			○		○	○		○		○	○
대형/소형수동식소화기		무상수소화기	○	○		○		○	○		○		○	○
대형/소형수동식소화기		봉상강화액소화기	○			○		○	○		○		○	○
대형/소형수동식소화기		무상강화액소화기	○	○		○		○	○		○	○	○	○
대형/소형수동식소화기		포소화기	○			○		○	○		○	○	○	○
대형/소형수동식소화기		이산화탄소소화기		○				○				○		△
대형/소형수동식소화기		할로겐화합물소화기		○				○				○		
대형/소형수동식소화기	분말소화기	인산염류소화기	○	○		○		○	○			○		○
대형/소형수동식소화기	분말소화기	탄산수소염류소화기		○	○		○	○		○		○		
대형/소형수동식소화기	분말소화기	그 밖의 것			○		○			○				

010

과산화나트륨 1kg이 분해되는 경우 생성되는 산소의 부피(L)는? (1기압, 350℃)

답 327.47L

해 과산화나트륨의 분해반응식은 **$2Na_2O_2 \rightarrow 2Na_2O + O_2$**이다.

과산화나트륨과 산소의 대응비는 2 : 1이다. 과산화나트륨 분자량은 78g/mol이므로 1kg은 1000/78몰이다. 산소는 500/78몰이 발생하게 된다. 이상기체 방정식에 대입하면

500/78 × 0.082 × 623 계산하면, 약 327.47L이다.

011

제1종 분말소화약제의 분해반응식을 270℃, 850℃의 각 온도에 따라 쓰시오.

답 270℃에서 $2NaHCO_3 \rightarrow Na_2CO_3 + CO_2 + H_2O$, 850℃에서 $2NaHCO_3 \rightarrow Na_2O + 2CO_2 + H_2O$

012

다음 원통형탱크에 대해 답하시오.

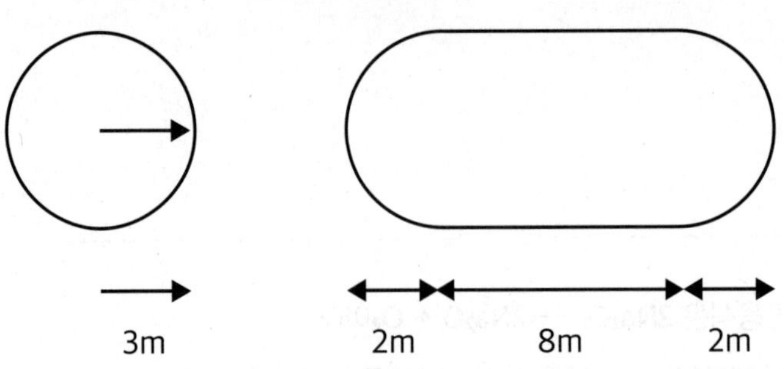

• 가. 탱크의 내용적은?	• 나. 용량은?(공간용적 10%이다)

답 **가**: 263.89m³, **나**: 237.5m³

해 원통형탱크의 내용적을 구하는 공식은 아래와 같다.

$$\pi r^2\left(l+\frac{l_1+l_2}{3}\right)$$

대입하면 $\pi \times 3^2 \times \{8 + (2+2)/3\}$ 이고, 약 263.89m³이다.

용량은 내용적에서 공간용적을 제외하면 된다. 따라서 내용적에 0.9곱하면 237.5m³이다.

013

질산칼륨에 대해 다음을 답하시오

• 가. 품명 • 다. 지정수량 • 마. 열분해반응식	• 나. 위험등급 • 라. 제조소에 설치히야 하는 주의사항 게시판의 내용

답 가: 질산염류, 나: Ⅱ등급, 다: 300kg, 라: 없음, 마: $2KNO_3 \rightarrow 2KNO_2 + O_2$

해 오(50)염과 무아 / 삼(300)질 요브 / 천(1000)과 중, 제1류 위험물 질산염류에 해당한다.

제조소의 게시판에 게시할 내용(운반 시 운반용기 주의사항과 관련이 있으니 여기서 살펴본다)

i) **1류 알칼리금속의 과산화물: 물기엄금**

그 밖에: 없음

ii) 2류 인화성 고체: 화기엄금

철분, 마그네슘, 금속분 및 그 밖에: 화기주의

iii) 3류 자연발화성 물질: 화기엄금

금수성물질: 물기엄금

iv) **4류: 화기엄금**

v) **5류: 화기엄금**

vi) 6류: 없음

014

제3류 위험물 중 물과 반응하지 않고, 연소하면 흰연기를 발생시키는 물질에 대해 답하시오.

- 가. 명칭
- 나. 이 물질을 저장하는 옥내저장소의 바닥면적은?
- 다. 수산화칼륨 같은 강알칼리성 용액과 반응하는 경우 발생하는 맹독성 기체는?

답 가: 황린, 나: 1,000m², 다: 포스핀

해 제3류 위험물 중 물과 반응하지 않는 물질 하면 황린을 떠올려야 한다.

연소반응식은 $P_4 + 5O_2 \rightarrow 2P_2O_5$이다.

옥내저장소 바닥면적은

다음의 위험물을 저장하는 창고: 1,000m² 이하

1) 제1류 위험물 중 아염소산염류, 염소산염류, 과염소산염류, 무기과산화물 그 밖에 지정수량이 50㎏인 위험물

2) 제3류 위험물 중 칼륨, 나트륨, 알킬알루미늄, 알킬리튬 그 밖에 지정수량이 10㎏인 위험물 및 황린

3) 제4류 위험물 중 특수인화물, 제1석유류 및 알코올류

4) 제5류 위험물 중 유기과산화물, 질산에스테르류 그 밖에 지정수량이 10㎏인 위험물

5) 제6류 위험물

위 위험물 외의 위험물을 저장하는 창고 : 2,000㎡ 이하

수산화칼륨과 같은 강알칼리성 용액과 반응하면 포스핀 가스가 발생된다.

$P_4 + 3KOH + 3H_2O \rightarrow PH_3 + 3KH_2PO_2$

015

위험물안전관리법령상 옥내저장소에 대해 답하시오.

- 옥내 저장소의 경우 동일 품명위험물이라도 자연발화위험 있는 경우의 위험물을 다량 저장할 경우 지정수량 10배마다 구분하여 (　가　)이상의 간격을 둔다.
- 옥내 저장소의 경우 기계에 의해 하역하는 구조로 된 용기만을 겹쳐 쌓는 경우 (　나　), 제4류 위험물 중 제3석유류, 제4석유류 및 동식물유류를 수납하는 용기만을 겹쳐 쌓는 경우에 있어서는 (　다　), 그 밖의 경우에 있어서는 (　라　)초과하여 쌓으면 안된다.
- 옥내 저장소에서 용기 수납하는 경우 온도가 (　마　)℃를 넘지 안도록 해야 한다.

㊐ 가: 0.3m, 나: 6m, 다: 4m, 라: 3m, 마: 55℃

016

다음의 동식물유를 건성유, 반건성유, 불건성유로 구분하여 쓰시오

아마인유, 들기름, 고래기름, 쌀겨기름, 참기름, 상어유

답 • 건성유: 아마인유, 들기름, 상어유

• 반건성유: 쌀겨기름, 참기름

• 불건성유: 고래기름

해

암기법

정상 동해 대아들, 참쌀면 청옥 채콩, 소돼재고래 피 올야땅

017

아래의 위험물의 물과의 반응식을 각 쓰시오.

• 가. 과산화칼륨 • 나. 마그네슘 • 다. 나트륨

답 **가:** $2K_2O_2 + 2H_2O \rightarrow 4KOH + O_2$, **나:** $Mg + 2H_2O \rightarrow Mg(OH)_2 + H_2$, **다:** $2Na + 2H_2O \rightarrow 2NaOH + H_2$

해 위험물은 물과 반응하면 수산화물질을 만들고, 제1류 위험물인 과산화칼륨은 물을, 제2류 위험물인 마그네슘과 제3류 위험물인 나트륨은 수소를 만든다.

018

다음의 반응에 의해 생성되는 기체에 대해 아래의 물음에 답하시오.

탄화알루미늄과 물이 반응하는 경우 발생하는 기체

• 가: 연소범위는?

• 나: 위험도는?

• 다: 연소반응식은?

답 가: 5 ~ 15%, 나: 2, 다: $CH_4 + 2O_2 \rightarrow CO_2 + 2H_2O$

해 $Al_4C_3 + 12H_2O \rightarrow 4Al(OH)_3 + 3CH_4$(메탄)

탄화알루미늄과 물이 반응하면 수산화알루미늄과 기체인 메탄이 생성된다. 메탄의 연소범위는 5 ~ 15%이고, 위험도는 연소범위의 상한에서 하한을 뺀 후, 하한으로 나누면 되므로 (15 - 5) / 5 = 2이다.

019

다음 중 수용성인 물질을 고르시오.

아세트알데히드, 아세톤, 휘발유, 벤젠, 에탄올, 스틸렌, 클로로벤젠

답 **아세트알데히드, 아세톤, 에탄올**

해 제4류 위험물 중 아세트알데히드, 아세톤은 수용성이다. 알코올류도 수용성이다.

020

지하탱크저장소의 기준에 대해 다음 질문에 답하시오.

- 가: 탱크전용실의 벽, 바닥, 뚜껑의 두께 기준은?
- 나: 탱크전용실 내 탱크주위는 어떤 물질로 채워야 하는가?
- 다: 지하저장탱크윗부분은 지하로부터 몇 미터 아래에 있어야 하는가?
- 라: 통기관은 지면으로부터 몇 미터 이상 높이에 있어야 하는가?
- 마: 액체위험물의 누설을 검사하기 위한 관은 몇 개소에 설치되어야 하는가?

답 **가: 0.3m 이상, 나: 마른 모래 또는 습기 등에 의하여 응고되지 아니하는 입자지름 5㎜ 이하의 마른 자갈분, 다: 0.6m 이상, 라: 4m 이상, 마: 4개소**

IV
위험물산업기사

2020년 4회

001

다음 제2류 위험물의 기준에 대해 빈칸을 채우시오.

- 가. 유황은 순도 (   )중량퍼센트 이상인 것을 말한다. 이 경우 순도측정에 있어서 불순물은 활석 등 불연성 물질과 수분에 한한다.
- 나. 철분이라 함은 철의 분말로서 (   ) μm 의 표준체를 통과하는 것이 (   )중량 % 이상인 것을 말한다.
- 다. 금속분이라 함은 구리 니켈을 제외한 금속의 분말로 (   ) μm의 표준체를 통과하는 것이 (   )중량% 이상인 것을 말한다.

답 가: 60, 나: 53, 50, 다: 150, 50

002

다음 중 나트륨에 의한 화재 시 사용가능한 것을 모두 고르시오.

팽창질석, 이산화탄소소화설비, 인산염류소화설비, 포소화설비, 건조사

답 팽창질석, 건조사

해 제3류 금수성물질로 팽창질석, 팽창진주암, 마른모래, 탄산수소염류 소화제 등만이 가능하다.

003

인화칼슘에 대해 다음을 답하시오.

• 가. 위험물 유별	• 나. 지정수량
• 다. 물과의 반응식	• 라. "다"의 반응에 의해 생성되는 가스는?

답 가: 제3류 위험물, 나: 300kg, 다: $Ca_3P_2 + 6H_2O \rightarrow 3Ca(OH)_2 + 2PH_3$, 라: 포스핀

004

위험물안전관리법령상 옥내저장소에 1m이상 간격을 두고 다음의 각 위험물과 함께 저장할 수 있는 위험물을 고르시오(없으면 없음으로 표시)

과염소산칼륨, 염소산칼륨, 과산화나트륨, 아세톤, 아세트산, 질산, 과염소산
• 가. 질산메틸 • 나. 인화성고체 • 다. 황린

답 가: 과염소산칼륨, 염소산칼륨, 나: 아세톤, 아세트산, 다: 과염소산칼륨, 염소산칼륨, 과산화나트륨

해 유별을 달리하는 위험물끼리는 같이 저장하면 안 된다. 다만, **옥내/외 저장소**의 경우 아래와 같은 위험물은 **서로 1m 간격**을 두고 저장 가능하다

- **1류(알칼리금속 과산화물 또는 이를 함유한 것 제외)와 5류**
- 1류와 6류
- **1류와 3류 중 자연발화성물질(황린 또는 이를 함유한 것)**
- **2류 중 인화성 고체와 4류**
- 3류 중 알킬알루미늄 등과 4류(알킬알루미늄 또는 알킬리튬을 함유한 것에 한함)
- 4류 중 유기과산화물 또는 이를 함유한 것과 5류 중 유기과산화물 또는 이를 함유한 것

질산메틸은 제5류 위험물로 **1류(알칼리금속 과산화물 또는 이를 함유한 것 제외)**인 과염소산칼륨, 염소산칼륨, 인화성고체는 제2류 위험물로 제4류인 아세톤, 아세트산, 황린은 제3류 위험물로 1류인 과염소산칼륨, 염소산칼륨, 과산화나트륨과 각 혼재 가능하다.

005

다음 위험물을 인화점은 낮은 순서대로 쓰시오

디에틸에테르, 이황화탄소, 아세톤, 산화프로필렌

답 디에틸에테르, 산화프로필렌, 이황화탄소, 아세톤

해 특수인화물인 경우 이소프랜은 섭씨 - 54도, 이소펜탄은 - 51도, **디에틸에테르 - 45, 아세트알데히드 - 38, 산화프로필렌 - 37, 이황화탄소 -30℃** 순서 외워두면 좋다(이펜디알프리(이)). 디에틸에테르부터, 이황화탄소까지는 인화점 온도도 기억해야 한다.

아세톤(- 18도), 벤젠(- 11도), 톨루엔(4도)의 인화점도 기억한다.

006

다음 4류 위험물의 지정수량의 배수의 합을 구하시오.

- 특수인화물 200L
- 수용성인 제1석유류 400L
- 수용성인 제2석유류 4,000L
- 수용성인 제3석유류 12,000L
- 제4석유류 24,000L

답 14배

해 순서대로 지정수량은 50L, 400L, 2,000L, 4,000L, 6,000L이고, 위의 수량을 지정수량의 배수로 구하면 4배, 1배, 2배, 3배, 4배이다. 합하면 14배이다.

007

제4류 위험물인 에틸알코올에 대해 다음을 답하시오

- 가: 연소반응식은?
- 나: 칼륨과 반응하여 발생하는 기체의 화학식은?
- 다: 구조이성질체인 디메틸에테르의 시성식은?

답 **가:** $C_2H_5OH + 3O_2 \rightarrow 2CO_2 + 3H_2O$, **나:** H_2, **다:** CH_3OCH_3

해 • 나: 칼륨과 에틸알코올이 반응하면 칼륨에틸라이드와 수소가 생성된다.

$2K + 2C_2H_5OH \rightarrow 2C_2H_5OK$(칼륨에틸라이드) $+ H_2$

• 다: 구조이성질체는 원소의 종류와 수가 같고 결합 구조가 다른 물질이다.

에틸알코올의 구조이성질체인 디메틸에테르는 이름에서 구조가 나타난다. 메틸은 CH_3 이고, 디메틸은 2개가 있다는 의미이다. 에테르는 알킬기를 O로 연결한 것이므로 CH_3-O-CH_3이다.

008

위험물안전관리법령상의 아래의 각 거리를 쓰시오

- 가. 고정주유설비와 부지경계선까지의 거리
- 나. 고정급유설비와 부지경계선까지의 거리
- 다. 고정주유설비와 도로경계선까지의 거리
- 라. 고정급유설비와 도로경계선까지의 거리
- 마. 고정주유설비와 개구부가 없는 벽까지 거리

답 **가:** 2m **이상**, **나:** 1m **이상**, **다:** 4m **이상**, **라:** 4m, **마:** 1m

해 고정주유설비의 중심선을 기점으로 하여 도로경계선까지 4m 이상, 부지경계선·담 및 건축물의 벽까지 2m(개구부가 없는 벽까지는 1m) 이상의 거리를 유지하고, 고정급유설비의 중심선을 기점으로 하여 도로경계선까지 4m 이상, 부지경계선 및 담까지 1m 이상, 건축물의 벽까지 2m(개구부가 없는 벽까지는 1m) 이상의 거리를 유지해야 한다. 고정주유설비와 고정급유설비의 사이에는 4m 이상의 거리를 유지해야 한다.

009

제4류 위험물인 이황화탄소에 대해 답하시오.

- 가. 연소반응식은?
- 나. 품명은?
- 다. 저장하는 철근콘크리트 수조의 최소 두께는?

답 가: $CS_2 + 3O_2 \rightarrow CO_2 + 2SO_2$, 나: 특수인화물, 다: 0.2m

010

다음은 제2류 위험물에 대한 설명이다. 옳은 것을 모두 고르시오.

- 가. 황화린, 적린, 유황의 위험등급은 Ⅱ이다.
- 나. 고형알코올의 지정수량은 1,000kg이고, 품명은 알코올류이다.
- 다. 대부분은 비중이 1보다 작다.
- 라. 대부분은 물에 녹는 물질이다.
- 마. 산화성의 물질이다.
- 바. 지정수량은 100kg, 500kg, 1,000kg순이다.
- 사. 제2류 위험물을 취급하는 제조소 게시판의 주의사항은 화기엄금, 화기주의 중 경우에 따라 한가지를 표기한다.

답 가, 바, 사

해 백유황적 / 오철금마 천인

- 나 : 고형알코올은 인화성고체이다. 알코올류는 제4류 위험물이고, 제2류 위험물의 품명이 아니다.
- 다 : 대부분은 물에 가라앉는다. 비중이 1보다 크다.
- 라 : 대부분은 물에 녹지 않는다.
- 마 : 제2류 위험물은 환원성 물질이다.

011

옥내저장탱크에 에틸알코올을 저장하는 탱크 2개가 있는 경우 아래의 질문에 답하시오

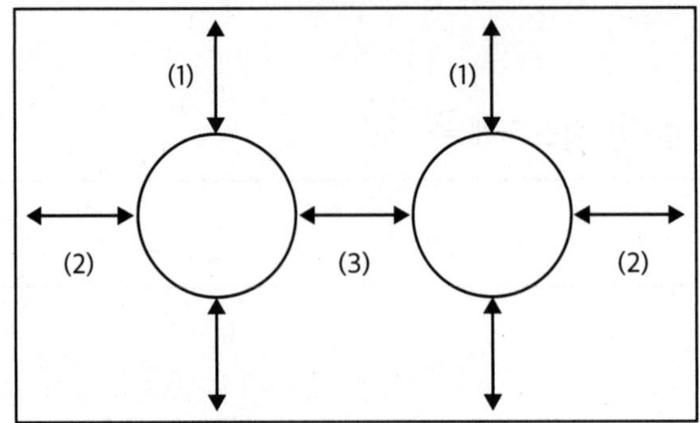

- 가. 위 그림에서 (1)의 거리는 몇 m 이상이어야 하는가?
- 나. 위 그림에서 (2)의 거리는 몇 m 이상이어야 하는가?
- 다. 위 그림에서 (3)의 거리는 몇 m 이상이어야 하는가?
- 라. 옥내저장탱크 전체의 용량은 몇 L 이하여야 하는가?

답 **가**: 0.5m, **나**: 0.5m, **다**: 0.5m, **라**: 16,000L

해 • 가, 나, 다 : 옥내저장탱크와 탱크전용실 벽과의 사이 및 옥내저장탱크의 상호간에는 0.5m 이상의 간격을 유지해야 한다.

• 라 : 옥내저장탱크의 용량(동일한 탱크전용실에 옥내저장탱크를 2이상 설치하는 경우에는 각 탱크의 용량의 합계를 말한다)은 지정수량의 40배(제4석유류 및 동식물유류 외의 제4류 위험물에 있어서 당해 수량이 20,000L를 초과할 때에는 20,000L) 이하일 것.

012

다음 위험물의 운반용기 외부에 표시해야 하는 주의사항은?

• 가. 질산	• 나. 질산칼륨	• 다. 아닐린	• 라. 철분	• 마. 황린

답 가: 가연물접촉주의, 나: 가연물접촉주의, 화기·충격주의, 다: 화기엄금, 라: 화기주의, 물기엄금, 마. 화기엄금, 공기접촉엄금

해 위험물에 따른 운반용기 주의사항표시

- 1류
  1) 알칼리금속과산화물의 경우 : 화기/충격주의, 물기엄금 및 가연물접촉주의
  2) 그 밖의 것 : 화기/충격주의, 가연물 접촉주의
- 2류
  1) 철분, 마그네슘, 금속분: 화기주의, 물기엄금
  2) 인화성 고체: 화기엄금
  3) 그 밖의 것 : 화기주의
- 3류
  1) 자연발화성 물질: 화기엄금 및 공기접촉엄금
  2) 금수성물질: 물기엄금
- 4류 : 화기엄금
- 5류 : 화기엄금, 충격주의
- 6류 : 가연물접촉주의

질산은 제6류 위험물, 질산칼륨은 제1류 위험물 질산염류, 아닐린은 제4류 위험물, 철분은 제2류 위험물 철분/마그네슘/금속분, 황린은 제3류 위험물 자연발화성 물질이다.

013

다음 위험물 중 위험등급 II인 물질의 품명을 쓰시오.

• 가. 제1류 위험물	• 나. 제2류 위험물	• 다. 제4류 위험물

답 가: 질산염류, 요오드산염류, 브롬산염류, 나: 유황, 황화린, 적린, 다: 제1석유류, 알코올류

해 • 가 : 오(50)염과 무아 / 삼(300)질 요브 / 천(1000)과 중

- 나 : 백유황적 / 오철금마 천인, 제2류 위험물은 위험등급이 II, III 둘로 나뉜다.
- 다 : 제4류 위험물은 특수인화물은 위험등급 I, 제1석유류, 알코올류는 위험등급 II, 나머지는 위험등급 III이다.

014

다음 물질이 물과 반응하는 경우 생성되는 기체의 몰수를 구하시오(1기압 30℃)

• 가. 과산화나트륨 78g	• 나. 수소화칼슘 42g

답 가: 0.5몰, 나: 2몰

해
- 가 : $2Na_2O_2 + 2H_2O \rightarrow 4NaOH + O_2$(산소), 과산화나트륨 2몰 당 산소는 1몰이 나온다. 과산화나트륨 78g은 1몰이다(23×2 + 16×2 = 78). 따라서 1몰이 반응하면 산소는 0.5몰이 생선된다.
- 나 : $CaH_2 + 2H_2O \rightarrow Ca(OH)_2 + 2H_2$(수소), 수소화칼슘 1몰당 수소 2몰이 나온다. 수소화칼슘 42g은 1몰이다(40 + 1×2 = 42), 따라서 1몰이 반응하면 산소는 2몰이 생선된다.

015

다음 각 위험물을 운반하는 경우, 운반용기의 내용적의 몇 %이하의 수납율로 수납해야 하는가?

• 가. 질산칼륨	• 나. 알킬알루미늄	• 다. 알킬리튬	• 라. 과염소산	• 마. 질산

답 가: 95%, 나: 90%, 다: 90%, 라: 98%, 마: 98%

해
- 고체위험물은 운반용기 내용적의 95% 이하의 수납율로 수납할 것
- 액체위험물은 운반용기 내용적의 98% 이하의 수납율로 수납하되, **55도**의 온도에서 누설되지 아니하도록 충분한 공간용적을 유지하도록 할 것
- 알킬알루미늄등(알킬리튬도)은 운반용기의 **내용적**의 90% 이하의 수납율로 수납하되, 50℃의 온도에서 5% 이상의 공간용적을 유지하도록 할 것
- 질산칼륨은 제1류 위험물 산화성 고체이고, 과염소산/질산은 모두 제6류 위험물 산화성 액체이다.

016

옥내소화전의 압력수조를 이용한 가압송수장치에서 압력수조의 필요 압력을 구하는 공식과 관련하여 아래 빈칸을 채우시오

P = (　　) + (　　) + (　　) + (　　)(MPa)

- A : 소방용 호스의 마찰손실수두(m)
- B : 배관의 마찰손실수두(m)
- C : 소방용 호수의 마찰손실수두압(MPa)
- D : 배관의 마찰손실수두압(MPa)
- E : 방수압력 환산수두(MPa)
- F : 낙차의 환산수두압(MPa)
- G : 낙차(m)
- H : 0.35(MPa)
- I : 35(m)

답 C, D, F, H

해 **P = P1 + P2 + P3 + 0.35(MPa)**

- P : 구하는 압력(필요압력)(MPa)
- **P1 : 소방용 호수의 마찰손실수두압(MPa)**
- **P2 : 배관의 마찰손실수두압(MPa)**
- **P3 : 낙차의 환산수두압(MPa)**

017

다음 위험물의 품명 및 지정수량을 쓰시오

- 가. HCN
- 나. $C_2H_4(OH)_2$
- 다. CH_3COOH
- 라. $C_3H_5(OH)_3$
- 마. N_2H_4

답 **가: 제1석유류**, 400L, **나: 제3석유류**, 4,000L, **다: 제2석유류**, 2,000L, **라: 제3석유류**, 4,000L, **마: 제2석유류**, 2,000L

해 순서대로 시안화수소, 에틸렌글리콜, 아세트산, 글리세린, 히드라진이다.

018

다음 제3류 위험물의 지정수량에 대해 쓰시오

품명	지정수량
칼륨	(가)
나트륨	(나)
알킬알루미늄	(다)
(라)	10kg
(마)	20kg
알칼리금속(칼륨 및 나트륨을 제외함) 및 알칼리토금속	(바)
유기금속화합물	(사)

답 가: 10kg, 나: 10kg, 다: 10kg, 라: 알킬리튬, 마: 황린, 바: 50kg, 사: 50kg

해

암기법

십알 칼알나 이황 / 오알알유 / 삼금금탄규

019

다음 물음에 답하시오

- 가. 안포(ANFO)폭약의 주된 원료가 되는 물질의 화학식을 쓰시오.
- 나. 위 "가"의 물질이 분해하여 산소, 질소, 물을 생성시키는 분해반응식을 쓰시오.

답 가: NH_4NO_3, 나: $2NH_4NO_3 \rightarrow 2N_2 + O_2 + 4H_2O$

해 안포 폭약의 주된 원료는 질산암모늄이고, 경유와 혼합하여 만든다.

020

제4류 위험물을 저장하는 옥외저장탱크의 방유제에 대해 다음 빈칸을 채우시오

- 가. 방유제의 높이는 (　　)m 이상 (　　)m 이하로 한다.
- 나. 방유제 내의 면적은 (　　)m^2 이상으로 한다.
- 다. 방유제 내에 설치하는 옥외저장탱크는 (　　)기 이하로 하여야 한다.

㉣ **가**: 0.5, 3m, **나**: 80,000m^2, **다**: 10**기**

V

위험물산업기사

2020년 5회

001

제2류 위험물인 알루미늄에 대해 다음을 답하시오

• 가. 완전연소 반응식	• 나. 염산과 반응 시 생성되는 가스의 명칭	• 다. 위험등급

답 가: $4Al + 3O_2 \rightarrow 2Al_2O_3$, 나: 수소, 다: Ⅲ등급

해 • 나 : 염산과 반응식은 다음과 같다.

$2Al + 6HCl \rightarrow 2AlCl_3 + 3H_2$

• 다 : 알루미늄은 위험등급 Ⅲ등급이다.

암기법

백유황적 / 오철금마 천인

002

흑색화약의 원료 중 위험물에 해당하는 것에 대한 표이다. 빈칸을 채우시오.

화학식	품명	지정수량
(가)	(나)	(다)
(라)	(마)	(바)

답 가: KNO_3, 나: 질산염류, 다: 300kg, 라. S, 마: 유황, 바: 100kg

해 • 흑색화약 하면 질산칼륨 떠올려야 한다(흑색화약은 KNO_3, 유황(S), 숯(목탄, C)으로 만든다). 따라서 위험물인 물질은 질산칼륨과 유황이다.

• 질산칼륨의 품명은 질산염류이고, 지정수량은 300kg이다(오(50)염과 무아 / 삼(300)질 요브 / 천(1000)과 중)

• 유황의 품명은 유황이고 지정수량은 100kg이다(백유황적 / 오철금마 천인)

003

제조소와 다음의 각 건축물의 외벽 또는 공작물의 외측까지의 안전거리에 대해 답하시오

• 가. 제조소의 외벽과 학교
• 나. 제조소의 외벽과 주거용인 건축물
• 다. 제조소의 외벽과 문화재
• 라. 제조소의 외벽과 사용전압이 50,000V인 특고압가공전선

답 가: 30m 이상, 나: 10m 이상, 다: 50m 이상, 라: 5m 이상

해 안전거리 : 제조소(제6류 위험물을 취급하는 제조소를 제외한다)는 건축물의 외벽 또는 이에 상당하는 공작물의 외측으로부터 당해 제조소의 외벽 또는 이에 상당하는 공작물의 외측까지의 사이에 다음 규정에 의한 수평거리(이하 "안전거리"라 한다)를 두어야 한다.

• 가. 유형문화재와 지정문화재: 50m 이상
• 나. 학교, 병원, 극장 등 다수인 수용 시설(극단, 아동복지시설, 노인보호시설, 어린이집 등): 30m 이상
• 다. **고압가스, 액화석유가스 또는 도시가스를 저장 또는 취급하는 시설: 20m 이상**
• 라. **주거용인 건축물 등: 10m 이상**
• 마. **사용전압이 35,000V를 초과하는 특고압가공전선: 5m 이상**
• 바. **사용전압이 7,000V 초과 35,000V 이하의 특고압가공전선 : 3m 이상**

004

다음은 위험물 제조소의 보유공지를 설치하지 아니할 수 있는 기준에 대한 설명이다. 빈칸을 채우시오.

- 가. 방화벽은 (   )로 할 것, 다만 취급하는 위험물이 제6류 위험물인 경우에는 불연재료로 할 수 있다.
- 나. 방화벽에 설치하는 출입구 및 창 등의 개구부는 가능한 한 최소로 하고, 출입구 및 창에는 자동폐쇄식의 (   )을 설치할 것
- 다. 방화벽의 양단 및 상단이 외벽 또는 지붕으로부터 (   )cm 이상 돌출하도록 할 것

㉭ 가: 내화구조, 나: 갑종방화문, 다: 50

005

다음 위험물 중 물과 반응하여 가연성가스를 발생시키는 물질을 찾고, 그 반응식을 쓰시오.

나트륨, 황린, 칼슘, 인화칼슘, 과염소산

㉭
- **나트륨**: $2Na + 2H_2O \rightarrow 2NaOH + H_2$
- **칼슘**: $Ca + 2H_2O \rightarrow Ca(OH)_2 + H_2$
- **인화칼슘**: $Ca_3P_2 + 6H_2O \rightarrow 3Ca(OH)_2 + 2PH_3$

006

다음은 위험물에 따른 소화설비의 적응성을 나타낸 표이다. 빈칸을 채우시오.

소화설비의 구분			대상물 구분											
			건축물 그밖의 공작물	전기설비	제1류위험물		제2류위험물			제3류위험물		제4류 위험물	제5류 위험물	제6류 위험물
					알칼리 금속과산화물 등	그밖의 것	철분, 마그네슘 금속분 등	인화성 고체	그밖의 것	금수성 물품	그밖의 것			
(가) 또는 (나) 소화전 설비			○			○		○	○		○		○	○
스프링클러설비			○			○		○	○		○	△	○	○
(다) 등 소화설비	(라)소화설비		○	○		○		○	○		○	○	○	○
	(마)소화설비		○			○		○	○		○	○	○	○
	불활성가스소화설비			○				○				○		
	할로겐화합물소화설비			○				○				○		
	(바) 소화설비	인산염류 등	○	○		○		○	○			○		○
		탄산수소염류 등		○	○		○	○		○		○		
		그 밖의 것			○		○			○				

㉮ 가: 옥내, 나: 옥외, 다: 물분무, 라: 포, 마: 분말

007

탄화칼슘에 대해 다음에 답하시오

- 가. 물과 반응식을 쓰시오.
- 나. 가에서 생성되는 기체의 명칭을 쓰시오.
- 다. 나에서 생성되는 기체의 완전연소 반응식을 쓰시오.

㉮ 가: $CaC_2 + 2H_2O \rightarrow Ca(OH)_2 + C_2H_2$, 나: 아세틸렌, 다: $2C_2H_2 + 5O_2 \rightarrow 4CO_2 + 2H_2O$

008

제5류 위험물 중 규조토와 함께 다이너마이트를 만드는 원료물질인 위험물이 있다. 이에 대해 다음에 답하시오.

- 가. 구조식
- 나. 품명, 지정수량
- 다. 이산화탄소, 산소, 질소, 수증기를 발생시키는 완전분해 반응식

답 • 가:

```
      H     H     H
      |     |     |
H  -  C  -  C  -  C  -  H
      |     |     |
    ONO2  ONO2  ONO2
```

• 나: 질산에스테르류, 10kg, 다: $4C_3H_5(ONO_2)_3 \rightarrow 12CO_2 + 10H_2O + O_2 + 6N_2$

해 규조토와 함께 다이너마이트의 원료인 물질은 제5류 위험물 질산에스테르류에 속하는 니트로글리세린이다.

009

다음 위험물을 인화점이 낮은 순서대로 나열하시오.

아닐린, 메틸알코올, 아세톤, 이황화탄소

답 **이황화탄소, 아세톤, 메틸알코올, 아닐린**

해 • 제4류 위험물인 경우 특수인화물이 인화점이 낮고, 제1석유류, 제2석유류, 제3석유류 순으로 낮다.

• 알코올류는 10℃ 근처이고, 메틸알코올인 경우 11℃이다.

• 특수인화물인 이황화탄소(-30℃), 제1석유류인 아세톤(-18℃), 메틸알코올(11℃), 아닐린(70℃)순이다.

010

제3류 위험물 중 지정수량이 10kg인 품명을 쓰시오.

㊟ **알킬알루미늄, 알킬리튬, 칼륨, 나트륨**

㊫

암기법

십알 칼알나 이황 / 오알알유 / 삼금금탄규

011

위험물 제조소에 200m³ 탱크 1기, 100 m³탱크 1기가 있다. 필요한 방유제의 용량은?

㊟ $110m^3$

㊫ • **탱크가 1개 때: 탱크용량의 50%**

• **탱크가 2개 이상**일 때 : **최대 탱크 용량의 50% + 나머지 탱크 용량 합계의 10%**

따라서, 최대 탱크 $200m^3$의 50% + $100m^3$의 10% 로 계산하면 100 + 10 = $110m^3$이다.

012

위험물안전관리법령상 간이탱크에 대한 기준이다. 빈 칸을 채우시오.

- 하나의 간이탱크저장소에 설치하는 간이저장탱크는 그 수를 3 이하로 하고, 동일한 품질의 위험물의 간이저장탱크를 2 이상 설치하지 아니하여야 한다.
- 간이저장탱크는 움직이거나 넘어지지 아니하도록 지면 또는 가설대에 고정시키되, 옥외에 설치하는 경우에는 그 탱크의 주위에 너비 (가)m 이상의 공지를 두고, 전용실안에 설치하는 경우에는 탱크와 전용실의 벽과의 사이에 (나)m 이상의 간격을 유지하여야 한다.
- 간이저장탱크의 용량은 (다)ℓ 이하이어야 한다.
- 간이저장탱크는 두께 (라)㎜ 이상의 강판으로 흠이 없도록 제작하여야 하며, (마)㎪의 압력으로 10분간의 수압시험을 실시하여 새거나 변형되지 아니하여야 한다.

답 가: 1, 나: 0.5, 다: 600, 라: 3.2, 마: 70

013

제4류 위험물인 아세트알데히드에 대해 다음을 답하시오

- 가. 시성식
- 나. 에틸렌을 직접산화방식으로 반응시켰을 때 화학반응식은?
- 다. 아세트알데히드를 압력탱크 외의 탱크에 저장하는 경우 저장온도는?
- 라. 아세트알데히드를 압력탱크에 저장하는 경우 저장온도는?

답 가: CH_3CHO, 나: $2C_2H_4 + O_2 \rightarrow 2CH_3CHO$, 다: 15℃ 이하, 라: 40℃ 이하

해
- 직접산화방식은 중간체 없이 산소와 직접 반응하는 것을 의미한다.
- 에틸렌은 산소를 하나 얻어 아세트알데히드가 된다.

• **다, 라. 옥외저장탱크·옥내저장탱크 또는 지하저장탱크 중 압력탱크에** 저장하는 아세트알데히드등 또는 디에틸에테르등의 온도는 **40℃ 이하로 유지**해야 하고, 압력탱크외의 경우는 **15℃ 이하로 유지해야 한다.**

014

다음 위험물 중 수용성인 것을 고르시오.

시안화수소, 아세톤, 클로로벤젠, 히드라진, 글리세린

㊟ **시안화수소, 아세톤, 글리세린, 히드라진**

㉮ 모두 제4류 위험물로 시안화수소는 제1석유류로 수용성, 아세톤은 제1석유류로 수용성, 클로로벤젠은 제2석유류로 비수용성, 히드라진은 제2석유류로 수용성, 글리세린은 제3석유류로 수용성이다.

- 제1석유류 이(200L)휘벤에메톨 / 사(400L)시아피포
- 제2석유류 일(1000L)등경 크스클벤(벤즈알데히드, C_7H_6O) / 이(2000L)아히포
- 제3석유류 이(2000L)중아니클 / 사(4000L)글글

015

위험물안전관리법령상 다음의 위험물과 혼재하여 운반이 가능한 위험물의 유별은 무엇인가?(단, 지정수량 1/10을 초과한다)

• 가. 제2류 위험물	• 나. 제3류 위험물	• 다. 제4류 위험물

㊟ **가: 제4류 위험물, 제5류 위험물, 나: 제4류 위험물, 다: 제2류 위험물, 제3류 위험물, 제5류 위험물**

㉮ 423 524 61

016

다음 소화약제의 화학식을 각 쓰시오.

• 가. 할론1301	• 나. 제2종 분말소화약제	• 다. IG-100

답 가: CF_3Br, $KHCO_3$, N_2

해 • 가. 할론소화약제의 번호는 순서대로 C, F, Cl, Br의 개수이다.

• 나. 제2종 분말소화약제는 $KHCO_3$(탄산수소칼륨)

• 다. IG-100은 질소로만 이루어진 소화약제이다.

불활성가스소화약제는

- **IG-541 (질소, 아르곤 이산화탄소가 52:40:8 비율로 섞인 기체이다)**
- **IG-55(질소, 아르곤이 50:50비율로 섞인 기체이다)**
- **IG-100(질소 100%)**

암기법

각각 질알탄, 질알, 질로 암기한다.

017

다음은 위험물안전관리법령상 자체소방대와 화학소방자동차의 기준에 대한 설명이다. 빈칸을 채우시오

• 가. 제조소 또는 일반취급소에서 취급하는 제4류 위험물의 최대수량의 합이 지정수량의 **3천배 이상 12만배 미만**인 사업소는 자체소방대원 (　　　)명, 화학소방자동차 (　　　)대를 갖추어야 한다.

• 나. 제조소 또는 일반취급소에서 취급하는 제4류 위험물의 최대수량의 합이 지정수량의 **48만배 이상**인 사업소는 자체소방대원 (　　　)명, 화학소방자동차 (　　　)대를 갖추어야 한다.

답 **가**: 5, 1, **나**: 20, 4

해 자체소방대 지정 대상

- **제조소 또는 일반취급소**에서 취급하는 **제4류 위험물**의 최대수량의 합이 지정수량의 **3천배 이상**인 경우
- **옥외탱크저장소**에 저장하는 **제4류 위험물**의 최대수량이 **지정수량의 50만배 이상**인 경우
- 화학소바자동차 및 자체소방대원의 수

사업소의 구분	화학소방자동차	자체소방대원의 수
1. 제조소 또는 일반취급소에서 취급하는 제4류 위험물의 최대수량의 합이 지정수량의 3천배 이상 12만배 미만인 사업소	1대	5인
2. 제조소 또는 일반취급소에서 취급하는 제4류 위험물의 최대수량의 합이 지정수량의 12만배 이상 24만배 미만인 사업소	**2대**	**10인**
3. 제조소 또는 일반취급소에서 취급하는 제4류 위험물의 최대수량의 합이 지정수량의 24만배 이상 48만배 미만인 사업소	3대	15인
4. 제조소 또는 일반취급소에서 취급하는 제4류 위험물의 최대수량의 합이 지정수량의 48만배 이상인 사업소	4대	20인
5. 옥외탱크저장소에 저장하는 제4류 위험물의 최대수량이 지정수량의 50만배 이상인 사업소	2대	10인

018

아세트산에 대한 다음 반응식을 각 쓰시오.

- 가. 아세트산과 과산화나트륨의 반응식
- 나. 아세트산의 연소반응식

답 • **가**: $2CH_3COOH + Na_2O_2 \rightarrow 2CH_3COONa + H_2O_2$,

• **나**: $CH_3COOH + 2O_2 \rightarrow 2CO_2 + 2H_2O$

019

다음과 같이 위험물이 보관되어 있는 경우, 지정수량의 배수의 합을 구하시오

아세톤이 20L용기에 100개보관되어 있고, 경유가 200L 드럼에 5드럼 보관되어 있음

답 6배

해 아세톤의 지정수량은 400L이고, 경유의 지정수량은 1,000L이므로 각 2,000/400 + 1,000/1,000 = 6이다.

020

인화알루미늄 580g과 물이 반응하는 경우 발생되는 기체는 몇 리터 인가(표준상태)?

답 224L (223.86L)

해 인화알루미늄과 물의 반응식은 $AlP + 3H_2O \rightarrow Al(OH)_3 + PH_3$**(포스핀)**이다. 발생되는 기체는 포스핀이고, 인화알루미늄 1몰 반응시 포스핀도 1몰 발생하는 1:1대응비를 가진다.

인화알루미늄 분자량은 58g/mol(27+31)이므로 580g은 10몰이다. 그렇다면 포스핀도 10몰 발생하게 된다. 기체 1몰의 부피는 22.4L이므로 10몰은 224L가 된다.

이상기체방정식으로 풀어도 된다.

$PV = \frac{W}{M}RT$에 대입하면 된다. 부피V = (580/58 × 0.082 × 273) / 1 = 223.86

1

위험물산업기사

2021년 1회

001

다음 소화약제의 1차 분해반응식을 쓰시오.

• 가. 제1종 분말소화약제	• 나. 제2종 분말소화약제

답 **가:** $2NaHCO_3 \rightarrow Na_2CO_3 + CO_2 + H_2O$, **나:** $2KHCO_3 \rightarrow K_2CO_3 + CO_2 + H_2O$

해 제1종 분말소화약제는 탄산수소나트륨이고, 제2종은 탄산수소칼륨이다.

002

다음은 지정과산화물에 대한 옥내저장소의 저장창고 격벽에 관한 기준이다. 빈칸을 채우시오

> 저장창고는 (가)㎡ 이내마다 격벽으로 완전하게 구획할 것. 이 경우 당해 격벽은 두께 (나)㎝ 이상의 철근콘크리트조 또는 철골철근콘크리트조로 하거나 두께 (다)㎝ 이상의 보강콘크리트블록조로 하고, 당해 저장창고의 양측의 외벽으로부터 (라)m 이상, 상부의 지붕으로부터 (마)㎝ 이상 돌출하게 하여야 한다.

답 **가:** 150, **나:** 30, **다:** 40, **라:** 1, **마:** 50

003

질산암모늄 중 질소와 수소의 함량을 각 중량퍼센트로 쓰시오.

㉡ **질소**: 35wt%, **수소**: 5wt%

㉢ 질산암모늄은 NH_4NO_3이고, 전체의 중량을 구하면 80g/mol이다(14 + 1×4 + 14 + 16×3 = 80)이고
각 28 / 80×100 = 35%, 4 / 80×100 = 5%이다.

004

다음의 질문에 답하시오.

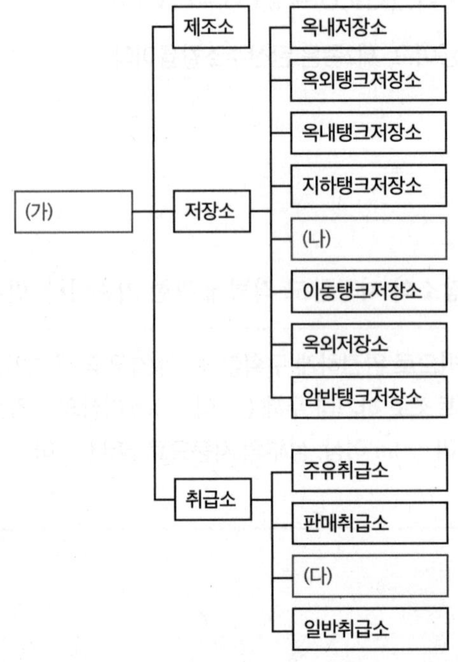

- 가. (가), (나), (다) 각 빈칸을 채우시오.
- 나. 위험물안전관리자를 선임하지 않아도 되는 저장소를 모두 쓰시오.
- 다. 액체위험물을 용기에 옮겨 담는 일반취급소의 종류를 쓰시오.

㊍ 가: (가): 제조소등, (나): 간이탱크저장소, (다): 이송취급소, 나: 이동탱크저장소, 다: 충전하는 일반취급소

㊎ • 나. 이동탱크저장소는 위험물안전관리자를 선임하지 않아도 된다.

• 다. 이동저장탱크에 액체위험물을 주입하는 일반취급소를 충전하는 일반취급소라 한다.

005

위험물 안전관리 법령상 다음 위험물의 운반용기 외부표시사항을 쓰시오.

• 가. 인화성고체	• 나. 과산화나트륨	• 다. 황린

㊍ 가: 화기엄금, 나: 화기·충격주의, 물기엄금 및 가연물접촉주의, 다: 화기엄금, 공기접촉엄금

㊎ 위험물에 따른 운반용기 주의사항표시

• 1류

1) 알칼리금속과산화물의 경우: **화기/충격주의, 물기엄금 및 가연물접촉주의**

2) 그 밖의 것: 화기/충격주의, 가연물 접촉주의

• 2류

1) **철분, 마그네슘, 금속분: 화기주의 물기엄금**

2) **인화성 고체: 화기엄금**

3) 그 밖의 것: 화기주의

• 3류

1) **자연발화성 물질: 화기엄금 및 공기접촉엄금**

2) **금수성물질: 물기엄금**

• 4류: **화기엄금**

• 5류: 화기엄금, 충격주의

• 6류: **가연물접촉주의**

순서대로 제2류 위험물 인화성고체, 과산화나트륨은 제1류 알칼리금속과산화물이고, 황린은 제3류 위험물 자연발화성 물질이다.

006

마그네슘에 의한 화제시 이산화탄소를 소화약제로 쓰면 위험한 이유를 쓰고, 그 반응식을 쓰시오.

답 • 이유: 이산화탄소와 반응하여 탄소를 발생시키며 폭발을 일으킨다.

• 반응식: $2Mg + CO_2 \rightarrow 2MgO + C$

007

다음 제4류 위험물의 지정수량이 올바르게 짝지어진 것을 고르시오.

• 가. 산화프로필렌 - 400L
• 나. 피리딘 - 400L
• 다. 테레핀유 - 2000L
• 라. 아닐린 - 2000L
• 마. 기어유 - 6000L

답 나, 라, 마

해 • 가. 산화프로필렌은 50L(오(50L) 이디 / 아산)

• 나. 피리딘은 400L(이(200L)휘벤에메톨 초(초산에틸, 아세트산에틸, $CH_3COOC_2H_5$) / 사(400L)시아피 **포(포름산메틸, $HCOOCH_3$))**

• 다. 테레핀유는 제2석유류 비수용성으로 1000L(일(1000L)등경 크스클 벤(벤즈알데히드, C_7H_6O) 테(테레핀유) / 이(2000L)아히포 아(아크릴산 : $C_3H_4O_2$))

• 라. 아닐린은 2000L(이(2000L)중아니니(니트로톨루엔)클 / 사(4000L)글글)

• 마. 기어유는 제4석유류로 6000L

008

다음은 제4류 위험물인 알코올류에 관한 설명이다. 빈칸을 채우시오.

> 알코올류라 함은 알코올류 하나의 분자를 이루는 탄소 원자수가 1에서 (　가　)개 까지인 포화1가 알코올류가 위험물에 해당한다, 다만 다음의 경우 제외된다.
> - 1분자를 구성하는 탄소원자의 수가 1개 내지 3개의 포화1가 알코올의 함유량이 (　나　)중량퍼센트 미만인 수용액
> - 가연성 액체량이 60중량퍼센트 미만이고 인화점 및 연소점이 에틸알코올 (　다　)중량퍼센트 수용액의 인화점 및 연소점을 초과하는 것

㉠ **가**: 3, **나**: 60, **다**: 60

009

제4류 위험물인 메틸알코올에 대해 다음 질문에 답하시오.

> - 가 : 연소반응식을 쓰시오.
> - 나 : 연소반응시 메틸알코올 1몰에 대해 생성되는 물질의 몰수의 합을 쓰시오.

㉠ **가**: $2CH_3OH + 3O_2 \rightarrow 2CO_2 + 4H_2O$, **나**: 3

㉡ 메틸알코올 2몰당 이산화탄소 2몰, 물 4몰이 생성되므로 1몰에 대해서는 그 반인 총 3몰이 생성된다.

010

이산화망간을 촉매로 하여 과산화수소를 분해시키는 경우에 대해 다음을 답하시오.

• 가. 화학반응식은? • 나. 발생되는 기체의 명칭은?

답 **가:** $2H_2O_2 \rightarrow 2H_2O + O_2$, **나: 산소**

해 $2H_2O_2 \rightarrow 2H_2O + O_2$(이 반응식에서 요오드화칼륨(KI), 이산화망간(MnO_2) 등이 분해의 정촉매로 사용될 수 있음)

011

아래의 탱크의 내용적을 구하시오.

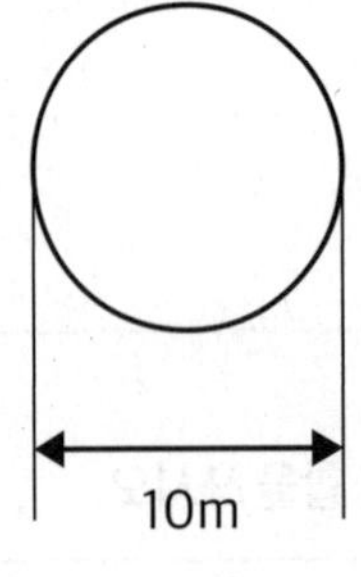

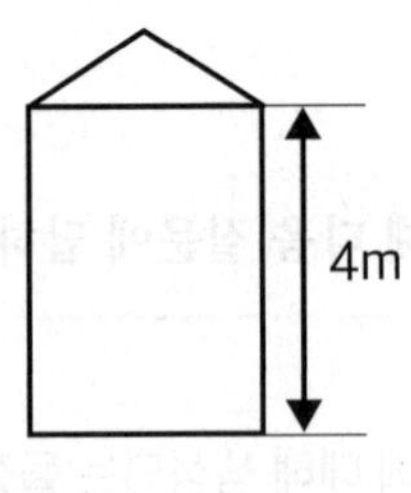

답 $314.16m^3$

해 탱크의 내용적을 구하는 공식은 $\pi r^2 l$ 이다.

$\pi \times 5^2 \times 4 = 314.16$

012

제1석유류로 이소프로필알코올을 산화시켜 생성시킨 물질로 요오드포름반응을 하는 물질에 대해 다음을 답하시오.

• 가. 명칭	• 나. 요오드포름 화학식	• 다. 요오드포름반응 색상

답 가: 아세톤, 나: CHI_3, 다: 노란색

해 아세톤 요오드포름(CHI_3)반응, 노란색, 기억해야 함, 요도르포름반응은 아세틸기(CH_3CO-)가진 물질이 반응하여 노란색침전을 형성하는 반응을 말한다.

013

위험물의 성질에 따른 제조소의 특례에 대해 빈칸을 채우시오.

- 가. (　　)을 취급하는 설비에는 불활성기체를 봉입하는 장치를 갖출 것
- 나. (　　)을 취급하는 설비는 은·수은·동·마그네슘 또는 이들을 성분으로 하는 합금으로 만들지 아니할 것
- 다. (　　)을 취급하는 설비에는 철이온 등의 혼입에 의한 위험한 반응을 방지하기 위한 조치를 강구할 것

답 가: 알킬알루미늄등, 나: 아세트알데히드등, 다: 히드록실아민등

014

다음은 제2류 위험물에 대한 기준이다. 빈칸을 채우시오.

- 가. (　　)란 고형알코올 그밖에 1기압에서 인화점이 섭씨 40 미만인 고체를 말한다.
- 나. 철분이란 철의 분말로서 (　　)마이크로미터 표준체를 통과한 것이 (　　)중량퍼센트 이상이어야 한다.

답 **가: 인화성고체, 나:** 53, 50.

015

이황화탄소 5kg이 모두 증발하는 경우 그 기체의 부피(m^3)를 쓰시오(1기압, 50℃)

답 1.74m^3

해 해 : 이상기체방정식에 의해 풀면 된다. $PV = nRT$에 대입하면 된다. 부피 기준이 m^3인 경우, kmol, kg으로 맞추어서 풀면 된다. 절대온도는 273 + 50 = 323이다. 이황화탄소의 분자량은 76kg/kmol

$1 \times V = 5/76 \times 0.082 \times 323$, 계산하면 약 1.74 m^3이다.

016

위험물안전관리법령상 옥외탱크저장소의 소화난이도등급 Ⅰ에 해당하는 것을 모두 고르시오.

- 가. 질산 60,000kg 저장 옥외탱크저장소
- 나. 이황화탄소 500L 저장 옥외탱크저장소
- 다. 과산화수소 액표면적이 40m² 이상인 옥외탱크저장소
- 라. 유황 14,000kg 저장 지중탱크
- 마. 휘발유 100,000L 저장 해상탱크

답 라, 마

해 옥외탱크저장소에 소화난이도등급 Ⅰ에 해당하는 것은 아래와 같다.

옥외탱크 저장소	• **액표면적이 40㎡ 이상**인 것(제6류 위험물을 저장하는 것 및 고인화점위험물만을 100℃ 미만의 온도에서 저장하는 것은 제외) • **지반면으로부터 탱크 옆판의 상단까지 높이가 6m 이상**인 것(**제6류 위험물을 저장**하는 것 및 고인화점위험물만을 100℃ 미만의 온도에서 저장하는 것은 **제외**) • 지중탱크 또는 해상탱크로서 지정수량의 100배 이상인 것(제6류 위험물을 저장하는 것 및 고인화점위험물만을 100℃ 미만의 온도에서 저장하는 것은 제외) • 고체위험물을 저장하는 것으로서 지정수량의 100배 이상인 것

- 가, 다. 질산, 과산화수소는 제6류 위험물로 위에 해당하지 않는다.
- 나. 이황화탄소 500L는 위 기준에 의할 때 1등급인지 알 수 없음
- 라. 유황의 지정수량은 100kg이고, 이 경우 그 기준이 지정수량의 100배이므로, 위에서는 140배이므로 해당한다.
- 마. 휘발유의 경우 지정수량은 200L이고, 이 경우 그 기준이 지정수량의 100배이므로, 위에서는 500배이므로 해당한다.

017

탄화칼슘이 물과 반응하는 경우에 대한 설명이다. 다음 물음에 답하시오.

• 가. 반응식	• 나. 발생하는 기체의 연소반응식

㉮ **가** $CaC_2 + 2H_2O \rightarrow Ca(OH)_2 + C_2H_2$, **나:** $2C_2H_2 + 5O_2 \rightarrow 4CO_2 + 2H_2O$

㉯ 탄화칼슘이 물과 반응하면 아세틸렌이 발생하고, 아세틸렌은 연소하면 물과 이산화탄소를 만든다.

018

위험물안전관리법령상 제5류 위험물 중 지정수량이 200kg인 위험물의 품명을 3가지 쓰시오.

㉮ **니트로화합물, 니트로소화합물, 디아조화합물, 히드라진유도체, 아조화합물, 질산구아니딘, 금속의 아지화합물 중 3가지**

십유질 / 백히하 이백니니 아히디질

019

다음은 제조소의 배출설비 기준에 대한 설명이다. 빈칸을 채우시오.

- 배출능력은 1시간당 배출장소 용적의 (　가　)배 이상인 것으로 하여야 한다. 다만, 전역방식의 경우에는 바닥면적 1㎡당 (　나　)㎥ 이상으로 할 수 있다.
- 배출구는 지상 (　다　)m 이상으로서 연소의 우려가 없는 장소에 설치하고, (　라　) 관통하는 벽부분의 바로 가까이에 화재시 자동으로 폐쇄되는 (　마　)(화재 시 연기 등을 차단하는 장치)를 설치할 것

㊐ **가**: 20, **나**: 18, **다**: 2, **라**: **배출덕트**, **마**: **방화댐퍼**

020

제조소 또는 일반취급소에서 취급하는 4류 위험물의 최대수량이 합이 아래와 같은 경우 자체소방대의 화학소방차 대수와 자체소방대원의 수를 쓰시오.

사업소의 구분	화학소방자동차	자체소방대원의 수
1. 제조소 또는 일반취급소에서 취급하는 제4류 위험물의 최대수량의 합이 지정수량의 3천배 이상 12만배 미만인 사업소	(　가　)대	(　나　)인
2. 제조소 또는 일반취급소에서 취급하는 제4류 위험물의 최대수량의 합이 지정수량의 12만배 이상 24만배 미만인 사업소	(　다　)대	(　라　)인
3. 제조소 또는 일반취급소에서 취급하는 제4류 위험물의 최대수량의 합이 지정수량의 24만배 이상 48만배 미만인 사업소	(　마　)대	(　바　)인
4. 제조소 또는 일반취급소에서 취급하는 제4류 위험물의 최대수량의 합이 지정수량의 48만배 이상인 사업소	(　사　)대	(　아　)인
5. 옥외탱크저장소에 저장하는 제4류 위험물의 최대수량이 지정수량의 50만배 이상인 사업소	2대	10인

㊐ **가**: 1, **나**: 5, **다**: 2, **라**: 10, **마**: 3, **바**: 15, **사**: 4, **아**: 20

001

덩어리 유황 30,000kg을 300㎡의 옥외저장소에 저장하는 경우 다음 물음에 답하시오.

• 가. 경계구역은 몇 개로 해야 하는가? • 나. 경계표지의 간격은 얼마로 해야 하는가?

답 **가:** 3**개, 나:** 10m **이상**

해 옥외저장소 중 경계표시 안쪽에서 **덩어리 유황만을 저장, 취급**하는 경우

- 하나의 경계표시의 내부의 면적은 100㎡ 이하일 것
- 2 이상의 경계표시를 설치하는 경우에 있어서는 각각의 경계표시 내부의 면적을 **합산한 면적은 1,000㎡ 이하**로 할 것, 경계표시간의 간격은 공지의 너비의 2분의 1이상으로 할 것. 다만, 저장 또는 취급하는 위험물의 **최대수량이 지정수량의 200배 이상**인 경우에는 10m 이상으로 하여야 한다(유황의 지정수량은 100kg이므로 30,000kg은 300배이므로 10m 이상 이어야 한다).
- 경계표시는 불연재료로 만드는 동시에 유황이 새지 아니하는 구조로 할 것
- 경계표시의 **높이는 1.5m 이하**로 할 것

002

제3류 위험물인 칼륨과 다음 각 물질의 반응식을 쓰시오.

• 가. 물 • 나. 이산화탄소 • 다. 에틸알코올

답 **가:** $2K + 2H_2O \rightarrow 2KOH + H_2$, **나:** $4K + 3CO_2 \rightarrow 2K_2CO_3 + C$, **다:** $2K + 2C_2H_5OH \rightarrow 2C_2H_5OK + H_2$

003

다음은 위험물안전관리법령상 옥외탱크저장소 액체 위험물 주입구 기준이다. 빈칸에 해당하는 위험물에 대해 질문에 답하시오.

(㉠), (㉡) 그 밖에 정전기에 의한 재해가 발생할 우려가 있는 액체위험물의 옥외저장탱크의 주입구 부근에는 정전기를 유효하게 제거하기 위한 접지전극을 설치할 것

- 가. ㉠, ㉡ 물질의 명칭을 쓰고 지정수량을 쓰시오.
- 나. ㉡은 겨울철에 응고될 수 있고, 인화점이 -11℃인 물질이다. 그 구조식을 쓰시오.

㉻ • 가: ㉠ **휘발유**, ㉡ **벤젠**, **지정수량은** 200L(이(200L)휘벤에메톨)

• 나:

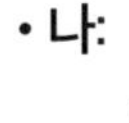

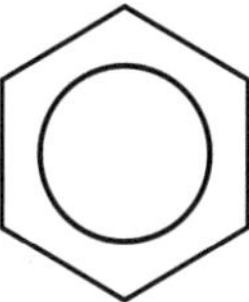

004

위험물안전관리법령상 지정과산화물에 대한 옥내저장소의 기준이다. 질문에 답하시오.

- 가. 위험등급은?
- 나. 옥내저장소 바닥면적 기준은?
- 다. 저장창고의 외벽은 철근콘크리트조로 할 경우 두께 몇 cm 이상이어야 하나?

㉻ **가: Ⅰ등급, 나:** 1,000m^2 **이하, 다:** 20cm

㉾ • 지정과산화물이란 **5류 위험물 중 유기과산화물** 또는 이를 함유한 것으로 지정수량 **10kg 인 것이다**.

• **옥내저장소 바닥면적 기준은 1000㎡ 인 경우 4류 위험물 중 제1석유류 및 알코올류를 제외하고는 모두 위험등급이 Ⅰ등급**인 물질이다. 즉 기본적으로 위험등급이 1등급이면 바닥면적이 1000㎡이하이다. 그 외는 2000㎡로 기억하고, 격벽인 경우 1,500으로 기억하면 된다.

• 저장창고의 외벽은 **두께 20㎝ 이상의 철근콘크리트조**나 철골철근콘크리트조 또는 두께 30㎝ 이상의 보강콘크리트블록조로 해야 한다.

005

메틸알코올이 산화되어 포름알데히드가 생성되는 경우, 메틸알코올의 양이 320g인 경우 발생되는 포름알데히드의 양은 얼마인가?

답 300g

해 • 메틸알코올은 산화되면 포름알데히드가 생성된다.

• CH_3OH → HCHO + H_2, 따라서, 메틸알코올이 산화되는 경우 포름알데히드와의 비율은 1 : 1이 된다.

• 메틸알코올 1몰은 32g이므로(12 + 1×3 + 16 + 1) 320g은 10몰이 된다. 따라서 생성되는 포름알데히드도 10몰이 된다. 포름알데히드 1몰은 30g이므로(1 + 12 + 1 +16) 10몰인경우 300g이 된다.

006

다음 각 물질의 연소반응식을 쓰시오.

• 가. 오황화린	• 나. 마그네슘	• 다. 알루미늄

답 **가**: $2P_2S_5 + 15O_2 \rightarrow 2P_2O_2 + 10SO_2$, **나**: $2Mg + O_2 \rightarrow 2MgO$, **다**: $4Al + 3O_2 \rightarrow 2Al_2O_3$

007

위험물안전관리법령에 의할 때 아래의 저장온도에 대해 답하시오.

- 가. 디에틸에테르 등을 압력탱크 외의 지하저장탱크에 저장하는 경우 (   )℃ 이하를 유지한다.
- 나. 디에틸에테르 등을 압력탱크의 지하저장탱크에 저장하는 경우 (   )℃ 이하를 유지한다.
- 다. 아세트알데히드를 압력탱크 외의 옥내저장탱크에 저장하는 경우 (   )℃ 이하를 유지한다.
- 라. 산화프로필렌을 압력탱크 외의 옥외저장탱크에 저장하는 경우 (   )℃ 이하를 유지한다.
- 마. 산화프로필렌을 압력탱크의 옥외저장탱크에 저장하는 경우 (   )℃ 이하를 유지한다.

㉠ 가: 30, 나: 40, 다: 15, 라: 30, 마: 40

㉡ 옥외저장탱크, 옥내저장탱크, 지하저장탱크의 경우 저장온도는 아래와 같다.

위험물		압력탱크	압력탱크외
디에틸에테르등		40℃ 이하	30℃ 이하
아세트알데히드등	산화프로필렌	40℃ 이하	30℃ 이하
	아세트알데히드	40℃ 이하	15℃ 이하

008

위험물안전관리법령상 옥외탱크저장소의 보유공지에 대해 다음 빈칸을 채우시오.

저장 또는 취급하는 위험물의 최대수량	공지의 너비
지정수량의 500배 이하	(가)m 이상
지정수량의 500배 초과 1,000배 이하	(나)m 이상
지정수량의 1,000배 초과 2,000배 이하	(다)m 이상
지정수량의 2,000배 초과 3,000배 이하	(라)m 이상
지정수량의 3,000배 초과 4,000배 이하	(마)m 이상

㉠ 가: 3, 나: 5, 다: 9, 라: 12, 마: 15

009

다음 위험물 중 염산과 반응하여 제6류 위험물을 생성시키는 물질의 물과의 반응식을 쓰시오.

과염소산암모늄, 과망간산칼륨, 과산화나트륨, 마그네슘

답 $2Na_2O_2 + 2H_2O \rightarrow 4NaOH + O_2$

해 제1류 위험물 무기과산화물은 산과 반응시 제6류 위험물인 과산화수소를 생성시킨다.
따라서 과산화나트륨과 물의 반응식을 쓰면 된다.

010

위험물을 운반하는 경우 지정수량 1/10을 초과하여 혼재가 불가능한 물질을 각 쓰시오.

- 가. 제1류 위험물
- 나. 제2류 위험물
- 다. 제3류 위험물
- 라. 제4류 위험물
- 마. 제5류 위험물

답
- 가: 제2류 위험물, 제3류 위험물, 제4류 위험물, 제5류 위험물
- 나: 제1류 위험물, 제3류 위험물, 제6류 위험물
- 다: 제1류 위험물, 제2류 위험물, 제5류 위험물, 제6류 위험물
- 라: 제1류 위험물, 제6류 위험물
- 마: 제1류 위험물, 제3류 위험물, 제6류 위험물

해 423, 524, 61

011

아세톤 200g이 완전연소하였다. 다음의 질문에 답하시오(표준상태이며, 공기중 산소의 부피는 21%이다)

- 가. 아세톤의 연소반응식은?
- 나. 이 경우 필요한 공기 부피는?
- 다. 발생하는 이산화탄소의 부피는?

답 **가:** $CH_3COCH_3 + 4O_2 \rightarrow 3CO_2 + 3H_2O$, **나:** 1470.34L, **다:** 231.58L

해 아세톤과 산소의 대응비는 1 : 4이다. 따라서 1 : 4 = 200/58 : 산소의 몰수, 의 식을 세울 수 있다.

표준상태일 때, 산소의 부피는 이상기체방정식에 의할 때, V = nRT/P로 구하면 된다. 아세톤의 몰질량은 58이므로 대입하면, V = {(200/58) × 4} × 0.082 × 273, 산소와 공기의 비율은 21 : 100 이므로

21 : 100 = [{(200/58) × 4} × 0.082 × 273] : 공기의 부피 이므로 계산하면 약 1470.34L이다.

아세톤과 발생하는 이산화탄소의 비는 1 : 3이므로 이상기체 방정식에 대입하면,

V = {(200/58) × 3} × 0.082 × 273, 계산하면 약 231.58L이다.

012

질산암모늄 800g이 열분해 하는 경우 생성되는 기체의 부피의 합은?(1기압, 600℃)

답 2505.51L

해 질산암모늄의 열분해 반응식은 : $2NH_4NO_3 \rightarrow 2N_2 + O_2 + 4H_2O$이다. 즉, 질소, 산소, 수증기가 생성된다. 질산암모늄과 기체 전체의 반응비는 2 : 7이다. 질산암모늄의 물질량은 80g/mol 이므로 이상기체 방정식에 대입하면,

V = {(800/80) × 7/2} × 0.082 × 873, 계산하면 2505.51L이다.

013

다음은 위험물안전관리법령상의 위험물 저장·취급 기준이다. 다음 빈칸을 채우시오.

- 가. 제2류 위험물은 산화제와의 접촉·혼합이나 불티·불꽃·고온체와의 접근 또는 과열을 피하는 한편, (　　　,　　　,　　　) 이를 함유한 것에 있어서는 물이나 산과의 접촉을 피하고 인화성 고체에 있어서는 함부로 증기를 발생시키지 아니하여야 한다.
- 나. (　　　)은 불티·불꽃·고온체와의 접근 또는 과열을 피하고, 함부로 증기를 발생시키지 아니하여야 한다.
- 다. (　　　)은 불티·불꽃·고온체와의 접근이나 과열·충격 또는 마찰 을 피 하여야 한다.
- 라. (　　　)은 가연물과의 접촉·혼합이나 분해를 촉진하는 물품과의 접 근 또는 과열을 피하여야 한다.

답 가: 철분, 마그네슘, 금속분, 나: 제4류 위험물, 다: 제5류 위험물, 라: 제6류 위험물

해 저장, 취급 기준과 관련하여, 4,5,6류 위험물은 비교적 간단하다. 간단한 것 중 4류 증기, 6류 가연물과 접촉을 피하는 것을 기억하자. 1,2,3류는 비교적 길게 서술되어 있다.

암기법

긴 것 123, 짧은 것 456을 기억하고, 각각 그 특성을 생각하면 답을 찾을 수 있다.

014

제4류 위험물 특수인화물 중 물속에 저장하는 물질에 대해 다음을 답하시오.

- 가. 증기비중은?
- 나. 연소시 생성되는 유독물질의 화학식은?
- 다. 옥외탱크 저장시 철근콘트리트 수조의 두께는?

답 가: 2.62, **나:** SO_2, **다:** 0.2m **이상**

해
- 특수인화물 중 물속에 저장하는 것은 이황화탄소를 기억해야 한다.
- 증기비중은 분자량을 29로 나눈 값이므로 분자량 76g/mol(12 + 32×2)을 29로 나누면 2.62이다.
- 연소시키면 이산화황이 발생한다. 연소반응식은 $CS_2 + 3O_2 \rightarrow CO_2 + 2SO_2$이다.
- 이황화탄소의 옥외저장탱크는 벽 및 바닥의 두께가 0.2m 이상이고 누수가 되지 아니하는 철근콘크리트의 수조에 넣어 보관하여야 한다. 이 경우보유공지·통기관 및 자동계량장치는 생략할 수 있다.

015

제3류 위험물로 제2류 위험물에 동소체가 있고, 공기와의 접촉을 금지해야 하는 물질에 대해 다음을 답하시오.

- 가. 위험등급?
- 나. 연소반응식?
- 다. 옥내저장소 저장 하는 경우 바닥면적은?

답 **가: Ⅰ등급, 나:** $P_4 + 5O_2 \rightarrow 2P_2O_5$**, 다:** 1,000m²

해 동소체란 같은 단일의 원자로 이루어진 물질을 의미한다. 제3류 위험물로 이에 해당하는 물질은 황린이다. 옥내저장소인 경우, 바닥면적은 **1000㎡ 인 경우 4류 위험물 중 제1석유류 및 알코올류를 제외하고는 모두 위험등급이 Ⅰ등급**인 물질이다. 즉 기본적으로 위험등급이 1등급이면 바닥면적이 1000㎡ 이하이다. 그 외는 2000㎡로 기억하고, 격벽인 경우 1,500으로 기억하면 된다.

016

다음은 위험물안전관리법령상 위험물의 저장 및 취급에 관한 기준이다. 옳은 지문을 모두 고르시오.

- 가. 옥내저장소에서는 용기에 수납하여 저장하는 위험물의 온도가 45℃를 넘지 아니하도록 필요한 조치를 강구하여야 한다(중요기준).
- 나. 제3류 위험물 중 황린 그 밖에 물속에 저장하는 물품과 금수성물질은 동일한 저장소에서 저장할 수 있다(중요기준).
- 다. 컨테이너식 이동탱크저장소외의 이동탱크저장소에 있어서는 위험물을 저장한 상태로 이동저장탱크를 옮겨 싣지 아니하여야 한다(중요기준)
- 라. 이동취급소에서 위험물을 이송하기 위한 배관·펌프 및 이에 부속한 설비의 안전을 확인하기 위한 순찰을 행하고, 위험물을 이송하는 중에는 이송하는 위험물의 압력 및 유량을 항상 감시할 것(중요기준)
- 마. 제조소등에서 법규정에 의한 허가 및 신고와 관련되는 품명 외의 위험물 또는 이러한 허가 및 신고와 관련되는 수량 또는 지정수량의 배수를 초과하는 위험물을 저장 또는 취급하지 아니하여야 한다(중요기준)

㉰ 다, 마

㉱ • 가. 옥내저장소에서는 용기에 수납하여 저장하는 위험물의 온도가 55℃를 넘지 아니하도록 필요한 조치를 강구하여야 한다(중요기준).

• 나. 제3류 위험물 중 황린 그 밖에 물속에 저장하는 물품과 금수성물질은 동일한 저장소에서 저장지 아니하여야 한다(중요기준).

• 라. 이송취급소에서 위험물을 이송하기 위한 배관·펌프 및 이에 부속한 설비의 안전을 확인하기 위한 순찰을 행하고, 위험물을 이송하는 중에는 이송하는 위험물의 압력 및 유량을 항상 감시할 것(중요기준)

017

아래의 위험물에 대해 다음 질문에 답하시오.

아세톤, 메틸에틸케톤, 메틸알코올, 클로로벤젠, 아닐린
- 가. 제1석유류를 모두 고르시오.
- 나. 인화점이 가장 낮은 위험물은?
- 다. 인화점이 가장 낮은 위험물의 구조식을 쓰시오.

㉰ 가: 아세톤, 메틸에틸케톤, 나: 아세톤

다:

```
     H   O   H
     |   ‖   |
H -  C - C - C - H
     |       |
     H       H
```

㉱ 제1석유류는 아세톤, 메틸에틸케톤(이(200L)휘벤에메톨 / 사(400L)시아피포)

제1석유류가 가장 인화점이 가장 낮다. 아세톤은 －18℃, 메틸에틸케톤 －7℃

018

다음은 위험물의 소화방법에 대해 다음을 답하시오.

- 가. 고체 위험물의 소화방법 4가지를 쓰시오.
- 나. 가의 소화방법 중 증발잠열에 의해 소화를 하는 소화방법은?
- 다. 가의 소화방법 중 불활성기체 등을 이용해 산소의 농도를 낮추는 소화방법은?
- 라. 가의 소화방법 중 밸브 등을 차단하는 소화방법은?

답 가: 제거소화, 질식소화, 냉각소화, 억제소화, 나: 냉각소화, 다: 질식소화, 라: 제거소화

019

98중량퍼센트 질산수용액 100ml(비중 1.51)에 몇 그램의 물을 추가하여야 64중량퍼센트 질산수용액으로 만들 수 있는가?

답 80.25g

해 비중이 1.51인 경우 부피가 100ml이면 질량은 151g이 된다. 98중량퍼센트인 경우, 질량 151중 질산이 98%라는 의미가 된다. 따라서 질산은 148g이 된다.

물을 추가하여 64중량퍼센트가 되는 경우 물을 추가한 전체 질량중에 질산 148g의 중량비중이 64%라는 의미가 된다. 계산식을 세우면 {148/ (151 + 추가한 물의 양)} × 100 = 64, 추가한 물의 양은 80.25g이다.

020

위험물안전관리법령상 옥내소화전에 대해 다음에 답하시오.

- 가. 하나의 호스접속구까지의 수평거리는 몇 m이내의 거리가 되어야 하는가?
- 나. 수원의 수량은 가장 많이 설치된 층의 설치개수에 몇 m^3을 곱하여 계산하는가(최대 5개까지 곱함)?
- 다. 동시사용시 최소 방수압력 기준은?
- 라. 방수량의 최소기준은 분당 몇 L인가?

답 **가:** 25, **나:** 7.8, **다:** 350kPa, **라.** 260L

III
위험물산업기사

2021년 3회

001

제3류 위험물인 나트륨에 대해 다음을 답하시오.

• 가. 지정수량?	• 나. 저장방법은?	• 다. 물과의 반응식은?

답 **가:** 10kg, **나:** 석유(등유, 경유), 파라핀 속에 보관한다. **다:** $2Na + 2H_2O \rightarrow 2NaOH + H_2$

002

트리에틸알루미늄과 물과의 반응식과 이 반응에서 생성되는 기체를 쓰시오.

답 **반응식:** $(C_2H_5)_3Al + 3H_2O \rightarrow Al(OH)_3 + 3C_2H_6$, **에탄**

해 트리에틸알루미늄과 물과 반응하면 에탄이 발생되고, 트리메틸알루미늄이 물과 반응하면 메탄이 발생한다.

003

다음은 알코올류가 산화되는 경우의 반응식이다. 질문에 답하시오.

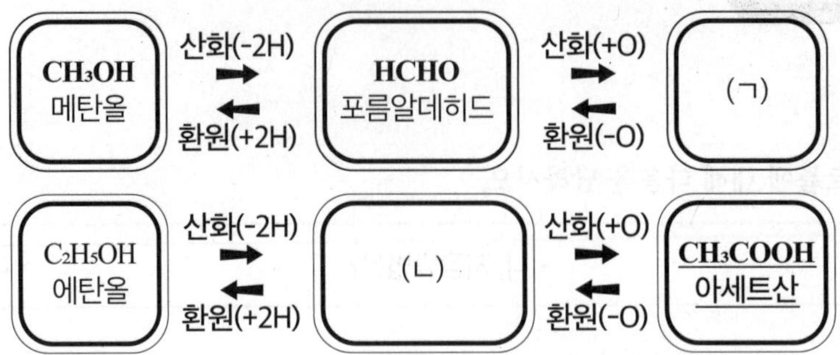

- 가. "ㄱ" 물질의 명칭과 화학식을 쓰시오.
- 나. "ㄴ"물질의 명칭과 화학식을 쓰시오.
- 다. "ㄱ" 물질과 "ㄴ"물질의 지정수량을 쓰고, 지정수량이 더 작은 물질의 연소반응식을 쓰시오.

답 **가: 포름산**, HCOOH, **나: 아세트알데히드**, CH_3CHO, **다: ㄱ지정수량**: 2000L, **ㄴ지정수량**: 50L, **연소반응식**: $2CH_3CHO + 5O_2 \rightarrow 4CO_2 + 4H_2O$

해 • 알코올류가 산화되면 알데히드가 되고, 알데히드가 한번더 산화되면 산이 된다. 따라서, 메틸알코올은 포름알데히드, 포름산으로 순차적으로 산화되고, 에틸알코올은 아세트알데히드, 아세트산으로 순차적으로 산회된다.

- 포름산의 지정수량은 2000L(일(1000L)등경 크스클벤(**벤즈알데히드, C_7H_6O**) / 이(2000L)아히포)이고, 아세트알데히드의 지정수량은 50L(오(50L) 이디 / 아산)이다.
- 아세트알데히드의 지정수량이 더 작으므로, 연소반응식은 $2CH_3CHO + 5O_2 \rightarrow 4CO_2 + 4H_2O$이다.

004

위험물안전관리법령상 이동탱크저장소의 주입호스에 대해 다음 빈칸을 채우시오.

- 위험물이 샐 우려가 없고 화재예방상 안전한 구조로 할 것
- 주입호스는 내경이 (가)㎜ 이상이고, (나)MPa 이상의 압력에 견딜 수 있는 것으로 하며, 필요 이상으로 길게 하지 아니할 것
- 주입설비의 길이는 (다)m 이내로 하고, 그 끝부분에 축적되는 (라)를 유효하게 제거할 수 있는 장치를 할 것
- 분당 배출량은 (마)ℓ 이하로 할 것

답 가: 23, 나: 0.3, 다: 50, 라: 정전기, 마: 200

005

다음 탱크의 내용량은 얼마인가(L)?(공간용적은 5/100)

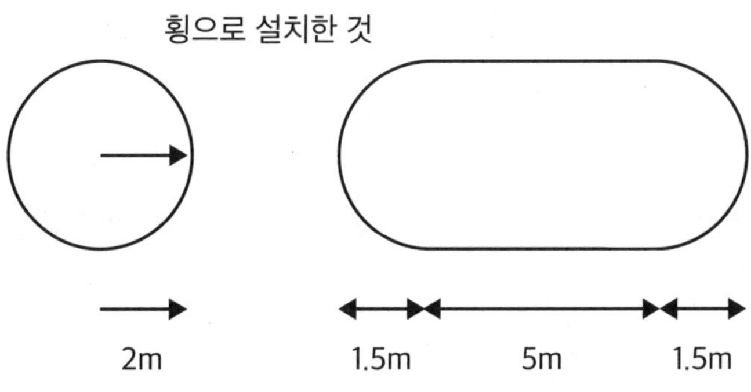

답 71,628.31L

해 내용적을 구하기 위해서는 $\pi r^2(l + \frac{l_1 + l_2}{3})$ 공식에 대입하면 된다.

$\pi \times 2^2 \times (5 + \frac{1.5 + 1.5}{3})$

여기에 공간용적을 빼야 내용량이 나온다. 공간용적이 5%이므로 위의 계산값에 0.95를 곱하면 된다.

71.62831m³이다. 이를 리터단위로 바꾸면, 71,628.31L이다.

006

다음 물질에 대해 다음을 답하시오.

> 디에틸에테르, 메틸에틸케톤, 아세톤, 아닐린
> • 가. 위험도가 가장 큰 물질은? • 나. "가" 물질의 위험도는?

㉧ **가: 디에틸에테르, 나:** 24.26

㉥ 위험도는 연소범위의 하한과 상한으로 구한다. (H-L)/L(H는 상한, L은 하한). 상한과 하한의 차이가 클수록 위험하다.

연소범위가 넓은 물질 몇 개는 기억해야 한다. 특수인화물은 대부분 연소범위가 넓어 위험도가 넓고, 그 외, 히드라진 등을 기억하자.

보기에서는 디에틸에테르가 1.9 - 48%이고, 따라서 계산하면 24.26이 된다.

다만, 디에틸에테르의 연소범위는 소방청자료에 의하면 1.7-48%로 되어 있어 논의의 여지가 있다.

007

다음중 연소 시 동일한 물질을 생성시키는 물질을 고르고, 그 물질의 연소반응식을 각 쓰시오.

> 유황, 삼황화린, 오황화린, 적린, 철, 마그네슘

㉧ **삼황화린, 오황화린**

연소반응식: 삼황화린 $P_4S_3 + 8O_2 \rightarrow 2P_2O_5 + 3SO_2$

오황화린 $2P_2S_5 + 15O_2 \rightarrow 2P_2O_5 + 10SO_2$

해 각 물질의 연소반응식은 다음과 같다.

$S + O_2 \rightarrow SO_2$

$P_4S_3 + 8O_2 \rightarrow 2P_2O_5 + 3SO_2$

$2P_2S_5 + 15O_2 \rightarrow 2P_2O_5 + 10SO_2$

$4P + 5O_2 \rightarrow 2P_2O_5$

$4Fe + 3O_2 \rightarrow 2Fe_2O_3$

$2Mg + O_2 \rightarrow 2MgO$

동일한 물질인 오산화인과 이산화황을 생성시키는 두 물질은 삼황화린, 오황화린이다.

008

다음 각 물질의 물과 반응하는 경우의 그 반응식을 쓰시오.

- 가. 탄화칼슘
- 나. 탄화알루미늄

답 가: $CaC_2 + 2H_2O \rightarrow Ca(OH)_2 + C_2H_2$, 나: $Al_4C_3 + 12H_2O \rightarrow 4Al(OH)_3 + 3CH_4$

009

강산성의 물질로 햇빛에 분해되므로 갈색병에 보관해야 하는 제6류 위험물에 대해 다음을 답하시오.

- 가. 화학식
- 나. 지정수량
- 다. 위험물이 되기 위한 기준
- 라. 분해반응식

답 가: HNO_3, 나: 300kg, 다: 비중이 1.49 이상이어야 한다. 라: $4HNO_3 \rightarrow 2H_2O + 4NO_2 + O_2$

해 제6류 위험물 중 갈색병에 보관해야 하는 물질 하면 질산을 떠올려야 한다.

010

다음중 제1류 위험물의 공통적인 특성을 고르시오.

유기화합물, 무기화합물, 산화제, 고체, 액체, 인화점이 섭씨 0도 이상

답 **무기화합물, 산화제, 고체**

해 • 제1류 위험물은 산화성 고체이고, C, H, O, N 등을 주로 가지고 있는 탄소 화합물인 유기화합물이 아니다. 유기화합물은 주로 5류 위험물을 의미한다.

• 무기화합물은 주로 광물로부터 얻어지는 물질의 화합물이고, 제1류 위험물이 이에 속한다.

011

위험물안전관리법령상의 위험물의 저장/취급에 관한 중요기준에 대한 설명이다. 다음에 해당하는 위험물에 대해 질문에 답하시오.

- 불티·불꽃·고온체와의 접근이나 과열·충격 또는 마찰을 피 하여야 한다.
- 옥내저장소에서는 용기에 수납하여 저장하는 위험물의 온도가 55℃를 넘지 아니하도록 필요한 조치를 강구하여야 한다(중요기준)

• 가. 운반용기 외부 표시해야 하는 주의사항?
• 나. 지정수량이 가장 작은 위험물의 품명은?
• 다. 혼재가 가능한 위험물은(지정수량 10배인 경우)

답 가: 화기엄금, 충격주의, 나: 질산에스테르류, 유기과산화물, 다: 제2류 위험물, 제4류 위험물

해 위험물의 유별 저장·취급의 공통기준(중요기준)

1. 제1류 위험물은 가연물과의 접촉·혼합이나 분해를 촉진하는 물품과의 접근 또는 과열·충격·마찰 등을 피하는 한편, 알카리금속의 과산화물 및 이를 함유한 것에 있어서는 물과의 접촉을 피하여야 한다.
2. 제2류 위험물은 산화제와의 접촉·혼합이나 불티·불꽃·고온체와의 접근 또는 과열을 피하는 한편, 철분·금속분·마그네슘 및 이를 함유한 것에 있어서는 물이나 산과의 접촉을 피하고 인화성 고체에 있어서는 함부로 증기를 발생시키지 아니하여야 한다.
3. 제3류 위험물 중 자연발화성물질에 있어서는 불티·불꽃 또는 고온체와의 접근·과열 또는 공기와의 접촉을 피하고, 금수성물질에 있어서는 물과의 접촉을 피하여야 한다.
4. 제4류 위험물은 불티·불꽃·고온체와의 접근 또는 과열을 피하고, 함부로 증기를 발생시키지 아니하여야 한다.
5. 제5류 위험물은 불티·불꽃·고온체와의 접근이나 과열·충격 또는 마찰을 피 하여야 한다.
6. 제6류 위험물은 가연물과의 접촉·혼합이나 분해를 촉진하는 물품과의 접근 또는 과열을 피하여야 한다

일단 길면, 1,2,3 중에 하나이고, 짧으면 4,5,6중에 하나이다. 그렇게 먼저 나누고 특징을 기억하면 된다.

문제는 제5류 위험물에 대한 기준이다.

위험물 운반용기 외부에 표시해야 하는 주의사항은 아래와 같다.

- 1류
  1) 알칼리금속과산화물의 경우 : 화기/충격주의, 물기엄금 및 가연물접촉주의
  2) 그 밖의 것 : 화기/충격주의, 가연물 접촉주의
- 2류
  1) 철분, 마그네슘, 금속분: 화기주의 물기엄금
  2) 인화성 고체: 화기엄금
  3) 그 밖의 것 : 화기주의
- 3류
  1) 자연발화성 물질: 화기엄금 및 공기접촉엄금
  2) **금수성물질: 물기엄금**
- 4류 : **화기엄금**
- 5류 : **화기엄금, 충격주의**
- 6류 : 가연물접촉주의

혼재 가능한 물질은 423 524 61이다.

012

다음 분말소화약제의 화학식을 쓰시오.

- 가. 제1종 분말소화약제 • 나. 제2종 분말소화약제 • 다. 제3종 분말소화약제

답 가: $NaHCO_3$, 나: $KHCO_3$, 다: $NH_4H_2PO_4$

해

종류	성분	적응화재	열분해반응식	색상
제1종분말	$NaHCO_3$(탄산수소나트륨)	B, C	$2NaHCO_3 \rightarrow Na_2CO_3 + CO_2 + H_2O$	백색
제2종분말	$KHCO_3$(탄산수소칼륨)	B, C	$2KHCO_3 \rightarrow K_2CO_3 + CO_2 + H_2O$	담회색
제3종분말	$NH_4H_2PO_4$(제1인산암모늄)	A, B, C	$NH_4H_2PO_4 \rightarrow HPO_3$(메타인산)$+NH_3$(암모니아)$+H_2O$	담홍색
제4종분말	$KHCO_3 + (NH_2)_2CO$(탄산수소칼륨+요소)	B, C	$2KHCO_3 + (NH_2)2CO \rightarrow K_2CO_3 + 2NH_3 + 2CO_2$	회색

013

지하탱크저장소의 위치, 구조, 설비 기준이다. 빈칸을 채우시오

- 탱크전용실은 지하의 가장 가까운 벽·피트·가스관 등의 시설물 및 대지경계선으로부터 (가)m 이상 떨어진 곳에 설치한다.
- 지하저장탱크의 윗부분은 지면으로부터 (나)m 이상 아래에 있어야 한다.
- 지하저장탱크를 2 이상 인접해 설치하는 경우에는 그 상호간에 (다)m(당해 2 이상의 지하저장탱크의 용량의 합계가 지정수량의 100배 이하인 때에는 (라)m) 이상의 간격을 유지하여야 한다. 다만, 그 사이에 탱크전용실의 벽이 나 두께 (마)㎝ 이상의 콘크리트 구조물이 있는 경우에는 그러하지 아니하다.

답 가: 0.1, 나: 0.6, 다: 1, 라: 0.5, 마: 20

014

위험물안전관리법령상 옥내탱크저장소의 펌프설비, 탱크전용실에 대한 설명이다. 빈칸을 채우시오.

- 탱크전용실외의 장소에 펌프설비를 설치하는 경우, 펌프실은 상층이 있는 경우에 있어서는 상층의 바닥을 내화구조로 하고, 상층이 없는 경우에 있어서는 지붕을 (　가　)로 하며. 천장을 설치하지 아니할 것
- 탱크전용실을 단층건물 외의 건축물에 설치하는 경우, 탱크전용실에 펌프설비를 설치하는 경우에는 견고한 기초 위에 고정한 다음 그 주위에는 불연재료로 된 턱을 (　나　)m 이상의 높이로 설치하는 등 누설된 위험물이 유출되거나 유입되지 아니하도록 하는 조치를 할 것
- 펌프실의 출입구에는 (　다　)을 설치할 것. 다만, 제6류 위험물의 탱크전용실에 있어서는 을종방화문을 설치할 수 있다.
- 액상의 위험물의 옥내저장탱크를 설치하는 탱크전용실의 바닥은 위험물이 침투하지 아니하는 구조로 하고, 적당한 경사를 두는 한편, (　라　)를 설치할 것
- 탱크전용실의 창 또는 출입구에 유리를 이용하는 경우에는 (　마　)로 할 것

㉮ 가: 불연재료, 나: 0.2, 다: 갑종방화문, 라: 집유설비, 마: 망입유리

015

위험물안전관리법령상 위험물 제조소에서 위험물을 다음의 수량에 만큼 저장할 때 필요한 보유공지는?

- 가. 지정수량 1배　• 나. 지정수량 5배　• 다. 지정수량 10배　• 라. 지정수량 50배　• 마. 지정수량 200배

㉮ 가. 3m 이상, 나: 3m 이상, 다: 3m 이상, 라: 5m 이상, 마: 5m 이상

㉯ 제조소의 보유공지 기준

취급하는 위험물의 최대수량	공지의 너비
지정수량의 10배 이하	3m 이상
지정수량의 10배 초과	5m 이상

016

다음 위험물 중 위험등급이 Ⅱ등급인 위험물을 고르고 그 지정배수의 합을 쓰시오.

유황 100kg, 철분 50kg, 나트륨 100kg, 질산염류 600kg, 등유 6000L

㊟ **Ⅱ등급인 위험물: 유황, 질산염류, 지정배수의 합: 3**

㊞ 유황은 위험등급이 Ⅱ등급이고 지정수량은 100kg이다(백유황적 / 오철금마 천인)

철분은 위험등급이 Ⅲ등급이고, 지정수량은 500kg이다(백유황적 / 오철금마 천인).

나트륨 위험등급이 Ⅰ등급이고, 지정수량은 10kg이다(십알 칼알나 이황 / 오알알유 / 삼금금탄규).

질산염류는 위험등급이 Ⅱ등급이고 지정수량은 300kg이다(오(50)염과 무아 / 삼(300)질 요브 / 천(1000)과 중).

등유는 위험등급이 Ⅲ등급이고, 지정수량은 1000L이다(일(1000L)등경 크스클 / 이(2000L)아히포).

따라서 Ⅱ등급은유황과, 질산염류이고, 지정수량의 합은 100/100 + 600/300 = 3이다.

017

다음에서 설명하는 위험물에 대해 질문에 답하시오.

- 제3류 위험물
- 지정수량은 300kg
- 분자량은 64g/mol
- 비중 2.2
- 질소와 반응 시 석회질소를 생성시킴
• 가. 이 물질의 화학식은?
• 나. 이 물질과 물의 반응식은?
• 다. 나.의 반응에 따라 생성되는 기체의 완전 연소반응식은?

답 가: CaC_2, 나: $CaC_2 + 2H_2O \rightarrow Ca(OH)_2 + C_2H_2$, 다: $2C_2H_2 + 5O_2 \rightarrow 4CO_2 + 2H_2O$

해 제3류 위험물로 지정수량인 300kg인 물질은 금속의 수소화합물, 금속의 인화물, 칼슘 또는 알루미늄의 탄화물 등이 있다(십알 칼알나 이황 / 오알알유 / 삼금금탄규). 이 중 분자량이 64이고, 질소와 반응시 석회질소를 생성시키는 물질은 탄화칼슘이다.

탄화칼슘이 물과 반응하면 수산화물질인 수산화칼슘과 아세틸렌이 발생한다. 따라서 "다"는 아세틸렌의 완전연소 반응식을 쓰는 문제이다.

018

제4류 위험물 중 제1석유류를 이용해 트리니트로톨루엔을 생성시키는 반응식을 쓰시오.

답

$$C_6H_5CH_3 + 3HNO_3 \xrightarrow[H_2SO_4]{} C_6H_2(NO_2)_3CH_3 + 3H_2O$$

해 **5류 위험물 중 제조 방법에 대해 알아 둘 필요가 있는 것이 있다.**

니트로화 하여 생성하는 물질을 기억하자.

톨루엔을 니트로화 해서 트리니트로톨루엔을 생성

$$C_6H_5CH_3 + 3HNO_3 \xrightarrow[H_2SO_4]{} C_6H_2(NO_2)_3CH_3 + 3H_2O$$

페놀을 니트로화 해서 트리니트로벤젠을 생성

$$C_6H_5OH + 3HNO_3 \xrightarrow[H_2SO_4]{} C_6H_2(NO_2)_3OH_3 + 3H_2O$$

그 외에도 앞에 톨루엔, 벤젠외 다른 물질을 넣고 질산 황산으로 니트로화 하면 니트로화 한 물질과 물이 발생한다

(예 글리세린을 위와 같이 반응시키면 니트로글리세린과 물이 생성된다)

019

위험물 안전관리법령상 다음 옥외소화전에 필요한 수원의 수량을 쓰시오.

• 가. 옥외소화전 3개	• 나. 옥외소화전 6개

답 **가**: 40.5m³, **나**: 54 m³

해 옥외소화전설비의 경우 수원의 양은 설치개수에 13.5m³를 곱한다(4개이상일 경우 4개가 기준이다)

020

위험물안전관리법령상 옥외저장소에 저장가능한 위험물의 품명 5가지를 쓰시오.

답 **유황, 인화성 고체(인화점이 섭씨 0도 이상인 것에 한함), 제1석유류(인화점이 섭씨 0도 이상인 것에 한함), 알코올류, 2석유류, 3석유류, 4석유류, 동식물유류, 과염소산, 질산, 과산화수소 중 5개**

해 옥외저장소의 경우 **아래의 위험물이 옥외에 저장**될 수 있다.

- **2류 위험물 중 유황 또는 인화성 고체**(인화점이 섭씨 0도 이상인 것에 한함)
- 4류 위험물 중 **제1석유류(인화점이 섭씨 0도 이상인 것에 한함), 알코올류, 2석유류, 3석유류, 4석유류, 동식물유류**
- **6류 위험물**
- 2류, 4류 위험물 중 특별시, 광역시 또는 도의 **조례**에서 정한 위험물
- 국제해사기구에 관한 협약에 의해 설치된 국제해사기구가 채택한 **국제해상 위험물규칙(IMDG 코드)**에 적합한 용기에 수납된 위험물

1
위험물산업기사

2022년 1회

001

위험물안전관리법령상 다음의 위험물을 지정수량 10배이상을 운반하는 경우 혼재가 가능한 위험물에 대해 다음을 답하시오.

- 가. 제2류 위험물과 혼재가능한 위험물의 유별은?
- 나. 제4류 위험물과 혼재가능한 위험물의 유별은?
- 다. 제6류 위험물과 혼재가능한 위험물의 유별은?

답 **가:** 제4류 위험물, 제5류 위험물, **나:** 제2류 위험물, 제3류 위험물, 제5류 위험물, **다:** 제1류 위험물

해 423, 524, 61

002

다음 분말 소화약제의 주성분의 화학식은?

- 가. 제1종 분말소화약제
- 나. 제2종 분말소화약제
- 다. 제3종 분말소화약제

답 **가:** $NaHCO_3$, **나:** $KHCO_3$, **다:** $NH_4H_2PO_4$

해

종류	성분	적응화재	열분해반응식	색상
제1종분말	$NaHCO_3$(탄산수소나트륨)	B, C	$2NaHCO_3 \rightarrow Na_2CO_3 + CO_2 + H_2O$	백색
제2종분말	$KHCO_3$(탄산수소칼륨)	B, C	$2KHCO_3 \rightarrow K_2CO_3 + CO_2 + H_2O$	담회색
제3종분말	$NH_4H_2PO_4$(제1인산암모늄)	A, B, C	$NH_4H_2PO_4 \rightarrow HPO_3$(메타인산)$+NH_3$(암모니아)$+H_2O$	담홍색
제4종분말	$KHCO_3 + (NH_2)_2CO$(탄산수소칼륨+요소)	B, C	$2KHCO_3 + (NH_2)2CO \rightarrow K_2CO_3 + 2NH_3 + 2CO_2$	회색

- 1종분말소화약제는 비누화반응을 일으키고, 질식($CO_2 + H_2O$), 억제소화(부촉매, Na_2CO_3), 열분해에 따른 냉각 효과를 가진다.
- 1,2,3종 모두 물이 나오며, 1,2종은 이산화탄소, 3종은 질식소화가스인 메타인산(HPO_3, 부착성막을 만듦(방진효과))이 나온다.

003

위험물안전관리법령상 동식물류의 요오드가에 따른 분류기준을 쓰시오.

답 건성유: 요오드가 130 이상, 반건성유: 요오드가 100 - 130, 불건성유: 요오드가 100 이하

004

다음에서 설명하는 위험물에 대해 답하시오.

- 제4류 위험물 중 제1석유류
- 분자량 78
- 비수용성
- 인화점 -11℃
- 무색, 투명하며 방향성을 가짐

• 가. 이 위험물의 명칭은?
• 나. 이 위험물의 구조식은?
• 다. 다음 빈칸을 채우시오.

펌프실 외의 장소에 설치하는 펌프설비에는 4류 위험물(온도 20℃의 물 100g에 용해되는 양이 1g 미만인 것에 한한다)의 경우 직접 배수구에 유입하지 아니하도록 집유설비에 (　　　)를 설치하여야 한다.

㉰ 가: 벤젠

나:

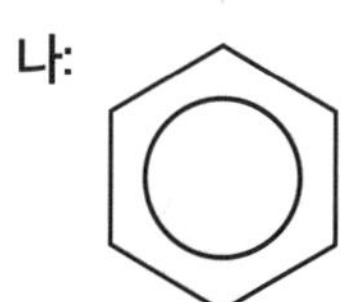

다: 유분리장치

㉻ 제1석유류 중 비수용성 물질은 이(200L)휘벤에메톨 / 사(400L)시아피포

이 중 인화점이 -11℃, 분자량이 78인 물질은 벤젠(C_6H_6)이다.

005

액체위험물을 저장하는 다음의 옥외저장탱크에 대해 답하시오.

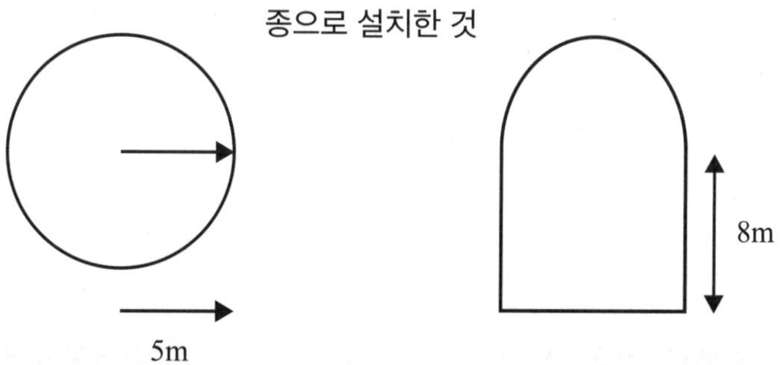

- 가. 탱크의 용량(L)은?(단, 공간용적은 10/100)
- 나. 완공검사 대상인가?(예/아니오 로 답하시오)
- 다. 정기검사 대상인가? (예/아니오 로 답하시오)
- 라. 기술검토를 받아야 하는가? (예/아니오 로 답하시오)

㉰ 가: 565,486.68L, 나: 예, 다: 예, 라: 예

해 • 가. 내용적은 $\pi r^2 l$ 대입하면 $\pi 5^2 \times 8$ 이고, 공간용적을 제외해야 하므로 0.9를 곱해주면 된다.

• 나. 완공검사의 대상은 제조소등이다. 따라서 옥외저장탱크도 포함된다.

• 다. 정기검사의 대상은 액체위험물을 저장 또는 취급하는 50만리터 이상의 옥외탱크저장소이다. 위의 탱크는 이에 해당한다.

• 라. 기술검토 대상은 아래와 같다.

- 지정수량의 1천배 이상의 위험물을 취급하는 제조소 또는 일반취급소
- 옥외탱크저장소(저장용량이 50만 리터 이상인 것만 해당한다) 또는 암반탱크저장소

006

다음과 같이 지하저장탱크를 설치하는 경우 상호간의 간격은 얼마(m) 이상이어야 하는가?

• 가. 경유 20000L 탱크와 휘발유 8000L 탱크
• 나. 경유 8000L 탱크와 휘발유 20000L 탱크
• 다. 경유 20000L 탱크와 휘발유 20000L 탱크

답 **가**: 0.5m, **나**: 1m, **다**: 1m

해 2이상 인접해 설치하는 경우에는 **그 상호간에 1m**(당해 2 이상의 지하저장탱크의 용량의 합계가 **지정수량의 100배 이하인 때에는 0.5m**) 이상의 간격을 유지하여야 한다.

따라서, 원칙적으로 상호간에 1m 이상의 간격을 유지하면 된다. 용량의 합계가 100배 이하인지를 살펴보고, 이에 해당하면 0.5m이상으로 유지하면 된다.

경유의 지정수량은 1000L(일 등경크스클 / 이 아히포), 휘발유의 지정수량은 200L(이 휘벤에메톨 / 사 시아피포)

각 지정수량 배수의 합을 보면

가는 20배, 40배 합하면 60배, 나는 8배, 100배 합하면 108배, 다는 20배, 100배 합하면 120배이다.

007

다음은 제2류 위험물인 마그네슘에 대한 설명이다. 각 질문에 답하시오.

- 가. 다음 빈칸을 채우시오
  마그네슘이 위험물안전관리법령상 위험물이 되기 위한 기준은 직경 (①) 이상 막대모양은 제외하고, (②)체를 통과하지 않는 것은 제외하는 것이다.
- 나. 위험등급은?
- 다. 다음 물질과의 반응식은?
  ① 물과의 반응식
  ② 염산과의 반응식

답 **가:** ①: 2mm, ②: 2mm, **나:** **Ⅲ등급**, **다:** ①: $Mg + 2H_2O \rightarrow Mg(OH)_2 + H_2$, ②: $Mg + 2HCl \rightarrow MgCl_2 + H_2$

해 마그네슘의 경우 위험물이 되기 위한 기준은 2mm체를 통과해야만 하고, 직경 2mm 이상의 막대모양은 제외한다. 즉 작은 것들이 위험하다고 생각하면 된다.

암기법

위험등급은 Ⅲ등급이고(백유황적 / 오철금마 천인)
물과 반응식은 수산화물질과 수소를 생성시키는 것을 기억하면 되고, 산과의 반응도 마찬가지로 수소를 발생시키고, 수산화마그네슘에서 OH대신에 Cl이 붙어 있는 형태를 기억하면 된다.

008

제3류 위험물 중 위험등급이 Ⅰ등급인 위험물의 품명을 쓰시오.

답 **알킬알루미늄 칼륨, 알킬리튬, 나트륨, 황린**

암기법

십알 칼알나 이황 / 오알알유 / 삼금금탄규

009

다음 알코올류에 해당하는 위험물의 연소반응식을 각 쓰시오.

• 가. 에틸알코올	• 나. 메틸알코올

답 가: $C_2H_5OH + 3O_2 \rightarrow 2CO_2 + 3H_2O$, 나: $2CH_3OH + 3O_2 \rightarrow 2CO_2 + 4H_2O$

010

위험물안전관리법령상 옥외저장소의 보유공지에 대해 다음을 답하시오.

- 가. 지정수량 10배의 제1석유류를 저장하는 경우
- 나. 지정수량 10배의 제2석유류를 저장하는 경우
- 다. 지정수량 20배 초과 50배 이하의 제2석유류를 저장하는 경우
- 라. 지정수량 20배 초과 50배 이하의 제3석유류를 저장하는 경우
- 마. 지정수량 20배 초과 50배 이하의 제4석유류를 저장하는 경우

답 가: 3m, 나: 3m, 다: 9m, 라: 9m, 마: 3m

해

저장 또는 취급하는 위험물의 최대수량	공지의 너비
지정수량의 10배 이하	3m 이상
지정수량의 10배 초과 20배 이하	5m 이상
지정수량의 20배 초과 50배 이하	9m 이상
지정수량의 50배 초과 200배 이하	12m 이상
지정수량의 200배 초과	15m 이상

다만, 제4류 위험물 중 제4석유류와 제6류 위험물을 저장 또는 취급하는 옥외저장소의 보유공지는 위의 표에 의한 공지의 너비의 3분의 1 이상의 너비로 한다.

따라서 지정수량 10배 이하인 경우 3m 이고 지정수량 20배 초과 50배 이하인 경우 9m이다.

다만, 4류 위험물인 경우 그의 1/3이므로 3m이다.

011

다음 위험물의 증기비중은 각 얼마인가?

• 가. 이황화탄소	• 나. 아세트알데히드	• 다. 벤젠

답 **가:** 2.62, **나:** 1.52, **다:** 2.69

해 증기비중은 분자량을 29로 나눈 값이다.

각 물질의 분자량은 이황화탄소는 76g/mol, 아세트알데히드(CH_3CHO)는 44g/mol, 벤젠의 분자량은 78g/mol이다.

모두 29로 나누면 된다.

012

다음에서 금수성 및 자연발화성을 모두 가진 위험물을 모두 고르시오.

칼륨, 황린, 수소화나트륨, 니트로벤젠, 글리세린, 트리니트로페놀

답 **칼륨**

해 금수성 및 자연발화성 물질하면 제3류 위험물을 뜻한다. 대 부분 이 두가지의 성질을 모두 가지지만, 황린의 경우 금수성을 가지지 않고, 수소화나트륨의 경우 그 자체로 자연발화성을 가지는 것은 아니다. 다만, 습기 등과 접촉하면 가연성 물질인 수소를 발생시켜 자연발화에 이를 수도 있다.

013

다음 각 위험물의 다음과 같은 반응에서 생성되는 유독가스가 있다면 그 명칭을 쓰시오(없는 경우 없음으로 표시)

- 가. 황린의 완전연소반응
- 나. 인화칼슘과 물의 반응
- 다. 아세트산의 완전연소반응
- 라. 과산화바륨과 물의 반응
- 마. 황린과 수산화칼륨 수용액의 반응

답 가: 오산화인, 나: 포스핀, 다: 없음, 라: 없음, 마: 포스핀

해
- 가: $P_4 + 5O_2 \rightarrow 2P_2O_5$
- 나: $Ca_3P_2 + 6H_2O \rightarrow 3Ca(OH)_2 + 2PH_2$
- 다: $2CH_3COOH + 5O_2 \rightarrow 4CO_2 + 4H_2O$, 유독가스는 없다.
- 라: $2BaO_2 + 2H_2O \rightarrow 2Ba(OH)_2 + O_2$
- 마: $P_4 + 3KOH + 3H_2O \rightarrow 3KH_2PO_2 + PH_3$

014

옥외탱크저장소에 인화성액체를 저장하는 경우 방유제에 대해 다음의 질문에 답하시오.

- 가. 방유제의 면적기준은(m^2)?
- 나. 하나의 방유제내의 탱크의 수는 10개 이하로 하여야 한다. 다만, 그와 달리 제한이 없는 경우가 있는데, 그 기준은?
- 다. 제1석유류를 150000L 저장하는 경우 방유제내 탱크의 최대 개수는?

답 가: $80000m^2$ 이하, 나: 인화점이 200°C 이상인 위험물을 저장 또는 취급하는 경우, 다: 10개

해 방유제내의 설치하는 옥외저장탱크의 수는 10개(단, 방유제내에 설치하는 모든 옥외저장탱크의 용량이 20만ℓ 이하이고, 당해 옥외저장탱크에 저장 또는 취급하는 위험물의 인화점이 70°C 이상 200°C 미만인 경우에는 20) 이하로 할 것. 다만, 인화점이 200°C 이상인 위험물을 저장 또는 취급하는 옥외저장탱크에 있어서는 그러하지 아니하다. 제1석유류는 인화점이 21°C미만이므로 문제의 경우 최대 10개까지이다.

015

주유취급소의 탱크의 용량에 대해 다음의 빈칸을 채우시오.

- 가. 자동차 등에 주유하기 위한 고정주유설비에 직접 접속하는 전용탱크로서 (   )ℓ 이하의 것
- 나. 고정급유설비에 직접 접속하는 전용탱크로서 (   )ℓ 이하의 것
- 다. 보일러 등에 직접 접속하는 전용탱크로서 (   )ℓ 이하의 것
- 라. 자동차 등을 점검·정비하는 작업장 등(주유취급소안에 설치된 것에 한한다)에서 사용하는 폐유·윤활유 등의 위험물을 저장하는 탱크로서 용량(2 이상 설치하는 경우에는 각 용량의 합계를 말한다)이 (   )ℓ 이하의 것

㉮ 가: 50000, 나: 50000, 다: 10000, 라: 2000

016

다음 위험물 중 제4류 위험물로 인화점이 21℃ 이상 70℃ 미만인 것으로 수용성인 물질을 모두 고르면?

니트로벤젠, 포름산, 글리세린, 메틸알코올, 아세트산

㉮ **아세트산, 포름산**

㉯ 인화점이 21℃ 이상 70℃ 미만 것은 제2석유류에 해당하고 이 중 수용성인 물질은 아세트산, 포름산이다(일(1000L) 등경 크스클벤/ 이(2000L)아히포)

니트로벤젠 제3석유류 비수용성이고, 글리세린은 제3석유류 수용성이다.

017

다음은 위험물안전관리법령상 위험물의 운송기준에 대한 다음 질문에 답하시오.

- 가. 운송책임자의 감독 또는 지원의 방법에 해당하는 것을 모두 고르면?
  ① 운송책임자가 이동탱크저장소에 동승하여 운송 중인 위험물의 안전확보에 관하여 운전자에게 필요한 감독 또는 지원을 하는 방법
  ② 별도의 사무실에 운송책임자가 대기하면서 이동탱크저장소의 운전자에 대하여 수시로 안전확보 상황을 확인하는 방법
  ③ 별도의 차량으로 따라 이동하며 감독 또는 지원하는 방법
  ④ 전화를 통해 지원하는 방법
- 나. 위험물운송자는 장거리 운행 시 2명 이상의 운전자로 해야 하는데, 그러하지 않아도 되는 경우를 모두 고르면?
  ① 운송책임자를 동승시킨 경우
  ② 운송하는 위험물이 제2류 위험물인 경우
  ③ 운송하는 위험물이 제4류 위험물 제1석유류인 경우
  ④ 운송도중에 2시간 이내마다 20분 이상씩 휴식하는 경우
- 다. 위험물의 운반 시 이동탱크저장소에 비치해야 하는 것을 모두 고르면?
  ① 완공검사합격확인증
  ② 위험물안전관리카드
  ③ 정기검사확인증

답 가: ①, ②, 나: ①, ②, ③, ④, 다: ①, ②

해 운송책임자의 감독 또는 지원의 방법은 다음과 같다

가. 운송책임자가 이동탱크저장소에 동승하여 운송 중인 위험물의 안전확보에 관하여 운전자에게 필요한 감독 또는 지원을 하는 방법 다만 운전자가 운반책임자의 자격이 있는 경우에는 운송책임자의 자격이 없는 자가 동승할 수 있다.

나. 운송의 감독 또는 지원을 위하여 마련한 별도의 사무실에 운송책임자가 대기하면서 다음의 사항을 이행하는 방법

1) 운송경로를 미리 파악하고 관할소방관서 또는 관련업체(비상대응에 관한 협력을 얻을 수 있는 업체를 말한다)에 대한 연락체계를 갖추는 것

2) 이동탱크저장소의 운전자에 대하여 수시로 안전확보 상황을 확인하는 것

3) 비상시의 응급처치에 관하여 조언을 하는 것

4) 그 밖에 위험물의 운송중 안전확보에 관하여 필요한 정보를 제공하고 감독 또는 지원하는 것

위험물운송자는 장거리(고속국도에 있어서는 340㎞이상 그 밖의 도로에 있어서는 200㎞ 이상을 말한다) 운송을 하는 때에는 2명 이상의 운전자로 해야 한다. 다만 다음의 1에 해당하는 경우에는 그러하지 아니하다.

1) 운송책임자를 동승시킨 경우

2) 운송하는 위험물이 제2류 위험물 제3류 위험물(칼슘 또는 알루미늄의 탄화물과 이것 만을 함유한 것에 한한다) 또는 제4류 위험물(특수인화물을 제외한다)인 경우

3) 운송도중에 2시간 이내마다 20분 이상씩 휴식하는 경우

완공검사합격확인증은 그 확인증 안내사항에 이동탱크저장소에 항상 비치하여야 한다고 명시되어 있다.

위험물(제4류 위험물에 있어서는 특수인화물 및 제1석유류에 한한다)을 운송하게 하는 자는 위험물안전카드를 위험물운송자로 하여금 휴대하게 해야 한다.

018

다음 각 위험물의 류별과 지정수량을 쓰시오.

• 가. 질산염류	• 나. 황린	• 다. 질산	• 라. 칼륨	• 마. 니트로화합물	• 바. 아조화합물

답 **가: 제1류 위험물,** 300kg, **나: 제3류 위험물,** 20kg, **다: 제6류 위험물,** 300kg, **라: 제3류 위험물,** 10kg, **마: 제5류 위험물,** 200kg, **바: 제5류 위험물,** 200kg

해 • 가. 제1류 위험물 오(50)염과 무아 / 삼(300)질 요브 / 천(1000)과 중

• 나. 제3류 위험물 십알 칼알나 이황 / 오알알유 / 삼금금탄규

• 다. 제6류 위험물 삼 질할과염산

• 라. 제3류 위험물 십알 칼알나 이황 / 오알알유 / 삼금금탄규

• 마. 제5류 위험물 십유질 / 백히히 이백니니 아히디질

• 바. 제5류 위험물 십유질 / 백히히 이백니니 아히디질

019

에틸렌(C_2H_4)와 산소를 $CuCl_2$의 촉매로 반응시켜 생성되는 특수인화물에 대해 다음을 답하시오.

• 가. 시성식	• 나. 명칭
• 다. 증기비중	• 라. 보냉장치가 없는 이동탱크저장소에 저장시 저장온도는?

답 **가:** CH_3CHO, **나: 아세트알데히드, 다.** 1.52, **라:** 40℃ **이하**

해 에틸렌과 산소를 $CuCl_2$의 촉매로 반응시켜 생성되는 물질은 아세트알데히드이다.

$$2C_2H_4 + O_2 \xrightarrow{CuCl_2} 2CH_3CHO$$

020

다음에서 설명하는 위험물에 대해 답하시오.

분자량이 39g/mol이고, 인화점이 -11℃인 불꽃의 색이 보라색인 제3류 위험물의 과산화물로 제1류 위험물인 물질	
• 가. 이 물질의 물과의 반응식은?	• 나. 이 물질과 이산화탄소의 반응식은?
• 다. 옥내저장소에 저장시 바닥면적은?	

답 **가:** $2K_2O_2 + 2H_2O \rightarrow 4KOH + O_2$, **나:** $2K_2O_2 + 2CO_2 \rightarrow 2K_2CO_3 + O_2$, **다:** $1000m^2$ **이하**

해 먼저 분자량이 39g/mol이고 인화점 -11℃인 불꽃의 색이 보라색인 제3류 위험물은 칼륨이다.

칼륨의 과산화물로 제1류 위험물은 과산화칼륨이다.

즉, 과산화칼륨에 대해 답하는 문제이다.

과산화칼륨은 제1류 무기과산화물로 위험등급이 Ⅰ등급이므로 바닥면적은 $1000m^2$이다. 옥내저장소 바닥면적은 위험등급이 Ⅰ등급인 위허물과 제4류 위험물, 제1석유류, 알코올류의 경우 $1000m^2$ 이하로 하고 그 외에는 기본적으로 $2000m^2$로 기억하면 된다.

001

제3류 위험물인 탄화알루미늄에 대해 다음을 답하시오.

• 가. 물과의 반응식은?	• 나. 염산과의 반응식은?

답 **가:** $Al_4C_3 + 12H_2O \rightarrow 4Al(OH)_3 + 3CH_4$, **나:** $Al_4C_3 + 12HCl \rightarrow 4AlCl_3 + 3CH_4$

002

위험물안전관리법령상 다음의 제조소등의 소요단위를 쓰시오.

• 가. 연면적 300m²인 내화구조인 제조소	• 나. 연면적 300m²인 비내화구조인 제조소
• 다. 연면적 300m²인 내화구조인 저장소	

답 **가:** 3, **나:** 6, **다:** 2

종류	내화구조	비내화구조
위험물	위험물의 지정수량×10	
제조소 및 취급소	100 m²	50 m²
저장소	150 m²	75 m²

제조소의 경우 내화구조인 경우 100㎡, 비내화구조인 경우 50 m²가 1소요단위이다.

따라서 가의 경우 3배이고, 나의 경우 6배이므로, 각 3, 6 소요단위이다.

저장소의 경우 내화구조인 경우 150m²가 소요단위 이므로 소요단위는 2이다.

003

위험물안전관리법령상 제3류 위험물인 칼륨에 대해 다음을 답하시오.

• 가. 이산화탄소와의 반응식은?	• 나. 에탄올과의 반응식은?

답 **가:** $4K + 3CO_2 \rightarrow 2K_2CO_3 + C$, **나:** $2K + 2C_2H_5OH \rightarrow 2C_2H_5OK + H_2$

004

위험물안전관리법령상의 제조소에 제4류 위험물(특수인화물제외)을 옥외에 있는 다음과 같이 위험물저장탱크가 있는 경우, 이 중 하나의 50L탱크 1기는 별도의 방유제에 설치하고, 나머지는 모두 같은 하나의 방유제에 설치하는 경우, 각 필요한 방유제의 최소용량의 합을 구하시오.

• 100만L 1기	• 50만L 2기	• 10만L 3기

답 830000L

해 제조소 옥외에 있는 위험물저장탱크의 경우 액체위험물을 취급하는 경우 다음과 같이 방유제를 설치해야 한다(방유제는 탱크의 물질이 흘러나와서 확대되는 것을 막기위해 설치하는 둑을 의미한다).

ㄱ. 탱크가 1개 때 : 탱크용량의 50%

ㄴ. 탱크가 2개 이상일 때 : 최대 탱크 용량의 50% + 나머지 탱크 용량 합계의 10%

탱크가 1개인 50만 L인 경우 그 반인 25만 리터가 필요하고, 탱크가 2개 이상인 경우 최대용량인 100만 리터의 50%인 50만 리터와 나머지 탱크의 용량의 합인80만 리터(50 + 10 + 10 + 10)의 10%인 8만 리터가 필요하다.

모두 합하면 50만 리터 + 25만 리터 + 8만 리터 = 83만 리터가 된다.

005

위험물안전관리법령상 각 류별의 위험물에 다음 빈칸을 채우시오.

산화성고체	요오드산염류		(가)kg
	과망간산염류		1000kg
	(나)		
(다)	금속분		500kg
	마그네슘		
	(라)		1000kg
인화성액체	제2석유류	비수용성	(마)L
		수용성	2000L
	제3석유류	비수용성	2000L
		수용성	(바)L

㉰ **가:** 300, **나: 중크롬산염류, 다: 가연성고체, 라: 인화성고체, 마:** 1000, **바:** 4000

㉻ 산화성고체는 제1류 위험물 요오드산염류의 지정수량은 300kg이고, 지정수량인 1000kg인 위험물은 과망간산염류, 중크롬산염류가 있다(오(50)염과 무아 / 삼(300)질 요브 / 천(1000)과 중).

금속분, 마그네슘은 제2류 위험물이고, 가연성고체로 구분되고, 지정수량이 1000kg인 위험물은 인화성고체이다(백유황적 / 오철금마 천인)

인화성액체는 제4류 위험물로 제2석유류의 비수용성인 경우 지정수량은 1000L이고(일(1000L)등경 크스클벤(벤즈알데히드, C_7H_6O) / 이(2000L)아히포), 제3석유류의 경우 수용성인 경우 지정수량은 4000L이다(이(2000L)중아니클 / 사(4000L)글글)

006

다음 제1류 위험물 중 위험등급이 Ⅰ등급인 위험물의 품명 3가지 쓰시오.

㉰ **아염소산염류, 염소산염류, 과염소산염류, 무기과산화물, 차아염소산염류**

㉻ 오(50)염과 무아 / 삼(300)질 요브 / 천(1000)과

5차 / 3퍼 퍼크과 아염과

007

니트로셀룰로오스에 대해 다음 질문에 답하시오.

- 가. 품명은?
- 나. 지정수량은?
- 다. 운반시 운반용기 외부용에 표시해야할 주의사항은?
- 라. 제조방법은?

답 가: 질산에스테르류, 나: 10kg, 다: 화기엄금, 충격주의, 라: 셀룰로오스에 진한 질산과 황산을 3:1비율로 혼합하여 만든다.

해 니트로셀룰로오스는 제5류 위험물 질산에스테르류이고, 지정수량은 10kg이다(십유질 / 백히히 이백니니 아히디질)

운반용기 외부표시 주의사항은 다음과 같다.

- 제1류 위험물
  1) 알칼리금속과산화물의 경우 : 화기/충격주의, 물기엄금 및 가연물접촉주의
  2) 그 밖의 것 : 화기/충격주의, 가연물 접촉주의
- 제2류 위험물
  1) 철분, 마그네슘, 금속분 : 화기주의 물기엄금
  2) 인화성 고체 : 화기엄금
  3) 그 밖의 것 : 화기주의
- 제3류 위험물
  1) 자연발화성 물질 : 화기엄금 및 공기접촉엄금
  2) 금수성물질 : 물기엄금
- 제4류 위험물 : 화기엄금
- 제5류 위험물 : 화기엄금, 충격주의
- 제6류 위험물 : 가연물접촉주의

008

위험물안전관리법령상 제2류 위험물인 삼황화린과 오황화린이 연소하는 경우 공통으로 생성되는 기체의 화학식은?

답 P_2O_5, SO_2

해 황화린은 연소하는 경우 오산화인과 이산화황이 생성된다.

$P_4S_3 + 8O_2 \rightarrow 2P_2O_5 + 3SO_2$

$2P_2S_5 + 15O_2 \rightarrow 2P_2O_5 + 10SO_2$

009

위험물안전관리법령상 제3류 위험물인 트리에틸알루미늄에 대해 다음 질문에 답하시오.

- 가. 메틸알코올과의 반응식은?
- 나. "가"의 반응으로 생성되는 기체의 연소반응식은?

답 가: $(C_2H_5)_3Al + 3CH_3OH \rightarrow Al(CH_3O)_3 + 3C_2H_6$, 나: $2C_2H_6 + 7O_2 \rightarrow 4CO_2 + 6H_2O$

010

제1류 위험물인 염소산칼륨에 대해 다음 질문에 답하시오.

- 가. 완전분해반응식을 쓰시오.
- 나. 염소산칼륨 24.5kg이 완전분해하는 경우 생성되는 산소의 부피(m^3)는(표준상태이다)?

㉮ 가: $2KClO_3 \rightarrow 2KCl + 3O_2$, 나: $6.72m^3$

㉯ 염소산칼륨과 산소의 비는 2 : 3다. 염소산칼륨 분자량은 122.5kg/kmol(39 + 35.5 + 163)이므로 24.5kg은 0.2kmol이다. 따라서 생성되는 산소는 0.3mol이다.

표준상태에서 산소 0.3mol의 부피는 $V = 0.3 \times 0.082 \times 273$, 계산하면 $6.72m^3$

011

다음 각 위험물이 물과 반응하여 생성되는 기체를 쓰시오(없는 경우 "해당 없음"으로 쓰시오).

• 가. 염소산칼륨	• 나. 과산화칼륨	• 다. 리튬	• 라. 인화칼슘	• 마. 질산암모늄

㉮ 가: 해당 없음, 나: 산소, 다: 수소, 라: 포스핀, 마: 해당 없음

㉯ • 염소산칼륨은 제1류 위험물 염소산염류로 물과 반응하지 않는다.
- 과산화칼륨은 제1류 위험물 무기과산화물로 물과 반응하여 산소를 발생시킨다.
- 리튬은 제3류 위험물 알칼리금속으로 물과 반응하여 수소를 발생시킨다.
- 인화칼슘은 제3류 위험물 금속의 인화물로 물과 반응하여 포스핀을 발생시킨다.
- 질산암모늄은 제1류 위험물 질산염류로 물과 반응하지 않는다.

012

다음에서 설명하는 위험물에 대해 질문에 답하시오.

- 분자량은 100.5g/mol이고, 비중이 1.76이다.
- 무색의 액체로 물과 반응하면 열을 발생시킨다.
- 염소산중 가장 강하다.
• 가. 이 위험물의 류별은?
• 나. 시성식은?
• 다. 이 위험물을 취급하는 제조소와의 병원간의 안전거리 기준은?
• 라. 이 위험물 5000kg을 취급하는 제조소의 보유공지 기준은?

답 가: 제6류 위험물, 나: $HClO_4$, 다: 기준 없음, 라: 5m 이상

해 분자량인 100.5g/mol이고 염소산 중 가장 강한 물질은 제6류 위험물인 과염소산이다.

안전거리의 경우 제6류 위험물을 취급하는 제조소인 경우 인 경우 그 대상이 아니므로 기준이 없다.

안전거리 : 제조소(제6류 위험물을 취급하는 제조소를 제외한다)는 건축물의 외벽 또는 이에 상당하는 공작물의 외측으로부터 당해 제조소의 외벽 또는 이에 상당하는 공작물의 외측까지의 사이에 다음 규정에 의한 수평거리(이하 "안전거리"라 한다)를 두어야 한다.

ㄱ. 유형문화재와 지정문화재 : 50m 이상

ㄴ. 학교, 병원, 극장 등 다수인 수용 시설(극단, 아동복지시설, 노인보호시설, 어린이집 등) : 30m 이상

ㄷ. 고압가스, 액화석유가스 또는 도시가스를 저장 또는 취급하는 시설 : 20m 이상

ㄹ. 주거용인 건축물 등 : 10m 이상

ㅁ. 사용전압이 35,000V를 초과하는 특고압가공전선 : 5m 이상

ㅂ. 사용전압이 7,000V 초과 35,000V 이하의 특고압가공전선 : 3m 이상

제조소의 보유공지의 기준은 아래과 같다.

취급하는 위험물의 최대수량	공지의 너비
지정수량의 10배 이하	3m 이상
지정수량의 10배 초과	5m 이상

과염소산의 지정수량은 300kg이므로 5000kg인 경우 10배를 초과하므로 5m 이상이어야 한다.

013

다음의 옥외탱크저장소의 탱크 용량을 구하시오.

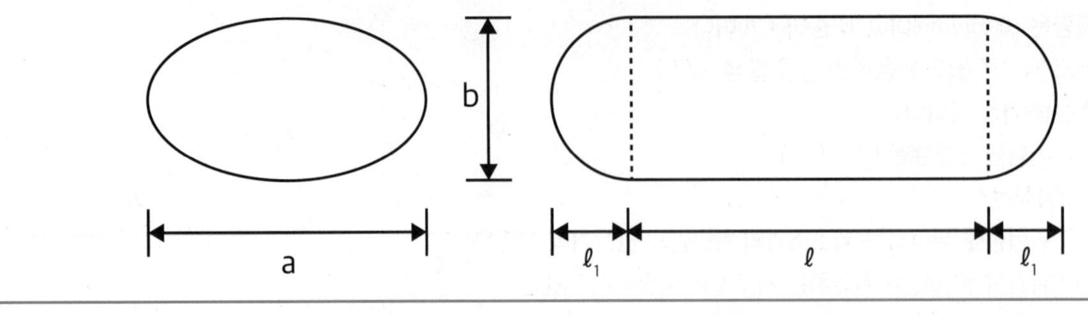

• a : 2m	• b : 1.5m	• L : 3m	• L1 : 0.3m

답 7.54L

해 $\frac{\pi ab}{4}(\ell + \frac{\ell_1 + \ell_2}{3})$에 대입하면 $\frac{(\pi \times 2 \times 1.5)}{4} \times \{3 + \frac{(0.3 + 0.3)}{3}\}$, 약 7.54L이다.

014

다음은 위험물안전관리법상의 소화설비 능력단위에 대한 표이다. 빈칸을 채우시오.

소화설비	물통	수조와 물통 3개	수조와 물통 6개	마른모래와 삽1개	팽창질석 또는 팽창진주암(삽1개)
용량	(가)	80L	190L	(라)	(마)
능력단위	0.3	(나)	(다)	0.5	1.0

답 **가**: 8L, **나**: 1.5, **다**: 2.5, **라**: 50L, **마**: 160L

015

위험물안전관리법령상 다음의 정의를 각 쓰시오.

• 가. 철분　　• 나. 인화성고체　　• 다. 제2석유류

㉰ • 가: 철의 분말로서 53마이크로미터 표준체를 통과한 것이 50중량퍼센트 이상인 것
• 나: 고형알코올 그 밖에 1기압에서 인화점이 섭씨 40도 미만인 고체
• 다: 제4류 위험물 중 인화점이 21℃ 이상 70℃ 미만인 것

016

다음의 불활성기체 소화약제의 구성비에 대해 빈칸을 채우시오.

• IG - 541 : (　가　) 52%, (　나　) 40%, (　다　) 8%
• IG - 55 : (　라　) 50%, (　마　) 50%

㉰ 가: 질소, 나: 아르곤, 다: 이산화탄소, 라: 질소, 마: 아르곤

017

위험물안전관리법령상 옥내저장소에 위험물의 저장, 취급에 대한 기준이다. 빈 칸을 채우시오.

- 옥내저장소에서 동일 품명의 위험물이더라도 자연발화할 우려가 있는 위험물 또는 재해가 현저하게 증대할 우려가 있는 위험물을 다량 저장하는 경우에는 지정수량의 (가)이하마다 구분하여 상호간 (나)이상의 간격을 두어 저장하여야 한다
- 기계에 의하여 하역하는 구조로 된 용기만을 겹쳐 쌓는 경우에 있어서는 (다)를 초과하여 용기를 겹쳐 쌓지 아니하여야 한다
- 제4류 위험물 중 제3석유류, 제4석유류 및 동식물유류를 수납하는 용기만을 겹쳐 쌓는 경우에 있어서는 (라)를 초과하여 용기를 겹쳐 쌓지 아니하여야 한다
- 그 밖의 경우에 있어서는 (마)를 초과하여 용기를 겹쳐 쌓지 아니하여야 한다.

답 **가**: 10**배**, **나**: 0.3m, **다**: 6m, **라**: 4m, **마**: 3m

018

다음은 위험물안전관리법령상의 옥내저장소의 지정과산화물에 대한 저장창고의 기준이다. 빈칸을 채우시오.

저장창고의 지붕은 다음 각목의 1에 적합할 것
가) 중도리(서까래 중간을 받치는 수평의 도리) 또는 서까래의 간격은 (가) 이하로 할 것
나) 지붕의 아래쪽 면에는 한 변의 길이가 (나) 이하의 환강(丸鋼)·경량형강(輕量形鋼) 등으로 된 강제(鋼製)의 격자를 설치할 것
다) 지붕의 아래쪽 면에 (다)을 쳐서 불연재료의 도리(서까래를 받치기 위해 기둥과 기둥사이에 설치한 부재)·보 또는 서까래에 단단히 결합할 것
라) 두께 (라) 이상, 너비 (마) 이상의 목재로 만든 받침대를 설치할 것

답 **가**: 30cm, **나**: 45cm, **다**: **철망**, **라**: 5cm, **마**: 30cm

019

아세트알데히드가 산화되어 생성되는 제4류 위험물에 대해 다음을 답하시오.

- 가. 시성식은?
- 나. 완전연소반응식은?
- 다. 옥내저장소에 저장하는 경우 바닥면적은?

답 **가:** CH_3COOH, **나:** $CH_3COOH + 2O_2 \rightarrow 2CO_2 + 2H_2O$, **다:** $2000m^2$ **이하**

해 에탄올이 산화되면 아세트알데히드가 되고, 아세트알데히드가 산화되면 아세트산이 된다.

옥내저장소의 바닥면적은 위험등급이 Ⅰ등급인 위험물과 제4류 위험물 중 제1석유류 및 알코올류는 바닥면적이 $1000m^2$ 이하이고, 그 외에는 $2000m^2$ 이하이다.

020

위험물안전관리법령상 제4류 위험물인 산화프로필렌에 대해 다음을 답하시오

- 가. 위험등급은?
- 나. 증기비중은?
- 다. 보냉장치 없는 이동탱크저장소에 저장하는 경우 온도 기준은?

답 **가: Ⅰ등급, 나:** 2, **다:** 40℃ **이하**

해 분자량이 58g/mol이므로 증기비중은 29로 나눈 값이므로 2가 된다.

001

위험물안전관리법령상 소화설비 적응성에 관한 아래의 표에 적응성이 있는 경우 O표시를 하시오.

소화설비의 구분		대상물 구분											
		건축물 그밖의 공작물	전기설비	제1류위험물		제2류위험물			제3류위험물		제4류 위험물	제5류 위험물	제6류 위험물
				알칼리금속과산화물등	그밖의 것	철분, 마그네슘 금속분등	인화성 고체	그밖의 것	금수성 물품	그밖의 것			
물분무등소화설비	물분무소화설비												
	포소화설비												
	불활성가스소화설비												
	할로겐화합물소화설비												

㉮

소화설비의 구분		대상물 구분											
		건축물 그밖의 공작물	전기설비	제1류위험물		제2류위험물			제3류위험물		제4류 위험물	제5류 위험물	제6류 위험물
				알칼리금속과산화물등	그밖의것	철분, 마그네슘 금속분등	인화성 고체	그밖의것	금수성 물품	그밖의것			
물분무등소화설비	물분무소화설비	○	○		○		○	○		○	○	○	○
	포소화설비	○			○		○	○		○	○	○	○
	불활성가스소화설비		○				○				○		
	할로겐화합물소화설비		○				○				○		

002

다음의 설명중 제4류 위험물 중 제2석유류에 대해 옳은 것을 모두 고르시오.

- 가. 대부분 수용성이다.
- 나. 인화점이 70℃ 이상 200℃ 미만인 것이다.
- 다. 등유, 경유는 제2석유류이다.
- 라. 도료류 그 밖의 물품에 있어 가연성 액체량이 40중량 퍼센트 이하이고, 인화점이 섭씨 40도 이상인 동시에 연소점이 섭씨 60도 이상인 것은 제외된다.
- 마. 산화제이다.

㉠ 다, 라

㉡ 제2석유류는 일(1000L)등경 크스클 벤(벤즈알데히드, C_7H_6O) 테(테레핀유) / 이(2000L)아히포 아(아크릴산 : $C_3H_4O_2$)로 수용성 비수용성 모두 있다.

제2석유류는 인화점이 21℃ 이상 70℃ 미만인 것

산화제는 주로 1류, 6류 위험물의 특징이다.

003

다음의 경우 각 소화설비의 소요단위가 얼마인지 쓰시오.

- 가. 내화구조로 연면적이 1500m² 인 옥내탱크저장소
- 나. 디에틸에테르 2000L

㉠ 가: 10소요단위, 나: 4소요단위

해

	내화구조	비내화구조
위험물	위험물의 지정수량 × 10	
제조소 및 취급소	100 m²	50 m²
저장소	150 m²	75 m²

- 옥외설치된 공작물은 외벽이 내화구조인 것으로 간주한다.
- 옥내탱크저장소의 경우 내화구조인 경우 150m² 가 1소요단위 이므로 1500m² 인 경우 10소요단위이다.
- 위험물인 경우 지정수량의 10배가 1소요단위 이므로 디에틸에테르의 지정수량은 50L이고, 그 10배인 500L가 1소요단위 이다. 따라서 2000L는 4소요단위이다.

004

위험물안전관리법령상 위험물의 저장 취급에 대해 빈칸을 채우시오.

- 가. (　　　) 위험물은 불티·불꽃·고온체와의 접근이나 과열·충격 또는 마찰을 피하여야 한다.
- 나. (　　　) 위험물은 불티·불꽃·고온체와의 접근 또는 과열을 피하고, 함부로 증기를 발생시키지 아니하여야 한다.
- 다. (　　　) 위험물은 가연물과의 접촉·혼합이나 분해를 촉진하는 물품과의 접근 또는 과열을 피하여야 한다
- 라. 옥외저장소에서 위험물을 유별로 정리하여 저장하여 서로 1m 이상의 간격을 두는 경우 제1류 위험물과 (　　　)위험물은 동일장소에 저장이 가능하다.
- 마. 옥외저장소에서 위험물을 유별로 정리하여 저장하여 서로 1m 이상의 간격을 두는 경우 제2류 위험물 중 인화성고체과 (　　　)위험물은 동일장소에 저장이 가능하다.

답 **가: 제5류, 나: 제4류, 다: 제6류, 라: 제6류, 마: 제4류**

해 위험물의 유별 저장·취급의 공통기준(중요기준)

1. 제1류 위험물은 가연물과의 접촉·혼합이나 분해를 촉진하는 물품과의 접근 또는 과열·충격·마찰 등을 피하는 한편, 알카리금속의 과산화물 및 이를 함유한 것에 있어서는 물과의 접촉을 피하여야 한다.
2. 제2류 위험물은 산화제와의 접촉·혼합이나 불티·불꽃·고온체와의 접근 또는 과열을 피하는 한편, 철분·금속분·마그네슘 및 이를 함유한 것에 있어서는 물이나 산과의 접촉을 피하고 인화성 고체에 있어서는 함부로 증기를 발생시키지 아니하여야 한다.

3. 제3류 위험물 중 자연발화성물질에 있어서는 불티·불꽃 또는 고온체와의 접근·과열 또는 공기와의 접촉을 피하고, 금수성물질에 있어서는 물과의 접촉을 피하여야 한다.
4. 제4류 위험물은 불티·불꽃·고온체와의 접근 또는 과열을 피하고, 함부로 증기를 발생시키지 아니하여야 한다.
5. 제5류 위험물은 불티·불꽃·고온체와의 접근이나 과열·충격 또는 마찰을 피하여야 한다.
6. 제6류 위험물은 가연물과의 접촉·혼합이나 분해를 촉진하는 물품과의 접근 또는 과열을 피하여야 한다. 유별을 달리하는 위험물은 동일한 저장소에 저장하지 아니하여야 한다. 다만, 옥내저장소 또는 옥외저 장소에 있어서 다음의 각목의 규정에 의한 위험물을 저장하는 경우로서 위험물을 유별로 정리하여 저장하는 한편, 서로 1m 이상의 간격을 두는 경우 에는 그러하지 아니하다(중요기준).
   - 가. 제1류 위험물(알칼리금속의 과산화물 또는 이를 함유한 것을 제외한 다)과 제5류 위험물을 저장하는 경우
   - 나. 제1류 위험물과 제6류 위험물을 저장하는 경우
   - 다. 제1류 위험물과 제3류 위험물 중 자연발화성물질(황린 또는 이를 함유 한 것에 한한다)을 저장하는 경우
   - 라. 제2류 위험물 중 인화성고체와 제4류 위험물을 저장하는 경우
   - 마. 제3류 위험물 중 알킬알루미늄등과 제4류 위험물(알킬알루미늄 또는 알킬리튬을 함유한 것에 한한다)을 저장하는 경우
   - 바. 제4류 위험물 중 유기과산화물 또는 이를 함유하는 것과 제5류 위험물 중 유기과산화물 또는 이를 함유한 것을 저장하는 경우

005

제조소와의 안전거리 기준에 따라 제조소의 외벽과 대상물과의 거리는 얼마이어야 하는가?

- 가. 주거용인 건축물
- 나. 유형문화재와 지정문화재
- 다. 고압가스, 액화석유가스 또는 도시가스를 저장 또는 취급하는 시설
- 라. 학교, 병원, 극장 등 다수인 수용 시설
- 마. 사용전압이 7,000V 초과 35,000V 이하의 특고압가공전선

답 가: 10m 이상, 나: 50m 이상, 다: 20m 이상, 라: 30m 이상, 마: 3m 이상

해 안전거리 : 제조소(제6류 위험물을 취급하는 제조소를 제외한다)는 건축물의 외벽 또는 이에 상당하는 공작물의 외측으로부터 당해 제조소의 외벽 또는 이에 상당하는 공작물의 외측까지의 사이에 다음 규정에 의한 수평거리(이하 "안전거리"라 한다)를 두어야 한다.

- 가. 유형문화재와 지정문화재: 50m 이상
- 나. 학교, 병원, 극장 등 다수인 수용 시설(극단, 아동복지시설, 노인보호시설, 어린이집 등): 30m 이상
- 다. **고압가스, 액화석유가스 또는 도시가스를 저장 또는 취급하는 시설: 20m 이상**
- 라. **주거용인 건축물 등: 10m 이상**
- 마. **사용전압이 35,000V를 초과하는 특고압가공전선: 5m 이상**
- 바. **사용전압이 7,000V 초과 35,000V 이하의 특고압가공전선 : 3m 이상**

암기법

5321530이고, 문학가주사사로 암기(문학가가 주사 부리다 사망하는 이야기)

006

다음 위험물의 시성식을 각 쓰시오.

• 가. 아세톤	• 나. 초산에틸	• 다. 트리니트로페놀	• 라. 아닐린	• 마. 포름산

답 **가**: CH_3COCH_3, **나**: $CH_3COOC_2H_5$, **다**: $C_6H_2(NO_2)_3OH$, **라**: $C_6H_5NH_2$, **마**: $HCOOH$

007

다음의 경우 방화상유효한 담의 높이는 얼마 이상이어야 하는가?

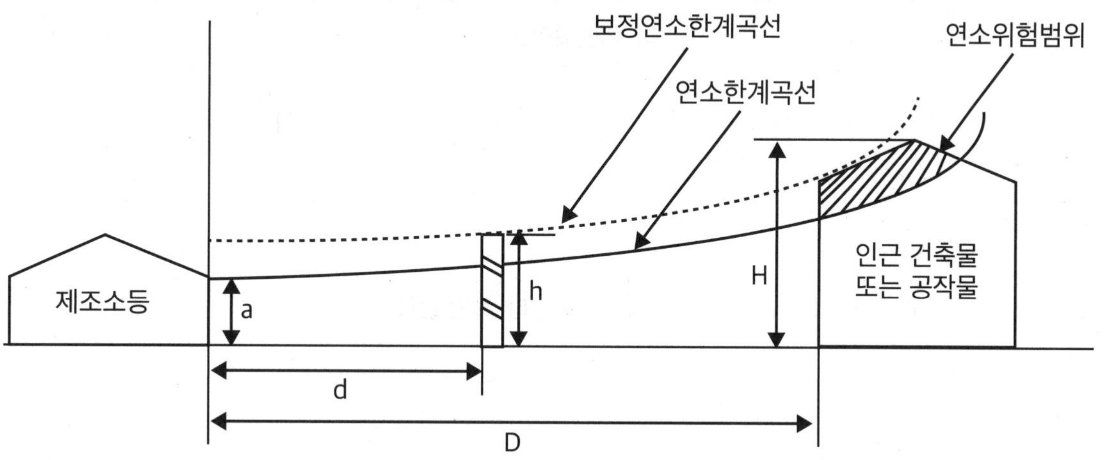

- D : 제조소등과 인근 건축물 또는 공작물과의 거리(m) : 10m
- H : 인근 건축물 또는 공작물의 높이(m) : 40m
- a : 제조소등의 외벽의 높이(m) : 30m
- d : 제조소등과 방화상 유효한 담과의 거리(m) : 5m
- h : 방화상 유효한 담의 높이(m)
- p : 상수 0.15

답 2m

해 방화상 유효한 담의 높이는 다음에 의하여 산정한 높이 이상으로 한다.

가. **$H \leq pD^2 + \alpha$ 인 경우, $h = 2$**

나. $H > pD^2 + \alpha$ 인 경우, $h = H - p(D^2 - d^2)$

- D : 제조소등과 인근 건축물 또는 공작물과의 거리(m)
- H : 인근 건축물 또는 공작물의 높이(m)
- α : **제조소등의 외벽의 높이(m)**
- d : 제조소등과 방화상 유효한 담과의 거리(m)
- h : 방화상 유효한 담의 높이(m)
- p : 상수 0.15

$40 < 0.15 \times 10^2 + 30$ 이므로 h의 값은 2이다.

008

칼륨과 다음 각 물질의 반응식을 쓰시오. (반응하지 않는 경우 "해당 없음"으로 쓸 것)

• 가. 물	• 나. 이산화탄소	• 다. 경유

답 **가:** $2K + 2H_2O \rightarrow 2KOH + H_2$, **나:** $4K + 3CO_2 \rightarrow 2K_2CO_3 + C$, **다: 해당 없음**

009

나트륨에 대해 다음 질문에 답하시오.

• 가. 에탄올과의 반응식을 쓰시오.	• 나. "가" 반응에서 생성되는 기체의 위험도를 구하시오.

답 **가:** $2Na + 2C_2H_5OH \rightarrow 2C_2H_5ONa + H_2$, **나:** 17.75

해 나트륨과 에틸알코올이 반응하면 나트륨에틸라이드와 수소가 발생한다.

수소의 경우 연소범위가 4-75% 이고, 위험도는 (H - L)/L로 구한다(H는 상한, L은 하한). 상한과 하한의 차이가 클수록 위험하다. 계산하면 (75 - 4) / 4 = 17.75이다.

010

다음에서 연소가 가능한 위험물을 고르고 그 연소 반응식을 쓰시오.

과산화수소, 질산칼륨, 염소산암모늄, 알루미늄분, 아세트알데히드

답 **알루미늄분, 아세트알데히드,** $4Al + 3O_2 \rightarrow 2Al_2O_3$, $2CH_3CHO + 5O_2 \rightarrow 4CO_2 + 4H_2O$

011

위험물안전관리법령상 차광성 있는 피복으로 가리고, 방수성 있는 피복으로 덮어야 하는 위험물의 품명을 모두 고르시오.

알칼리금속과산화물, 유기과산화물, 과산화수소, 과염소산염류, 금속분

답 알칼리금속과산화물

해
- 차광성 있는 피복으로 가릴 위험물 : 1류, 3류 중 자연발화성 물질, 4류 중 특수인화물, 5류, 6류
- 방수성 있는 피복으로 덮을 위험물(물을 피해야 하는 것) : 1류 중 알칼리금속 과산화물 또는 이를 함유한 것, 2류 중 철분, 마그네슘, 금속분 또는 이를 함유한 것, 3류 중 금수성물질
- 알칼리금속과산화물은 제1류 알칼리금속과산화물이고, 유기과산화물은 제5류 위험물, 과산화수소는 제6류, 과염소산염류는 제1류 과염소산염류이고, 금속분은 제2류 위험물이다.
- 차광성, 방수성 모두 해당하는 것은 알칼리금속과산화물이다.

012

다음에서 설명하는 위험물에 대해 질문에 답하시오.

> 분자량이 34이고, 농도에 따라 위험물안전관리법령상 위험물로 분류된다.
> 표백작용을 하는 물질이며, 운반용기 외부에 표시해야 하는 주의사항은 "가연물접촉주의"이다.
> • 가. 명칭은?　• 나. 시성식은?
> • 다. 열분해 하는 경우 생성되는 기체의 화학식은?　• 라. 제조소 게시판에 게시할 내용은 무엇인가?

답 가: 과산화수소, 나: H_2O_2, 다: O_2, 라: 없음

해 가연물접촉주의가 외부용기 표시 주의사항이고, 분자량이 34인 물질은 과산화수소이다.

과산화수소가 열분해 하면 물과 산소가 발생한다 $2H_2O_2 \rightarrow 2H_2O + O_2$

위험물에 따른 주의사항

- 1류
  1) 알칼리금속과산화물의 경우 : 화기/충격주의, 물기엄금 및 가연물접촉주의
  2) 그 밖의 것 : 화기/충격주의, 가연물 접촉주의
- 2류
  1) 철분, 마그네슘, 금속분 : 화기주의 물기엄금
  2) 인화성 고체 : 화기엄금
  3) 그 밖의 것 : 화기주의
- 3류
  1) 자연발화성 물질 : 화기엄금 및 공기접촉금지
  2) 금수성물질 : 물기엄금
- 4류 : 화기엄금
- 5류 : 화기엄금, 충격주의
- 6류 : 가연물접촉주의

제조소의 게시판에 게시할 내용

i) 1류 알칼리금속의 과산화물:물기엄금
그 밖에:없음
ii) 2류 인화성 고체:화기엄금
철분, 마그네슘, 금속분 및 그 밖에:화기주의
iii) 3류 자연발화성 물질:화기엄금
금수성물질:물기엄금
iv) 4류:화기엄금
v) 5류:화기엄금
vi) 6류:없음

013

크실렌의 3가지 이성질체의 명칭과 그 구조식을 쓰시오.

답 O-크실렌, m-크실렌, p-크실렌

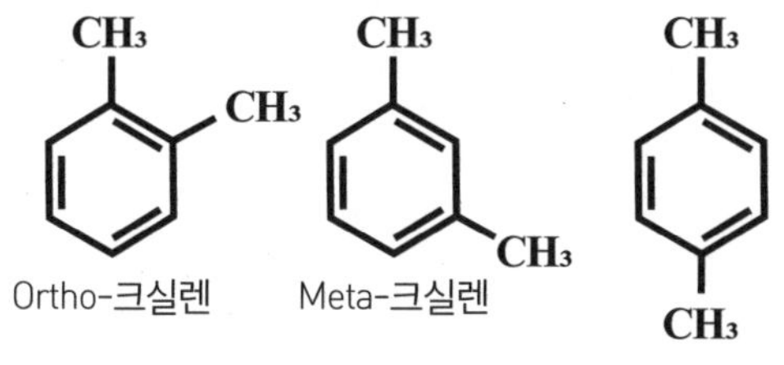

014

다음에서 설명하는 위험물에 대해 질문에 답하시오.

> 분자량이 227이며, 담황색의 고체결정이나, 햇빛에 다갈색으로 변한다. 폭약의 원료로 쓰이며, 물에 안 녹고, 아세톤, 에테르, 벤젠에 녹는다.
> - 가. 이 물질의 화학식은?
> - 나. 이 물질의 지정수량은 얼만인가?
> - 다. 제조방법은?

답 **가:** $C_6H_2(NO_2)_2CH_3$, **나:** 200kg, **다: 톨루엔에 황산, 질산 반응시켜 나온다.**

해 위과 같은 성질을 가지는 물질을 트리니트로톨루엔(TNT)이다. 제5류 위험물 니트로화합물로 지정수량은 200kg이다(십유질 / 백히히 이백니니 아히디질)

015

다음에서 설명하는 위험물에 대해 질문에 답하시오.

> 분자량인 78이며, 겨울철에 고체인 무색투명의 액체로 니켈을 촉매로 하고 수소를 첨가하여 가열한 반응에서 시클로헥산이 생성되는 물질
> - 가. 화학식은?
> - 나. 구조식은?
> - 다. 위험물안전카드를 휴대해야 하는 물질인가?
> - 라. 장거리 운송 시 운전자를 2인 이상으로 하여 운송해야 하는 물질인가?

답 가: C_6H_6

나:

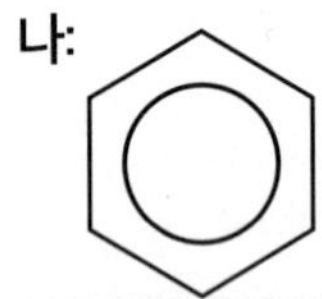

다: 휴대해야 한다.

라: 그렇지 않다.

해 벤젠에 대한 설명이다.

위험물 운송시 위험물(제4류 위험물에 있어서는 특수인화물 및 제1석유류에 한한다)을 운송하게 하는 자는 위험물 안전카드를 위험물운송자로 하여금 휴대하게 해야 한다.

벤젠은 제1석유류 이므로 휴대해야 한다.

위험물운송자는 장거리(고속국도에 있어서는 340km 이상, 그 밖의 도로에 있어서는 200km 이상을 말한다)에 걸치는 운송을 하는 때에는 2명 이상의 운전자로 할 것. 다만 다음의 에 해당하는 경우에는 그러하지 아니하다(예외).

i) 운송책임자를 동승시킨 경우

ii) 운송하는 위험물이 제2류 위험물, 제3류 위험물(칼슘 또는 알루미늄의 탄화물과 이것 만을 함유한 것에 한한다) 또는 제4류 위험물(특수인화물을 제외한다) 인 경우

iii) 운송도중에 2시간 이내 마다 20분 이상씩 휴식하는 경우

벤젠의 경우 제1석유류 이므로 위의 예외에 해당하므로 2인 이상의 운전자로 하지 않아도 된다.

016

위험물안전관리법령상 제1류 위험물인 질산암모늄에 다음 질문에 답하시오.

- 가. 질소, 산소, 물 등을 생성시키는 분해반응식을 쓰시오.
- 나. 질산암모늄 1몰이 분해되는 경우 생성되는 물의 부피(L)는?(단, 0.9기압, 300℃이다)

답 **가:** $2NH_4NO_3 \rightarrow 2N_2 + O_2 + 4H_2O$, **나:** 104.41L

해 질산암모늄과 생성되는 물의 대응비는 2:4, 즉, 1:2이므로 질산암모늄 1몰이 분해되면 물은 2몰이 생성된다. 물 2몰의 부피는 V =(2 × 0.082 × 573) / 0.9, 계산하면 약 104.41L이다.

017

트리에틸알루미늄 228g이 물과 반응하는 경우 다음의 질문에 답하시오.

- 가. 그 반응식은?
- 나. 이때 생성되는 가연성 가스의 부피는(L)?(표준상태이다)

답 **가:** $(C_2H_5)_3Al + 3H_2O \rightarrow Al(OH)_3 + 3C_2H_6$, **나:** 134.32L

해 위 반응에서 생성되는 가연성 가스는 에탄이고, 트리에틸알루미늄과 에탄의 대응비는 1:3이다. 트리에틸알루미늄의 분자량은114g/mol이므로 228g 은 2몰에 해당한다. 따라서 생성되는 에탄은 6몰이다. 부피는 이상기체 방정식에 따라 V = 6 × 0.082 × 273, 약 134.32L이다.

018

다음 위험물을 인화점이 낮은 것부터 순서대로 쓰시오.

클로로벤젠, 초산에틸, 글리세린, 이황화탄소

답 이황화탄소, 초산에틸, 클로로벤젠, 글리세린

해 제4류 위험물은 특수인화물, 제1석유류, 제2석유류, 제3석유류 순으로 인화점이 낮다.

이황화탄소는 특수인화물이고, 초산에틸은 제1석유류, 클로로벤젠은 제2석유류, 글리세린은 제3석유류이다.

019

다음 탱크에 위험물을 저장하는 경우 최대 용량(L)을 구하시오(공간용적은 5%).

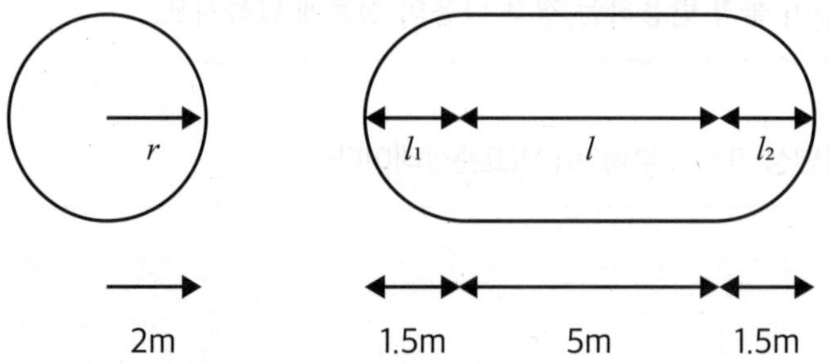

답 71628.31L

해 먼저 위의 탱크의 내용적을 구한 후 공간용적을 빼주면 용량이 된다. 내용적을 구하는 공식은 다음과 같고,

$$\pi r^2\left(l + \frac{l_1 + l_2}{3}\right)$$

계산하면, 약, 75398.22L이고, 공간용적이 5%이므로 0.95를 곱하면 된다.

71628.31L 이다.

020

다음은 위험물안전관리법령상의 안전교육의 대상, 교육과정, 시간에 대한 사항이다. 다음 보기에서 골라 빈칸을 채우시오.

<보기>
안전관리자, 위험물운송자, 위험물운반자, 탱크시험자

교육과정	교육대상자	교육시간
강습교육	(가)가 되려는 사람	24시간
	(나)가 되려는 사람	8 시간
	(다)가 되려는 사람	16 시간
실무교육	(가)	8 시간이내
	(나)	4 시간
	(다)	8 시간이내
	(라)의 기술인력	8시간이내

㉮ 가: 안전관리자, 나: 위험물운반자, 다: 위험물운송자, 라: 탱크시험자

I

위험물산업기사

2023년 1회

001

위험물안전관리법령상 제조소의 배출설비의 기준에 대해 다음을 답하시오.

- 가. 국소방식인 경우 배출장소의 용적이 300m²인 경우 배출설비의 시간당 배출능력은?
- 나. 전역방식인 경우 바닥면적이 100m²인 경우에는 어떠한가?

답 **가:** 6000m³ **이상, 나:** 1800m³ **이상**

해 배출능력은 1시간당 배출장소 용적의 20배 이상인 것으로 하여야 한다. 다만, 전역방식의 경우에는 바닥면적 1m² 당 18m³ 이상으로 할 수 있다.

002

위험물안전관리법령상 위험물을 저장하는 기준에 대해 질문에 답하시오.

- 가. 옥외저장소의 경우 위험물을 수납한 용기를 선반에 저장하는 경우 얼마를 초과해서 저장하면 안되는가?
- 나. 옥내저장소의 경우 기계에 의하여 하역 하는 구조로 된 용기만을 겹쳐 쌓는 경우에 있어서 높이는 얼마는 초과해서 겹쳐 쌓으면 안되는가?
- 다. 옥내저장소에서 중유를 저장하는 경우 높이는 얼마를 초과해서 저장하면 안되는가?

답 **가:** 6m, **나:** 6m, **다:** 4m

해 가. 옥외저장소에서 위험물을 수납한 용기를 선반에 저장하는 경우에는 6m를 초과하여 저장하지 아니하여야 한다.

나, 다. 옥내저장소에서 위험물을 저장하는 경우에는 다음 각목의 규정에 의한 높이를 초과하여 용기를 겹쳐 쌓지 아니하여야 한다.

- 기계에 의하여 하역하는 구조로 된 용기만을 겹쳐 쌓는 경우에 있어서는 6m
- 제4류 위험물 중 제3석유류, 제4석유류 및 동식물유류를 수납하는 용기만을 겹쳐 쌓는 경우에 있어서는 4m
- 그 밖의 경우에 있어서는 3m

중유는 제4류 위험물 제3석유류 이므로 4m를 초과해서 용기를 겹쳐 쌓으면 안된다.

003

제5류 위험물인 트리니트로톨루엔에 대해 다음을 답하시오.

• 가. 제조과정을 재료를 중심으로 설명하시오. • 나. 구조식은?

답 • 가: 톨루엔에 황산, 질산 반응시켜 제조한다.

• 나:

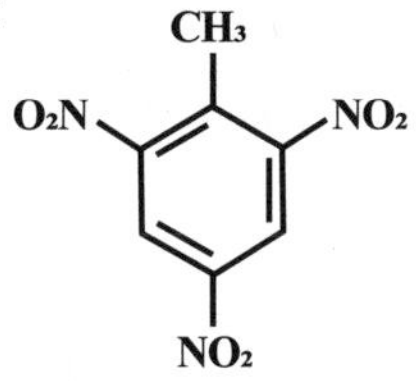

CH_3

O_2N NO_2

NO_2

004

위험물안전관리법령상 소화설비의 소요단위에 대해 다음을 답하시오.

• 가. 내화구조로 연면적이 150㎡인 옥내저장소의 소요단위는?
• 나. 특수인화물 500L, 에틸알코올 1000L, 등유 1500L, 동식물유류 20000L를 취급하는 경우 소요단위는?

답 가: 1, 나: 1.6

해

종류	내화구조	비내화구조
위험물	위험물의 지정수량×10	
제조소 및 취급소	100 m^2	50 m^2
저장소	150 m^2	75 m^2
※ 옥외설치된 공작물은 외벽이 내화구조인 것으로 간주한다.		

위험물의 경우 지정수량의 10배가 1소요단위 이므로 특수인화물의 지정수량은 50L, 에틸알코올의 지정수량은 400L, 등유의 경우 지정수량은 1000L, 동식물유류는 지정수량이 10000L이므로

각 500L, 4000L, 10000L, 100000L가 1소요단위가 된다. 따라서 위의 수량에 따라 계산하면 1, 0.25, 0.15, 0.2가 된다. 합하면 1.6

005

적린이 연소하는 경우에 발생하는 기체에 대해 다음의 질문에 답하시오.

- 가. 명칭은?
- 나. 화학식은?
- 다. 색상은?

답 **가: 오산화인, 나:** P_2O_5**, 다: 흰색**

해 $4P + 5O_2 \rightarrow 2P_2O_5$

이때 발생하는 오산화인은 흰색이다.

006

다음에 해당하는 물질에 대해 질문에 답하시오.

> 이 위험물을 보관하는 경우 옥외저장탱크는 벽 및 바닥의 두께가 0.2m 이상이고 누수가 되지 아니하는 철근콘크리트의 수조에 넣어 보관하여야 한다. 이 경우 보유공지·통기관 및 자동계량장치는 생략할 수 있다.
> - 가. 이 위험물의 품명은?
> - 나. 이 위험물의 연소반응식은?
> - 다. 다음 중 이 위험물과 혼재가능한 위험물을 모두 고르면?(단, 지정수량 10배인 경우이다)
>
> 과염소산나트륨, 과염소산, 과산화나트륨, 과산화수소

㉰ **가: 특수인화물, 나:** $CS_2 + 3O_2 \rightarrow 2SO_2 + CO_2$**, 다: 없음**

㉻ 위와 같이 수조에 넣어 보관하는 것은 이황화탄소에 대한 설명이다. 제4류 위험물 특수인화물이고, 연소반응식은 위와 같고, 혼재가능한 위험물은 423 524 61이므로 위의 물질은 모두 제1류 위험물 또는 제6류 위험물이다. 따라서 없다.

007

다음은 위험물안전관리법령상 위험물의 저장/취급에 대한 설명이다. 빈칸을 채우시오.

> - 옥외저장탱크·옥내저장탱크 또는 지하저장탱크 중 압력탱크 외의 탱크에 저장하는 디에틸에테르등 또는 아세트알데히드등의 온도는 산화프로필렌과 이를 함유한 것 또는 디에틸에테르등에 있어서는 (가)℃ 이하로, 아세트알데히드 또는 이를 함유한 것에 있어서는 (나)℃ 이하로 각각 유지할 것
> - 옥외저장탱크·옥내저장탱크 또는 지하저장탱크 중 압력탱크에 저장하는 아세트알데히드등 또는 디에틸에테르등의 온도는 (다)℃ 이하로 유지할 것
> - 보냉장치가 있는 이동저장탱크에 저장하는 아세트알데히드등 또는 디에틸에테르등의 온도는 당해 위험물의 (라) 이하로 유지할 것
> - 보냉장치가 없는 이동저장탱크에 저장하는 아세트알데히드등 또는 디에틸에테르등의 온도는 (마)℃ 이하로 유지할 것

㉰ **가:** 30, **나:**15, **다:** 40, **라: 비점, 마:** 40

008

다음 각 위험물의 완전연소반응식은 각각 무엇인가?

• 가. 메틸알코올	• 나. 아세트산	• 다. 메틸에틸케톤

답 **가:** $2CH_3OH + 3O_2 \rightarrow 2CO_2 + 4H_2O$, **나:** $CH_3COOH + 2O_2 \rightarrow 2CO_2 + 2H_2O$,

다: $2CH_3COC_2H_5 + 11O_2 \rightarrow 8CO_2 + 8H_2O$

해 제4류 위험물은 대부분(이황화탄소제외) 연소하면 물과 이산화탄소가 생성된다.

009

제2류 위험물인 황화린에 대해 다음 질문에 답하시오.

- 가. 삼황화린, 오황화린, 칠황화린의 각 화학식과 연소시 공통으로 생성되는 물질의 화학식 순서대로 쓰시오.
- 나. 가의 황화린의 종류 중 연소하는 경우 산소와의 대응비가 1 : 7.5인 물질을 쓰시오.
- 다. 운반용기 외부에 표시해야 하는 주의사항을 쓰시오.

답 **가:** P_2O_5, SO_2, **나:** P_2S_5, **다: 화기주의**

해 황화린은 모두 연소시 이산화황과 오산화인이 생성된다.

대응비가 1.7.5는 오황화린이고 반응식은 $2P_2S_5 + 15O_2 \rightarrow 2P_2O_5 + 10SO_2$

운반용기 외부에 표시해야 하는 주의사항은

1류	1) 알칼리금속과산화물의 경우 : 화기/충격주의, 물기엄금 및 가연물접촉주의 2) 그 밖의 것 : 화기/충격주의, 가연물 접촉주의
2류	1) 철분, 마그네슘, 금속분:화기주의 물기엄금 2) 인화성 고체:화기엄금 3) 그 밖의 것 : 화기주의
3류	1) 자연발화성 물질:화기엄금 및 공기접촉금지 2) 금수성물질:물기엄금
4류	화기엄금
5류	화기엄금, 충격주의
6류	가연물접촉주의

제2류 위험물 그 밖의 것에 해당하므로 화기주의이다.

010

위험물안전관리법령상 동식물유류에 대해 다음을 답하시오.

- 가. 분류기준이 되는 요오드가는 무엇인지 쓰시오.
- 나. 요오드값에 따라 분류되는 건성유, 반건성유, 불건성유의 기준을 쓰시오.

답
- **가: 유지 100g에 흡수되는 요오드의 g수**
- **나: 건성유: 요오드가 130 이상, 반건성유: 요오드가 100 - 130, 불건성유: 요오드가 100 이하**

011

리튬 2몰과 물이 반응하는 경우, 다음의 질문에 답하시오.

- 가. 그 반응식을 쓰시오.
- 나. 생성되는 기체는 몇 L인가?(단, 1기압, 25℃)

답 가: $2Li + 2H_2O \rightarrow 2LiOH + H_2$, 나: 24.44L

해 리튬은 금속이므로 물과 반응하는 경우 수산화물질과 수소를 발생시킨다.

리튬과 생성되는 기체 수소의 대응비는 2 : 1이고, 따라서 리튬 2몰이 반응시 수소는 1몰이 생성된다.

수소 1몰의 부피는 이상기체반응식에서 구하면

$V = 1 \times 0.082 \times 298 / 1$, 계산하면, 약, 24.44L이다.

012

제1류 위험물 과망간산칼륨에 대해 다음을 답하시오.

- 가. 지정수량은?
- 나. 위험등급은?
- 다. 열분해시 발생하는 기체 중에 과망간산칼륨과 묽은 황산과 반응하여 생성되는 기체와 동일한 기체는 무엇인가?

답 가: 1000kg, 나: Ⅲ등급, 다: 산소

해 제1류 위험물 과망간산염류로 지정수량은 1000kg, 위험등급은 Ⅲ등급이다(오(50)염과 무아 / 삼(300)질 요브 / 천(1000)과 중).

열분해하면 망간산칼륨과 이산화망간, 산소가 생성된다.

$2KMnO_4 \rightarrow K_2MnO_4 + MnO_2 + O_2$

묽은 황산과 반응하면

$4KMnO_4 + 6H_2SO_4 \rightarrow 2K_2SO_4 + 4MnO_4 + 6H_2O + 5O_2$

사실 과망간산칼륨이 열분해 되면 생성되는 기체는 산소가 유일하므로 답은 쉽게 찾을 수 있다.

013

위험물안전관리법령상 주유취급소에 대해 다음 각 질문에 해당되는 서술을 아래 보기에서 모두 고르시오.

<보기>
① 고정주유설비의 주위에 주유를 받으려는 자동차 등이 출입할 수 있도록 주유공지를 보유하지 않아도 된다.
② 고정주유설비 또는 고정급유설비의 주유관의 길이에 제한을 받지 않는다.
③ 캐노피를 설치할 필요가 없다.
④ 담 또는 벽을 설치할 필요가 없다.

<질문>
가. 자가용주유취급소의 특례에 해당하는 보기를 고르시오.
나. 선박주유취급소의 특례에 해당하는 보기를 고르시오.
다. 항공기주유취급소의 특례에 해당하는 보기를 고르시오.

㊍ 가: ①, 나: ①, ②, ④, 다: ①, ②, ③, ④

014

다음 중 제4류 위험물 알코올류에 대해 틀린 설명을 고르고 바르게 고치시오.

- 가. 하나의 분자를 이루는 탄소 원자수가 1에서 3개까지인 포화 1가 알코올류가 위험물이다.
- 나. 지정수량이 400L이다.
- 다. 위험등급이 Ⅱ등급이다.
- 라. 가연성액체량이 60vol% 미만이고 인화점 및 연소점(태그개방식인화점측정기에 의한 연소점을 말한다. 이하 같다)이 에틸알코올 60vol% 수용액의 인화점 및 연소점을 초과하는 것은 제외한다.
- 마. 옥내저장소의 바닥면적은 1000m²이다.

㊍ 라, 60vol%가 아니라 60중량퍼센트로 고쳐야 한다.

015

다음 보기의 위험물에 대해 질문에 답하시오.

<보기>
과산화나트륨, 칼륨, 질산에틸, 에틸알코올, 톨루엔
<질문>
보기 중 제4류 위험물 중 지정수량이 400L인 물질과, 보기 중 운반용기 외부표시 주의사항에 물기엄금, 화기엄금이 모두 포함되어야 하는 물질의 반응식을 쓰시오.

답 $2K + 2C_2H_5OH \rightarrow 2C_2H_5OK + H_2$

해 제4류 위험물 중 지정수량이 400L인 것은 알코올류인 에틸알코올이고, 운반용기 외부표시 주의사항에 물기엄금, 화기엄금이 모두 포함되어야 하는 물질은 제3류 위험물 자연발화성 및 금수성을 모두 가지는 칼륨이 이에 해당한다.

016

580g의 인화알루미늄과 물이 반응하는 경우 생성되는 기체의 부피(L)는?(표준상태이다)

답 223.86L

해 반응식은 $AlP + 3H_2O \rightarrow Al(OH)_3 + PH_3$, 이고 인화알루미늄과 생성되는 포스핀의 비는 1 : 1이다.
인화알루미늄의 분자량은 58g/mol이므로 580g은 10몰이다. 따라서 생성되는 포스핀도 10몰이다.
표준상태에서 부피는 V = 10×0.082×273 / 1, 계산하면 223.86L이다.

017

다음은 위험물안전관리법령상 제조소의 위험물에 따른 특례에 대한 내용이다. 빈칸을 채우시오.

1. (가)등을 취급하는 제조소의 특례는 다음 각목과 같다.
   - (가)등을 취급하는 설비의 주위에는 누설범위를 국한하기 위한 설비와 누설된 (가)등을 안전한 장소에 설치된 저장실에 유입시킬수 있는 설비를 갖출 것
   - (가)등을 취급하는 설비에는 불활성기체를 봉입하는 장치를 갖출 것
2. (나)등을 취급하는 제조소의 특례는 다음 각목과 같다.
   - (나)등을 취급하는 설비는 은·수은·동·마그네슘 또는 이들을 성분으로 하는 합금으로 만들지 아니할 것
   - (나)등을 취급하는 설비에는 연소성 혼합기체의 생성에 의한 폭발을 방지하기 위한 불활성기체 또는 수증기를 봉입하는 장치를 갖출 것
   - (나)등을 취급하는 탱크(옥외에 있는 탱크 또는 옥내에 있는 탱크로서 그 용량이 지정수량의 5분의 1 미만의 것을 제외한다)에는 냉각장치 또는 저온을 유지하기 위한 장치(이하 "보냉장치"라 한다) 및 연소성 혼합기체의 생성에 의한 폭발을 방지하기 위한 불활성기체를 봉입하는 장치를 갖출 것. 다만, 지하에 있는 탱크가 아세트알데히드등의 온도를 저온으로 유지할 수 있는 구조인 경우에는 냉각장치 및 보냉장치를 갖추지 아니할 수 있다.
3. (다)등을 취급하는 제조소의 특례는 다음 각목과 같다.
   - 지정수량 이상의 (다)등을 취급하는 제조소의 위치는 건축물의 벽 또는 이에 상당하는 공작물의 외측으로부터 해당 제조소의 외벽 또는 이에 상당하는 공작물의 외측까지의 사이에 다음 식에 의하여 요구되는 거리 이상의 안전거리를 둘 것

   $D=51.11\sqrt[3]{N}$

   D=거리(m)

   N: 해당 제조소에서 취급하는 (다)등의 지정수량의 배수

답 가: 알킬알루미늄, 나: 아세트알데히드, 다: 히드록실아민

018

위험물안전관리법령상 제3류 위험물 탄화칼슘에 대해 다음을 답하시오.

- 가. 물과의 반응식은?
- 나. "가"의 반응에 의해 생성되는 기체와 구리의 반응식은?
- 다. "나"와 반응식에서 침전물의 성질을 쓰시오.

㉰ **가:** $CaC_2 + 2H_2O \rightarrow Ca(OH)_2 + C_2H_2$, **나:** $C_2H_2 + 2Cu \rightarrow Cu_2C_2 + H_2$, **다: 폭발력이 강한 물질이다.**

㉻ 아세틸렌과 구리, 은 등이 만나면 폭발성 물질인 금속아세틸리드를 생성시킨다.

019

위험물안전관리법령상 제6류 위험물인 과산화수소에 대해 다음을 답하시오.

- 가. 분해반응식은?
- 나. 저장시 분해 방지를 위해 사용되는 안정제를 2가지 쓰시오.
- 다. 옥외저장소에 저장 가능한지 여부를 쓰시오.

㉰ **가:** $2H_2O_2 \rightarrow 2H_2O + O_2$, **나: 인산, 요산, 다: 가능하다.**

㉻ 옥외저장소의 경우 아래의 위험물이 옥외에 저장될 수 있다.

ㄱ. 2류 위험물 중 유황 또는 인화성 고체(인화점이 섭씨 0도 이상인 것에 한함)

ㄴ. 4류 위험물 중 제1석유류(인화점이 섭씨 0도 이상인 것에 한함), 알코올류, 2석유류, 3석유류, 4석유류

ㄷ. 6류 위험물

ㄹ. 2류, 4류 위험물 중 특별시, 광역시 또는 도의 조례에서 정한 위험물

ㅁ. 국제해사기구에 관한 협약에 의해 설치된 국제해사기구가 채택한 국제해상 위험물규칙(IMDG 코드)에 적합한 용기에 수납된 위험물

020

소화약제에 대해 다음의 질문에 답하시오.

- 가. 제2종 분말소화약제의 주성분의 화학식은?
- 나. 제3종 분말소화약제의 주성분의 화학식은?
- 다. IG-100의 성분과 각 비율은?
- 라. IG-541의 성분과 각 비율은?
- 마. IG-55의 성분과 각 비율은?

답 **가:** $KHCO_3$, **나:** $NH_4H_2PO_4$, **다:** 질소 100%, **라:** 질소 52%, 아르곤 40%, 이산화탄소 8%, **마:** 질소 50%, 아르곤 50%

001

다음의 위험물의 류별에 따른 혼재 가능 여부에 대해 다음을 답하시오.(단, 지정수량 10배 저장하는 경우이다)

- 가. 제1류 위험물과 혼재할 수 없는 위험물은?
- 나. 제2류 위험물과 혼재할 수 없는 위험물은?
- 다. 제3류 위험물과 혼재할 수 없는 위험물은?
- 라. 제4류 위험물과 혼재할 수 없는 위험물은?
- 마. 제5류 위험물과 혼재할 수 없는 위험물은?

답 • 가: 제2류 위험물, 제3류 위험물, 제4류 위험물, 제5류 위험물

• 나: 제1류 위험물, 제3류 위험물, 제6류 위험물

• 다: 제1류 위험물, 제2류 위험물, 제5류 위험물, 제6류 위험물

• 라: 제1류 위험물, 제6류 위험물

• 마: 제1류 위험물, 제3류 위험물, 제6류 위험물

해 423 524 61

002

다음과 같이 위험물이 저장되어 있는 경우 지정수량 배수의 합을 구하시오.

톨루엔 1000L, 스티렌 2000L, 아닐린 4000L, 실린더유 6000L, 올리브유 20000L

답 12배

해 톨루엔은 지정수량이 200L(이(200L)휘벤에메톨 / 사(400L)시아피포(포름산메틸, $HCOOCH_3$))
스티렌은 지정수량이 1000L(일(1000L)등경 크스클벤(벤즈알데히드, C_7H_6O) / 이(2000L)아히포)
아닐린은 지정수량이 2000L(이(2000L)중아니클 / 사(4000L)글글)
실린더유는 지정수량이 6000L(육(6000L)윤기실)
동식물유류는 지정수량이 10000L이다.
각 배수를 구하면 순서대로 5, 2, 2, 1, 2이므로 합하면 12배이다.

003

다음의 각 소화약제의 화학식을 쓰시오.

• 가. IG-100	• 나. 제2종 분말소화약제의 주성분	• 다. 할론 1301

답 **가:** N_2, **나:** $KHCO_3$, **다:** CF_3Br

해 • 가. IG로 시작하는 소화약제는 질소, 아르곤, 이산화탄소로 구성되어 있다. 100이므로 첫번째인 질소 100%로 이루어진 소화약제이다.
• 나. 제2종 분말소화약제는 탄산수소칼륨이다.
• 다. 할론 소화약제의 번호는 순서대로 각 숫자는 순서대로 C, F, Cl, Br의 숫자를 의미한다.

004

위험물안전관리법령상 제1류 위험물 염소산칼륨에 대해 다음을 답하시오.

- 가. 완전분해반응식은?
- 나. 염소산칼륨 1kg이 분해하는 경우 생성되는 산소의 부피(m^3)는? (단, 표준상태이고, 염소산칼륨의 분자량은 123g/mol으로 계산한다)

답 **가:** $2KClO_3 \rightarrow 2KCl + 3O_2$, **나:** 0.27$m^3$

해 염소산칼륨과 산소의 대응비는 2 : 3이다. 염소산칼륨의 분자량은 123kg/kmol이므로 1kg인 경우, 1/123kmol이고 산소의 몰수는 1/123×3/2 이다.

이상기체방정식에 대입하면 V = (1/123×3/2)×0.082×273, 계산하면, 약 0.27m^3이다.

005

다음에서 설명하는 제3류 위험물에 대해 질문에 답하시오.

- 은백색의 연한 경금속으로 비중 0.53이고 융점은 183℃이다.
- 불꽃 색깔은 붉은색이다.

- 가. 위험등급은?
- 나. 물과 반응하는 경우 물과의 반응식을 쓰시오.
- 다. 이 물질 1000kg을 제조소에서 취급하는 경우 필요한 보유공지는?

답 **가: Ⅱ등급, 나:** $2Li + 2H_2O \rightarrow 2LiOH + H_2$, **다:** 5m **이상**

해 위의 위험물은 리튬에 해당한다. 붉은 색깔의 불꽃 하면 리튬을 떠올려야 한다.

위험등급은 알칼리금속으로 Ⅱ등급이다(십알 칼알나 이황 / 오알알유 / 삼금금탄규)

물과 반응하면 수소를 생성시키며, 반응식은 $2Li + 2H_2O \rightarrow 2LiOH + H_2$이다.

보유공지는

취급하는 위험물의 최대수량	공지의 너비
지정수량의 10배 이하	3m 이상
지정수량의 10배 초과	5m 이상

리튬의 지정수량은 50kg이고, 10배를 초과하므로 5m 이상이어야 한다.

006

흑색화약의 재료로 사용되는 3가지 물질에 각, 화학식과 품명을 쓰시오.(단, 해당사항 없으면 '해당 없음'으로 표시하시오)

답 KNO_3:**질산염류**, S:**유황**, C:**해당 없음**

해 흑색화약은 **KNO_3, 유황(S), 숯(목탄, C)**으로 만든다.

007

제1종 분말소화약제에 대해 다음을 답하시오.

- 가. 1차 열분해 반응식을 쓰시오.
- 나. 제1종 분말소화약제 10kg이 "가"와 같이 열분해하는 경우, 생성되는 이산화탄소의 부피(m^3)는?

답 **가:** $2NaHCO_3 \rightarrow Na_2CO_3 + CO_2 + H_2O$, **나:** 1.33 m^3

해 제1종 분말소화약제인 탄산수소나트륨이고, 생성되는 이산화탄소와의 대응비는 2 : 1이다.

탄산수소나트륨의 분자량은 84kg/kmol이므로 10kg의 몰수는 10/84kmol이고 생성되는 이산화탄소의 몰수는 5/84kmol이다.

이상기체방정식에 따라 계산하면 $V = (5/84) \times 0.082 \times 273$, 약 1.33$m^3$이다.

008

옥외탱크저장소에 인화점이 50℃인 인화성액체 위험물을 30만리터 탱크 3기, 20만리터 탱크 9기에 나누어 저장하는 경우 다음 질문에 답하시오.

- 가. 설치해야 하는 방유제의 최소 개수는 몇 개인가?
- 나. 30만리터 탱크 2기, 20만리터 탱크 2기가 한 개의 방유제 안에 있는 경우 방유제의 용량은?
- 다. 만약 해당 인화성액체가 아닌 제6류 위험물 질산을 저장하는 경우 필요한 방유제의 최소 개수는 몇 개 인가?

답 **가:** 2개, **나:** 33만L, **다:** 1개

해 • 가. 인화성액체위험물을 저장하는 경우 방유제를 설치해야 하고, 하나의 방유제 안에 설치가능한 탱크의 개수는 최대 10개이다. 다만, 모든 옥외저장탱크의 용량이 20만ℓ 이하이고, 당해 옥외저장탱크에 저장 또는 취급하는 위험물의 인화점이 70℃ 이상 200℃ 미만인 경우에는 20개이고, 인화점이 200℃ 이상인 경우에는 제한이 없다.

문제는 인화점이 50℃이므로 하나의 방유제 안에 탱크는 최대 10개까지 설치 가능하고, 총 12개 이므로 최소 2개의 방유제가 필요하다.

- 나. 방유제의 용량은 탱크가 하나인 때에는 그 탱크 용량의 110% 이상, 2기 이상인 때에는 그 탱크 중 용량이 최대인 것의 용량의 110% 이상으로 한다.
- 다. 인화성이 없는 액체위험물의 경우에는 방유제 내의 탱크 개수 제한 규정이 적용되지 아니한다. 따라서 10개 이상도 설치할 수 있다.

009

다음은 위험물안전관리법령상의 지하탱크저장소의 위치, 구조 및 설비 기준에 관한 설명이다. 빈칸을 채우시오.

- 지하저장탱크의 윗부분은 지면으로부터 (　가　)m 이상 아래에 있어야 한다.
- 지하저장탱크를 2 이상 인접해 설치하는 경우에는 용량의 합계가 지정수량의 100배를 초과하는 경우에는 그 상호간에 (　나　)m 이상의 간격을 유지하여야 한다.
- 지하저장탱크는 용량에 따른 기준에 적합하게 강철판 또는 동등 이상의 성능이 있는 금속재질로 (　다　)용접 또는 (　라　)용접으로 틈이 없도록 만드는 동시에, 압력탱크(최대상용압력이 46.7kPa 이상인 탱크를 말한다) 외의 탱크에 있어서는 (　마　)kPa의 압력으로, 압력탱크에 있어서는 최대상용압력의 (　바　)배의 압력으로 각각 (　사　)분간 수압시험을 실시하여 새거나 변형되지 아니하여야 한다.

㉮ **가:** 0.6, **나:** 1, **다: 완전용입, 라: 양면겹침이음, 마:** 70, **바:** 1.5, **사:** 10

010

제4류 위험물 클로로벤젠에 대해 다음 질문에 답하시오.

- 가. 화학식은?
- 나. 품명은?
- 다. 지정수량은?
- 라. 위험등급은?

㉮ **가:** C_6H_5Cl, **나: 제2석유류, 다:** 1000L, **라:** Ⅲ**등급**

㉯ 일(1000L)등경 크스클벤(벤즈알데히드, C_7H_6O) / 이(2000L)아히포

011

다음에서 설명하는 위험물에 대해 질문에 답하시오.

- 산화하여 아세트산이 된다.
- 은거울 반응, 펠링 반응을 한다.
- 환원력이 있다.
- 물, 알코올, 에테르에 녹는다.

• 가. 화학식은? • 나. 품명은?
• 다. 지정수량은? • 라. 위험등급은?

답 **가:** CH_3CHO, **나: 특수인화물, 다:** 50L, **라: Ⅰ등급**

해 • 에탄올은 산화되어 아세트알데히드가 되고, 아세트알데히드는 산화되어 아세트산이 된다.

• 은거울 반응은 암모니아성 질산은용액에 포르밀기(-CHO)를 가진 화합물(예 : 아세트알데히드)을 반응시켜 은박을 생성시키는 반응이다.

• 펠링반응은 은거울 반응과 마찬가지로 알데히드와 같은 환원성이 강한 물질을 검출하는데 쓰이는 반응이다. 용액이 붉은색으로 변한다.

• 특수인화물의 위험등급은 Ⅰ등급으로 지정수량은 50L이다(오(50L) 이디 / 아산)

012

위험물안전관리법령상 제3류 위험물인 탄화칼슘에 대해 다음 질문에 답하시오.

• 가. 탄화칼슘이 산소와 결합하여 산화되는 반응식을 쓰시오.
• 나. 질소와 고온 반응하는 경우 생성되는 물질을 쓰시오.

답 **가:** $2CaC_2 + 5O_2 \rightarrow 2CaO + 4CO_2$, **나: 석회질소, 탄소**

해 탄화칼슘과 질소가 고온에서 반응하는 반응식은 다음과 같다.

$CaC_2 + N_2 \rightarrow CaCN_2$(석회질소)$+C$

013

다음 각 위험물의 운반용기 외부사항에 표시해야 하는 주의사항을 쓰시오.

• 가. 과산화나트륨	• 나. 마그네슘	• 다. 인화성고체	• 라. 기어유	• 마. 벤조일퍼옥사이드

답 가: 화기·충격주의, 물기엄금 및 가연물접촉주의, 나: 화기주의, 물기엄금, 다: 화기엄금, 라: 화기엄금, 마: 화기엄금, 충격주의

해 위험물 운반용기 위험물에 따른 주의사항

- 1류
  1) 알칼리금속과산화물의 경우 : 화기·충격주의, 물기엄금 및 가연물접촉주의
  2) 그 밖의 것 : 화기·충격주의, 가연물 접촉주의
- 2류
  1) 철분, 마그네슘, 금속분 : 화기주의, 물기엄금
  2) 인화성 고체 : 화기엄금
  3) 그 밖의 것 : 화기주의
- 3류
  1) 자연발화성 물질 : 화기엄금 및 공기접촉엄금
  2) 금수성물질 : 물기엄금
- 4류 : 화기엄금
- 5류 : 화기엄금, 충격주의
- 6류 : 가연물접촉주의

014

다음에서 위험물의 소화와 관련하여 올바른 것을 모두 고르시오.

- 가. 제1류 위험물의 일부는 주수소화가 가능하고 일부는 불가능하다.
- 나. 마그네슘의 경우 물분무소화설비에 적응성이 없고, 이산화탄소화기에는 적응성이 있다.
- 다. 에탄올은 비중이 물보다 커서 주수소화시 화재면이 확대되므로 주수소화가 불가하다.
- 라. 이산화탄소 소화기는 제6류 위험물에 대해 폭발의 위험이 없는 장소에 한하여 적응성이 있다.
- 마. 건조사는 모든 위험물의 류별에 대해 적응성이 있다.

답 **가, 라, 마**

해
- 가. 제1류 위험물의 경우 알칼리금속과산화물에는 주수소화하면 안되고, 그 외에는 가능하다.
- 나. 마그네슘의 경우 물분무소화설비, 이산화탄소소화기 모두 적응성이 없다.
  주수금지 물질로 알려진, 제1류 알칼리금속과산화물, 제2류 철분, 마그네슘, 금속분, 제3류 금수성 물질은 탄산수소염류, 건조사, 팽창질석, 팽창진주암만 적응성이 있다.
- 다. 에탄올은 비중이 물보다 작다. 화재시 소량인 경우 주수소화가 될 수 있다. 대량인 경우 주수소화가 적당하지는 않다.

015

다음은 위험물안전관리법령상의 완공검사에 대한 내용이다. 다음 질문에 답하시오.

- 가. 위험물을 저장 또는 취급하는 탱크로서 대통령령이 정하는 탱크(이하 "위험물탱크"라 한다)가 있는 제조소등의 설치 또는 그 위치·구조 또는 설비의 변경에 관하여 규정에 따른 허가를 받은 자가 위험물탱크의 설치 또는 그 위치·구조 또는 설비의 변경공사를 하는 때에는 규정에 따른 완공검사를 받기 전에 규정에 따른 기술기준에 적합한지의 여부를 확인하기 위하여 받아야 하는 시·도지사가 실시하는 검사는?
- 나. 지하탱크가 있는 제조소의 경우 완공검사의 신청 시기는?
- 다. 이동탱크저장소의 경우 완공검사의 신청 시기는?
- 라. 시·도지사가 제조소등에 대하여 완공검사를 실시하고, 완공검사를 실시한 결과 해당 제조소등이 법에 따른 기술기준(탱크안전성능검사에 관련된 것을 제외한다)에 적합하다고 인정하는 때에 교부해야 하는 서류는?

답 가: 탱크안전성능검사, 나: 당해 지하탱크를 매설하기 전, 다: 이동저장탱크를 완공하고 상시 설치 장소를 확보한 후, 라: 완공검사합격확인증

016

위험물안전관리법령상 제3류 위험물인 트리에틸알루미늄에 대해 다음 질문에 답하시오.

- 가. 물과의 반응식은?
- 나. 트리에틸알루미늄 1몰과 물이 반응하는 경우 생성되는 에탄은 몇 L인가?(표준상태이다)
- 다. 트리에틸알루미늄 옥내저장소 저장 시 바닥면적은?

답 가: $(C_2H_5)_3Al + 3H_2O \rightarrow Al(OH)_3 + 3C_2H_6$, 나: 67.16L, 다: 1000m² 이하

해 트리에틸알루미늄과 에탄의 대응비는 1 : 3이다. 트리에틸알루미늄은 1몰 반응하므로 생성되는 에탄은 3몰이다. 이상기체방정식에 의해 부피를 구하면 V = 3×0.082×273, 약 67.16L

옥내저장소 저장 시 바닥면적은 위험등급이 Ⅰ등급인 물질, 4류 위험물 중 제1석유류, 알코올류인 경우 1000 m²이다.

017

온도가 20℃인 물 10kg으로 소화활동을 하는 경우 물 전부가 100℃ 수증기가 되는 경우 흡수되는 열량(kcal)은?

답 6190kcal

해 이는 20℃인 물이 100℃의 수증기로 변하는데 필요한 에너지 즉, 온도를 100℃까지 높이기 위한 현열과, 100℃에서 상태를 변화시키는 증발잠열을 구하는 문제이다.

현열은 "질량×비열×온도변화"로 구하고

잠열은 "상태변화에 필요한 기화열 혹은 융해열(kcal/kg 혹은 cal/g℃) × 질량"로 구한다.

따라서 현열 10kg × 1 × 80 = 800kcal, 잠열 10kg × 539(물의증발잠열) = 5390kcal

합하면, 6190kcal

018

인화점 측정 방식을 3가지 쓰시오.

✍

답 태그밀폐식, 신속평형법, 펜스키마텐스 밀폐식, 클리브랜드 개방식 중 3가지

019

제5류 위험물로 규조토와 함께 다이너마이트를 제조하는데 필요한 물질에 대해 다음 질문에 답하시오.

- 가. 품명
- 나. 지정수량
- 다. 구조식
- 라. 산소, 질소, 이산화탄소, 수증기가 생성되는 분해반응식을 쓰시오.

✍

답 가: 질산에스테르류, 나: 10kg,

다:

```
        H     H     H
        |     |     |
  H  -  C  -  C  -  C  -  H
        |     |     |
        O     O     O
        |     |     |
       NO2   NO2   NO2
```

라: $4C_3H_5(ONO_2)_3 \rightarrow 10H_2O + 12CO_2 + 6N_2 + O_2$

해 다이너마이트의 재료인 제5류 위험물은 니트로글리세린이다.

020

과산화칼륨과 아세트산이 반응하여 생성시키는 위험물에 대해 다음 질문에 답하시오.

- 가. 이 위험물의 분해반응식을 쓰시오.
- 나. 이 위험물의 운반용기 외부 표시 주의사항을 쓰시오.
- 다. 이 위험물을 제조소에서 취급하는 경우 학교와의 안전거리는?

답 **가:** $2H_2O_2 \rightarrow 2H_2O + O_2$, **나: 가연물접촉주의, 다: 해당사항 없음**

해 $K_2O_2 + 2CH_3COOH \rightarrow 2CH_3COOK + H_2O_2$

생성되는 위험물은 제6류 위험물인 과산화수소이다.

제6류 위험물의 운반용기 외부표시 주의사항은 가연물접촉주의이고,

제조소에서 안전거리에 관한 규정은 제6류 위험물인 경우에는 적용되지 않는다.

001

다음의 제4류 위험물 동식물유류를 건성유, 반건성유, 불건성유로 분류하시오.

동유, 아마인유, 올리브유, 야자유, 면실유, 들기름

답 건성유: 동유, 아마인유, 들기름, 반건성유: 면실유, 불건성유: 올리브유, 야자유

해

암기법

정상 동해 대아들 / 참쌀면 청옥채콩 / 소돼재고래 피 올야땅

002

제6류 위험물 중 36wt%미만인 경우 위험물안전관리법령상 위험물이 아닌 물질에 대해 다음을 답하시오.

- 가. 이 물질의 위험등급은?
- 나. 산소가 생성되는 이 물질의 분해반응식을 쓰시오.
- 다. 이 물질의 운반시 운반용기 외부 표시 주의사항을 쓰시오.

답 **가: Ⅰ등급, 나:** $2H_2O_2 \rightarrow O_2 + 2H_2O$, **다: 가연물접촉주의**

해 이 물질은 제6류 위험물 과산화수소이다. 6류 위험물은 모두 위험등급이 Ⅰ등급이다.
운반용기 외부 표시 주의사항은 가연물접촉주의이다.

003

다음 각 물질의 연소형태를 쓰시오.

• 가. 에탄올 • 나. 금속분 • 다. 트리니트로톨루엔 • 라. 디에틸에테르 • 마. 나트륨 • 바. 피크르산

답 가: 증발연소, 나: 표면연소, 다: 자기연소, 라: 증발연소, 마: 표면연소, 바: 자기연소

해 ① 기체의 연소(어떤 연소가 기체 연소인지 정도 알면 될 듯하다)

확산연소, 폭발연소 등이 있다.

② 액체의 연소

증발연소(알코올, 에테르, 석유 등 가연성 액체의 증발로 인한 증기가 공기와 만나서 타는 연소), 다른 연소도 있으나 액체의 특성을 생각해서 유추하면 될 듯하다(중유의 경우 분해연소한다).

③ 고체의 연소

가장 중요하다(무엇이 어떤 연소 인지 암기해야 한다).

ㄱ. 표면연소 : 목탄(숯), 코크스, 금속분 등

ㄴ. 분해연소 : 석탄, 목재, 종이, 섬유, 플라스틱 등

ㄷ. 증발연소 : 나프탈렌, 장뇌, 황(유황), 양초(파라핀), 왁스, 알코올

ㄹ. 자기연소 : 주로 5류 위험물(이는 물질내에 산소를 가진 자기연소 물질이다, 주로 니트로기를 가지고 있다)

004

다음과 같이 옥내소화전이 각 층에 설치되어 있는 경우 각 수원의 양을 구하시오.

• 가. 1층에 2개, 2층에 3개 설치된 경우 • 나. 1층에 2개, 2층에 7개 설치된 경우

답 가: $23.4m^3$**, 나:** $39m^3$

해 옥내소화전 설비 수원의 수량은 옥내소화전이 가장 많이 설치된 층의 설치개수에 $7.8m^3$을 곱한양이 되어야 한다(설치개수가 5이상인 경우 5에 $7.8\ m^3$을 곱한다).

005

다음에서 설명하는 위험물에 대해 질문에 답하시오.

- 알코올, 물에 녹는다. 로켓의 연료, 플라스틱 발포제에 사용된다.
- 분자량은 32g/mol, 무색이며 인화성 액체이다.
- 과산화수소와 반응하여 질소물을 만든다.
- 가. 화학식은?
- 나. 품명은?
- 다. 연소반응식은?

답 **가.** N_2H_4, **나. 제2석유류, 다.** $N_2H_4 + O_2 \rightarrow N_2 + 2H_2O$

해 인화성 액체는 제4류 위험물이며, 이 중에 로켓의 연료로 쓰이는 것 하면 히드라진을 떠올려야 한다.

006

위험물안전관리법령상 제5류 위험물인 히드록실아민을 취급하는 제조소의 경우 다음의 질문에 답하시오.

- 가. 이 제조소에 설치해야 하는 주의사항을 표시한 게시판의 바탕색과 문자색을 쓰시오.
- 나. 이 제조소에서 히드록실아민 1톤을 취급하는 경우, 인근 학교와의 안전거리는 얼만인가?
- 다. 이 제조소 주위에 설치해야 하는 토제의 경사면의 경사도는?

답 **가: 적색바탕, 백색문자, 나:** 110.09m, **다:** 60**도 미만**

해 • 가. 제조소의 게시판에 게시할 주의사항 내용

i) 1류 알칼리금속의 과산화물 : 물기엄금

그 밖에 : 없음

ii) 2류 인화성 고체 : 화기엄금

철분, 마그네슘, 금속분 및 그 밖에 : 화기주의

ⅲ) 3류 자연발화성 물질 : 화기엄금

금수성물질 : 물기엄금

ⅳ) 4류 : 화기엄금

ⅴ) 5류 : 화기엄금

ⅵ) 6류 : 없음

제5류 위험물인 히드록실아민의 경우 화기엄금이 주의사항의 내용이다. 그 색상은 적색바탕에 백색문자이다.

종류	바탕	문자
화기엄금	적색	백색
물기엄금	청색	백색
주유중엔진정지	황색	흑색
위험물제조소 등	백색	흑색
위험물	흑색	황색반사도료

• 나. 히드록실아민의 경우 안전거리에 있어 요구되는 안전거리는 아래와 같다.

$D = 51.1\sqrt[3]{N}$

D : 거리(m)

N : 해당 제조소에서 취급하는 히드록실아민등의 지정수량의 배수

히드록실아민의 지정수량은 100kg이고, 1톤인 경우 지정수량의 10배가 된다. 위 계산식에 대입하면 $51.1 \times \sqrt[3]{10}$ 계산하면 약 110.09m이다.

• 다. 토제의 경사면의 경사도는 60도 미만으로 해야 한다.

007

위험물안전관리법령상 제4류 위험물 아세트알데히드에 대해 다음 질문에 답하시오.

• 가. 아세트알데히드가 산화하는 경우 생성되는 물질의 명칭은?
• 나. '가'에서 생성되는 물질의 연소반응식은?
• 다. 아세트알데히드가 환원되는 경우 생성되는 물질의 명칭은?
• 라. '다'에서 생성되는 물질의 연소반응식은?

답 **가: 아세트산, 나:** $CH_3COOH + 2O_2 \rightarrow 2CO_2 + 2H_2O$**, 다: 에틸알코올, 라:** $C_2H_5OH + 3O_2 \rightarrow 2CO_2 + 3H_2O$

해 에탄올이 산화되어 아세트알데히드가 생성되고, 아세트알데히드가 산화되어 아세트산이 생성된다. 반대로 환원되면 반대로 물질이 만들어진다.

008

다음의 특징에 해당하는 위험물에 대해 질문을 답하시오.

제4류 위험물로 지정수량이 50L이고, 비중이 2.6이다.
비수용성이며, 수조에 보관하고, 물보다 무겁다.

- 가. 연소반응식
- 나. 옥외저장탱크에 저장하는 경우 다음의 서술 중에 틀린 것을 고르고, 틀린 부분은 수정하시오.
  ① 통기관을 설치해야 한다.
  ② 자동계량장치는 없어도 무관하다.
  ③ 보유공지를 생략할 수있다.

답 **가:** $CS_2 + 3O_2 \rightarrow CO_2 + 2SO_2$**, 나: ①, 통기관은 생략할 수 있다.**

009

다음의 물질이 연소되는 경우 생성되는 물질의 화학식을 쓰시오(없는 경우 '없음'으로 표시)

• 가. 황	• 나. 황린	• 다. 과염소산	• 라. 질산칼륨	• 마. 마그네슘

답 **가:** SO_2**, 나:** P_2O_5**, 다: 없음, 라: 없음, 마:** MgO

해 • 가. $S + O_2 \rightarrow SO_2$

• 나. $P_4 + 5O_2 \rightarrow 2P_2O_5$

• 다. 라, 과염소산 제6류 위험물, 질산칼륨은 제1류 위험물로 둘다 불연성이다.

• 마. $2Mg + O_2 \rightarrow 2MgO$

010

탄화칼슘 32g이 물과 반응하는 경우 생성되는 기체가 완전연소하는 경우 필요한 산소의 부피(L)는 얼마인가?(표준상태이다)

답 27.98L

해 탄화칼슘과 물이 반응하는 경우 생성되는 기체는 아세틸렌이고, 그 대응비는 1 : 1이다.

$CaC_2 + 2H_2O \rightarrow Ca(OH)_2 + C_2H_2$

탄화칼슘의 분자량은 64g/mol이고(40 + 12×2), 따라서 32g은 0.5몰이다.

따라서 아세틸렌은 0.5몰이 발생되고,

아세틸렌의 연소반응식은 $2C_2H_2 + 5O_2 \rightarrow 4CO_2 + 2H_2O$이므로 산소와의 대응비는 2 : 5이다.

따라서 0.5 : X = 2 : 5 이므로 필요한 산소는 2.5/2몰이다.

V = 2.5/2×0.082×273, 계산하면 대략 27.98L이다.

011

제3류 위험물 나트륨 화재시 적응성이 있는 소화설비를 모두 고르시오.

탄산수소염류소화기, 팽창질석, 포소화설비, 인산염류 소화기

답 **탄산수소염류소화기, 팽창질석**

해 나트륨은 제3류 금수성물질로 탄산수소염류 소화설비(소화기), 팽창질석, 팽창진주암, 건조사(마른모래) 만 적응성이 있다.

012

위험물안전관리법령상 옥내저장소의 경우 위험물을 유별로 정리하여 저장하는 한편, 서로 1m 이상의 간격을 두는 경우 동일한 저장소에 저장할 수 있는 경우를 모두 고르면?

- 가. 알칼리금속과산화물과 유기과산화물
- 나. 인화성고체와 제1석유류
- 다. 유황과 클로로벤젠
- 라. 질산염류와 과산화수소
- 마. 황린과 염소산칼륨

답 나, 라, 마

해 위험물을 유별로 정리하여 저장하는 한편, 서로 1m 이상의 간격을 두는 경우에는 동일한 저장소에 저장할 수 있다(중요기준)

1. 제1류 위험물(알칼리금속의 과산화물 또는 이를 함유한 것을 제외한다)과 제5류 위험물을 저장하는 경우
2. 제1류 위험물과 제6류 위험물을 저장하는 경우
3. 제1류 위험물과 제3류 위험물 중 자연발화성물질(황린 또는 이를 함유한 것에 한한다)을 저장하는 경우
4. 제2류 위험물 중 인화성고체와 제4류 위험물을 저장하는 경우
5. 제3류 위험물 중 알킬알루미늄등과 제4류 위험물(알킬알루미늄 또는 알킬리튬을 함유한 것에 한한다)을 저장하는 경우
6. 제4류 위험물 중 유기과산화물 또는 이를 함유하는 것과 제5류 위험물 중 유기과산화물 또는 이를 함유한 것을 저장하는 경우

1알5, 1 6, 1 3자, 2인4, 3알4알알, 4유5유로 기억한다

- 가. 알칼리금속과산화물은 제1류 알칼리금속과산화물이고, 유기과산화물은 제5류 위험물로 동일한 장소 저장이 불가하다.
- 나. 인화성고체는 제2류, 제4석유류는 제4류 위험물로 동일장소 저장이 가능하다.
- 다. 제2류 위험물 유황과 제4류 위험물 클로로벤젠은 동일장소 저장이 불가하다.
- 라. 제1류 위험물 질산염류와 제6류 위험물 과산화수소는 동일장소 저장이 가능하다.
- 마. 제3류 위험물 자연발화성물질인 황린과, 제1류 위험물은 동일장소 저장이 가능하다.

013

위험물안전관리법령상 제4류 위험물인 중 다음에서 설명하는 위험물에 대해 다음 질문에 답하시오.

분자량이 58이고, 제1석유류이고, 요오드포름 반응을 한다.

- 가. 품명
- 나. 지정수량
- 다. 시성식
- 라. 증기비중

답 **가:** **제1석유류, 나:** 400L, **다:** CH_3COCH_3, **라:** 2

해 설명하는 위험물은 아세톤으로 아세톤은 제1석유류로 지정수량이 400L이다(이(200L)휘벤에메톨 / 사(400L)시아피포)

증기비중은 분자량은 29로 나눈 값이다. 분자량은 58이다(12 + 13 + 12 + 16 + 12 + 13)

29로 나누면 2이다.

014

위험물안전관리법령상 지정수량 이상을 운반하는 경우 혼재가 불가능한 위험물의 류별을 각 쓰시오.

- 가. 제1류 위험물
- 나. 제2류 위험물
- 다. 제3류 위험물
- 라. 제5류 위험물
- 마. 제6류 위험물

답
- 가: 제2류 위험물, 제3류 위험물, 제4류 위험물, 제5류 위험물
- 나: 제1류 위험물, 제3류 위험물, 제6류 위험물
- 다: 제1류 위험물, 제2류 위험물, 제5류 위험물, 제6류 위험물
- 라: 제1류 위험물, 제3류 위험물, 제6류 위험물
- 마: 제2류 위험물, 제3류 위험물, 제4류 위험물, 제5류 위험물

해 423, 524 61

015

다음의 위험물을 인화점이 낮은 것에서 높은 순서대로 배열하시오.

초산에틸, 에틸알코올, 클로로벤젠, 에틸렌글리콜

답 초산에틸, 에틸알코올, 클로로벤젠, 에틸렌글리콜

해 초산에틸 제1석유류, 에틸알코올은 13℃로 알코올류는 약 10℃ 언저리이다, 클로로벤젠은 제2석유류, 에틸렌글리콜은 제3석유류이다.

제1석유류(21℃미만), 제2석유류(21℃ 이상 70℃ 미만), 제3석유류(70℃ 이상 200℃ 미만) 순으로 인화점이 낮다. 문제는 인화점이 13℃인 에틸알코올과 제1석유류인 초산에틸 중에 인화점이 낮은 것을 찾아야 하는데, 초산에틸의 경우 인화점이 -3℃이다.

016

다음 물질의 열분해 반응식을 각각 쓰시오.

• 가. 아염소산나트륨	• 나. 염소산나트륨	• 다. 과염소산나트륨	• 라. 염소산칼륨

답 **가:** $NaClO_2 \rightarrow NaCl + O_2$, **나:** $2NaClO_3 \rightarrow 2NaCl + 3O_2$, **다:** $NaClO_4 \rightarrow NaCl + 2O_2$, **라:** $2KClO_3 \rightarrow 2KCl + 3O_2$

017

위험물안전관리법령상 아래의 각 위험물에 대해 소화적응성이 있는 설비를 보기에서 모두 고르시오(없는 경우, '없음'으로 표시)

> <보기>
> ㄱ. 옥내소화전설비, ㄴ. 불활성가스소화설비, ㄷ. 포소화설비
> • 가. 제1류 위험물 알칼리금속의 과산화물
> • 나. 제2류 위험물 인화성고체
> • 다. 금수성물질을 제외한 제3류 위험물
> • 라. 제4류 위험물
> • 마. 제5류 위험물
> • 바. 제6류 위험물

㉠ 가: 없음, 나: ㄱ, ㄴ, ㄷ, 다: ㄱ, ㄷ, 라: ㄴ, ㄷ, 마: ㄱ, ㄷ, 바: ㄱ, ㄷ

㉡

<table>
<tr><th colspan="2" rowspan="3">소화설비의 구분</th><th colspan="12">대상물 구분</th></tr>
<tr><th rowspan="2">건축물 그밖의 공작물</th><th rowspan="2">전기설비</th><th colspan="2">제1류위험물</th><th colspan="3">제2류위험물</th><th colspan="2">제3류위험물</th><th rowspan="2">제4류 위험물</th><th rowspan="2">제5류 위험물</th><th rowspan="2">제6류 위험물</th></tr>
<tr><th>알칼리 금속과 산화물등</th><th>그밖의것</th><th>철분, 마그네슘 금속분등</th><th>인화성 고체</th><th>그밖의것</th><th>금수성 물품</th><th>그밖의것</th></tr>
<tr><td colspan="2">옥내소화전설비</td><td>○</td><td></td><td></td><td>○</td><td></td><td>○</td><td>○</td><td></td><td>○</td><td></td><td>○</td><td>○</td></tr>
<tr><td rowspan="4">물분무등소화설비</td><td>물분무소화설비</td><td>○</td><td>○</td><td></td><td>○</td><td></td><td>○</td><td>○</td><td></td><td>○</td><td>○</td><td>○</td><td>○</td></tr>
<tr><td>포소화설비</td><td>○</td><td></td><td></td><td>○</td><td></td><td>○</td><td>○</td><td></td><td>○</td><td>○</td><td>○</td><td>○</td></tr>
<tr><td>불활성가스소화설비</td><td></td><td>○</td><td></td><td></td><td></td><td>○</td><td></td><td></td><td></td><td>○</td><td></td><td></td></tr>
<tr><td>할로겐화합물소화설비</td><td></td><td>○</td><td></td><td></td><td></td><td>○</td><td></td><td></td><td></td><td>○</td><td></td><td></td></tr>
</table>

018

위험물안전관리법령상 액체 위험물인 제6류 위험물을 운반하는 경우 운반용기에 대해 옳은 것을 모두 고르시오.

- 가. 유리용기를 내장용기로 하는 경우 최대 용적 또는 중량은 10L이다.
- 나. 플라스틱 용기를 내장용기로 하는 경우 최대 용적 또는 중량은 10L이다.
- 다. 금속제 용기를 내장용기로 하는 경우 최대 용적 또는 중량은 30이다.

㉠ 나, 다

㉡

액체위험물(운반용기 외장용기에 유리는 없다)												
운반 용기				수납위험물의 종류								
내장 용기		외장 용기		제3류			제4류			제5류		제6류
용기의 종류	최대용적 또는 중량	용기의 종류	최대용적 또는 중량	I	II	III	I	II	III	I	II	I
유리용기	5ℓ	나무 또는 플라스틱상자 (불활성의 완충재를 채울 것	75kg	○	○	○	○	○	○	○	○	○
	10ℓ		125kg		○	○		○	○		○	
			225kg						○			
	5ℓ	파이버판 상자 (불활성의 완충재를 채울 것)	40kg	○	○	○	○	○	○	○	○	○
	10ℓ		55kg						○			
플라스틱 용기	10ℓ	나무 또는 플라스틱상자(필요에 따라 불활성의 완충재를 채울 것	75kg	○	○	○	○	○	○	○	○	○
			125kg		○	○		○	○		○	
			225kg						○			
		파이버판 상자(필요에 따라 불활성의 완충재를 채울 것)	40kg	○	○	○	○	○	○	○	○	○
			55kg						○			
금속제 용기	30ℓ	나무 또는 플라스틱상자	125kg	○	○	○	○	○	○	○	○	○
			225kg						○			
		파이버판 상자	40kg	○	○	○	○	○	○	○	○	○
			55kg		○	○		○	○		○	

019

할로겐소화약제에 대해 답하시오.

- 가. 위험물안전관리에 관한 세부기준에 따른 하론 1211, 하론 1301의 화학식을 쓰시오.
- 나. 전역방출방식의 분사헤드의 방사압력은 하론 2402인 경우 (　　)MPa 이상으로 하여야 한다.

답 **가:** CF_2ClBr, CF_3Br, **나:** 0.1

해 할론넘버의 각 숫자는 순서대로 C, F, Cl, Br의 숫자를 의미한다(다섯자리인 경우 마지막 자리는 I를 의미한다). H는 위에 숫자로 나타나지 않는다.

020

저장용량이 50만리터 이상인 옥외탱크저장소 설치허가에 관한 내용이다. 질문에 답하시오.

- 가. 이 옥외탱크저장소의 설치허가와 관련된 과정을 순서대로 나열하면
  ㄱ. 기술검토　　ㄴ. 완공검사　　ㄷ. 탱크안전성능검사　　ㄹ. 설치허가　　ㅁ. 완공검사합격증
- 나. 이 때 필요한 기술검토를 신청받아 수행하는 기관은?

답 **가:** ㄱ→ㄷ→ㄹ→ㄴ→ㅁ, **나:** 한국소방산업기술원

MEMO

| 저자

- 교육컨텐츠 기업 (주) 엔제이인사이트
- 파이팅혼공TV 컨텐츠 개발팀

| 저서

- 파이팅혼공TV 위험물기능사 실기 초단기합격
- 파이팅혼공TV 위험물기능사 필기 초단기합격
- 파이팅혼공TV 위험물산업기사 필기 초단기합격
- 파이팅혼공TV 전기기능사 필기 초단기합격
- 파이팅혼공TV 조경기능사 필기 초단기합격
- 파이팅혼공TV 산림기능사 필기 초단기합격
- 파이팅혼공TV 지게차 운전기능사 필기 한방에 정리
- 파이팅혼공TV 굴착기 운전기능사 필기 한방에 정리
- 파이팅혼공TV 한식조리기능사 필기 한방에 정리

파이팅혼공TV 초단기 합격 시리즈

위험물산업기사 실기 핵심이론 8개년 기출문제

발행일 2024년 7월 5일

발행인 조순자

편저자 파이팅혼공TV 컨텐츠 개발팀 편저

편집·표지디자인 홍현애

발행처 인성재단(지식오름)

ISBN 979-11-93686-52-2

정 가 26,000원